MARTIN SCORSESE

GUCCI
AND THE FILM FOUNDATION

GUCCI È ORGOGLIOSA DI SOSTENERE THE FILM FOUNDATION
E RENDE OMAGGIO A MARTIN SCORSESE
PER GLI OLTRE 20 ANNI DEDICATI A TUTELARE
E PRESERVARE LA STORIA DEL CINEMA

GUCCI IS A PROUD PARTNER OF THE FILM FOUNDATION
AND SALUTES MARTIN SCORSESE
FOR OVER 20 YEARS OF DEDICATION TO PROTECTING
AND PRESERVING MOTION PICTURE HISTORY

MARTIN SCORSESE

a cura di / edited by
Kristina Jaspers
Nils Warnecke

in collaborazione con / in collaboration with
Nicoletta Pacini
Tamara Sillo

SilvanaEditoriale

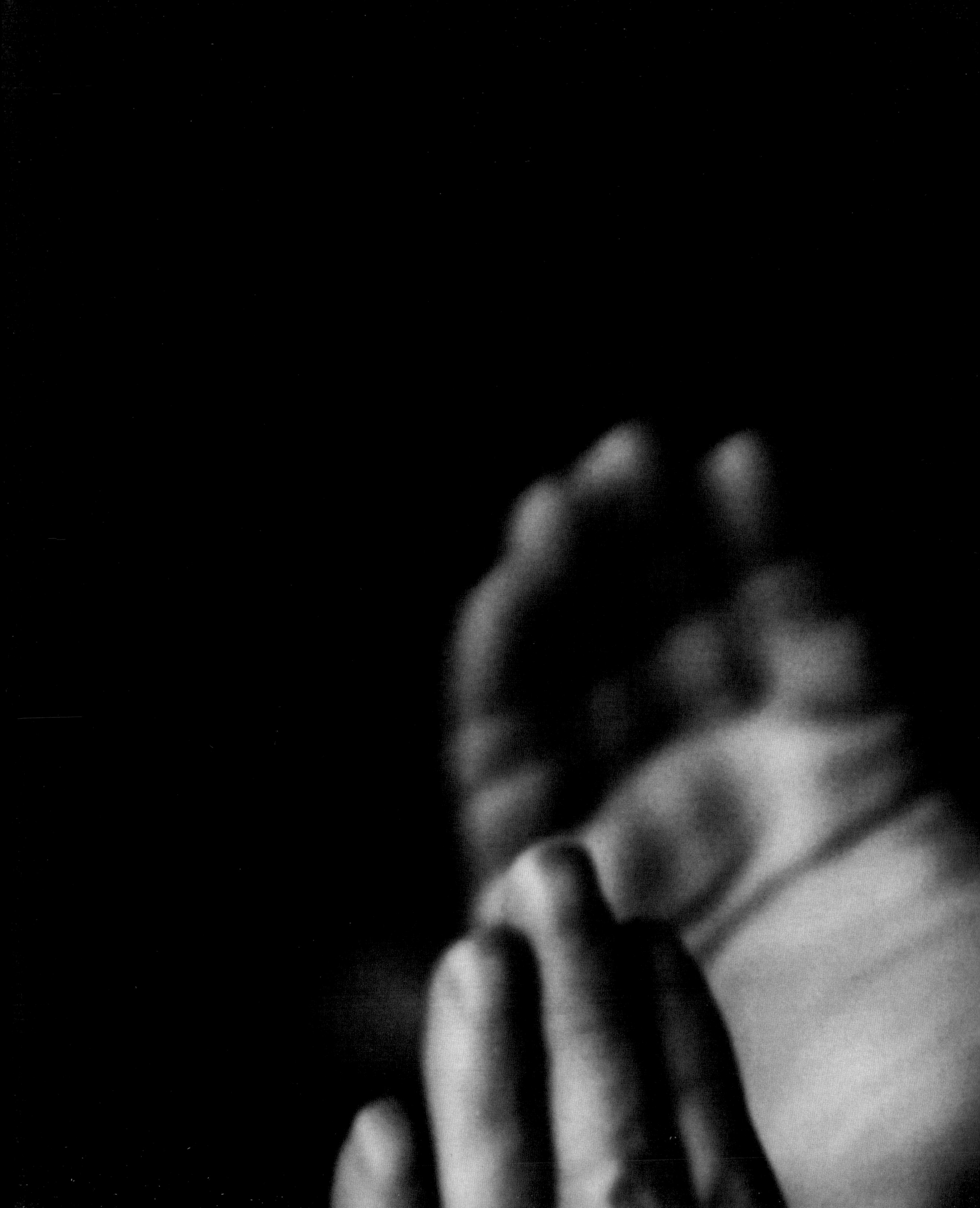

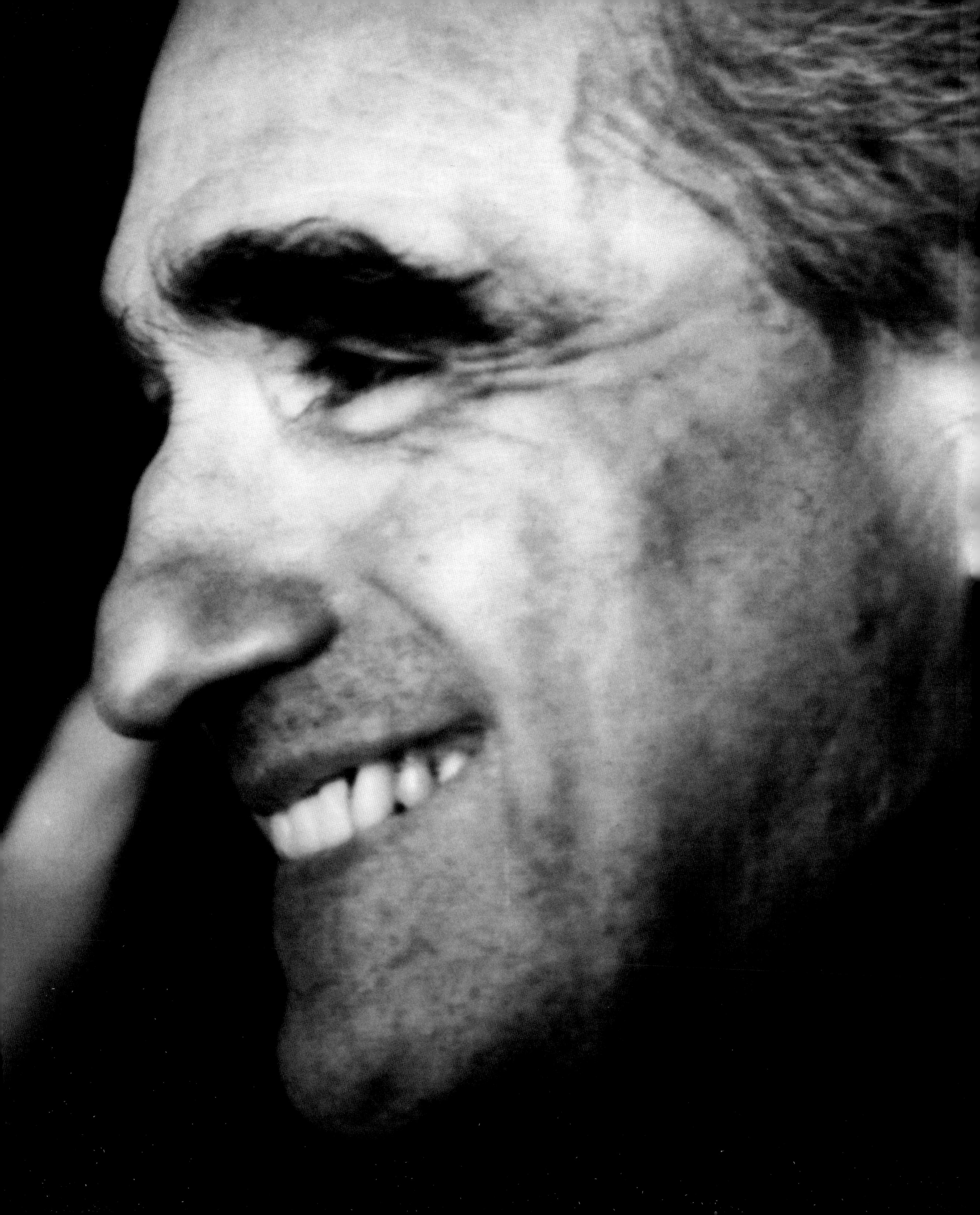

Martin Scorsese

Museum für Film und Fernsehen, Berlin
10 gennaio / January - 12 maggio / May 2013

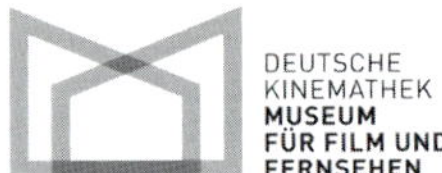

**Una mostra della / An exhibition by
Deutsche Kinemathek - Museum für
Film und Fernsehen, Berlin**

Direttore artistico / *Artistic Director*
Rainer Rother

Curatori / *Curators*
Kristina Jaspers, Nils Warnecke

Coordinamento progetto / *Project
management*
Peter Mänz

Coordinamento mostra / *Exhibition
coordination*
Vera Thomas

Coordinamento per Sikelia Productions,
New York /
*Coordination at Sikelia Productions,
New York*
Marianne Bower

Programma audiovisivo / *Audiovisual
media program*
Nils Warnecke

Editing testi / *Text editing*
Karin Herbst-Meßlinger

Traduzioni in inglese / *English
translations*
Wendy Wallis, transART, Berlin

Design grafica pubblicitaria / *Design of
the advertising graphics*
Pentagram Design, Berlin

Design grafica mostra / *Design of the
exhibition graphics*
Jan Drehmel, befreite module, Berlin

Realizzazione grafica mostra / *Production
of the exhibition graphics*
PPS Imaging, **Bartneck Print Artists**,
Berlin

Design mostra / *Exhibition design*
Camillo Kuschel Ausstellungsdesign,
Berlin

Realizzazione allestimento / *Exhibition
equipment - installation displays*
m.o.l.i.t.o.r. - art in motion

Modello di New York / *Model of New
York City*
Ingrid Jebram, jebram-szenografie,
Berlin

Grafica per il Modello di New York /
Graphics for the model of New York City
Oliver Temmler, sujet.design, Berlin

Restauro costumi / *Costume restoration*
Barbara Schröter

Supervisione conservazione /
Conservational supervision
Sabina Fernández, Berlin

Montaggio programma audiovisivo /
Editing of the audiovisual media
Stanislaw Milkowski, Concept AV,
Berlin

Lighting design
OSRAM

Installazioni audiovideo e illuminazione /
Media and lighting installations
Stephan Werner

Servizi tecnici / *Technical services*
Frank Köppke, Roberti Siefert

Coordinamento Comunicazione /
Communications management
Tatjana Petersen

Marketing
Sandra Hollmann

Ufficio stampa / *Press*
Heidi Berit Zapke

Servizi educativi / *Museum education*
Jurek Sehrt

Assistenti ufficio mostra / *Assistance to
the exhibition office*
Antje Materna, Georg Simbeni

Amministrazione / *Finance*
Uwe Meder-Seidel

Audioguida / *Audio guide*
Linon Medien, Berlin

La Deutsche Kinemathek è sostenuta da /
The Deutsche Kinemathek is supported by

In collaborazione con /
In collaboration with

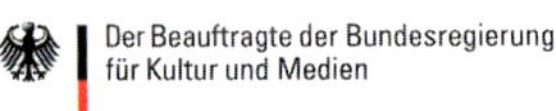

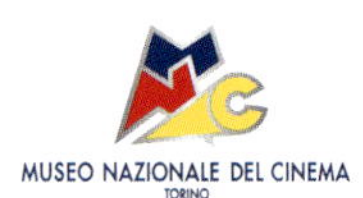

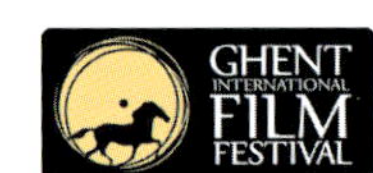

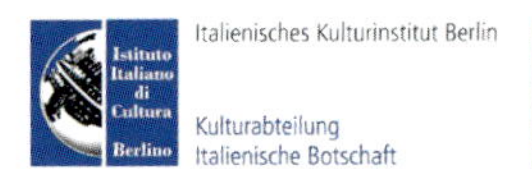

grazie all'intervento della /
by a resolution of the German Bundestag

Prestatori / *Lenders*

Martin Scorsese Collection, New York
Brigitte Lacombe, New York
Deutsche Kinemathek - Fotoarchiv,
Berlin
Dante Ferretti, Roma
Harry Ransom Center, **University
of Texas at Austin**, Austin
Margaret Herrick Library, **Academy
of Motion Picture Arts and Sciences**,
Los Angeles
Museo Nazionale del Cinema, Torino
Museum of the Moving Image, New York
Sandy Powell, London
Theaterkunst Kostümausstattung GmbH,
Berlin

Ringraziamenti / *Acknowledgments*

Desideriamo ringraziare in modo particolare
Martin Scorsese per la fiducia e la generosa
collaborazione / *We wish to extend our
particular gratitude to Martin Scorsese for
his trust and generous cooperation.*
Ringraziamo vivamente anche **Marianne
Bower** dell'ufficio di Martin Scorsese di
New York per il suo sostegno e l'eccellente
coordinamento di questo progetto / *We are
also indebted to Marianne Bower from Mr.
Scorsese's office in New York for her support
and outstanding coordination of this project.*

Inoltre, desideriamo ringraziare /
In addition, we would like to thank:

Michael Ballhaus, Berlin e/*and* Munich
Alberto Barbera, Torino
Claudia Bozzone, Torino
Anna Maria *e/and* **Riccardo Buzzanca**,
Roma
Anne Coco, Los Angeles
Dante Ferretti, Roma
Janet Johnson, New York
Brigitte Lacombe, New York
Keith Lodwick, London
Jill K. Morena, Austin
Nicoletta Pacini, Torino
Albert A. Palacios, Austin
Sandy Powell, London
Olivia K. Primanis, Austin
Sonja P. Reid, Austin
Angela Savoldi, Torino
R. Colin Tait, Austin
Apryl L. Voskamp, Austin
Molly Welch, New York
Steve Wilson, Austin
e tutti i nostri colleghi della Deutsche
Kinemathek - Museum für Film und
Fernsehen / *and all of our colleagues at the
Deutsche Kinemathek - Museum für Film
und Fernsehen*

Scorsese

Mole Antonelliana, Torino
13 giugno / June - 15 settembre / September 2013

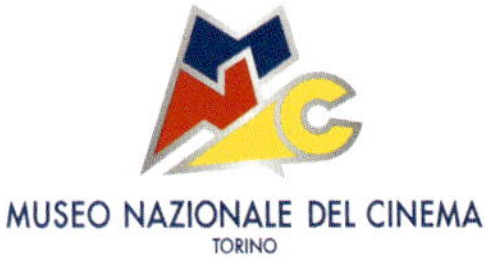

Museo Nazionale del Cinema /
The National Cinema Museum

Presidente / *President*
Ugo Nespolo

Direttore / *Director*
Alberto Barbera

Vice Direttore e Conservatore capo /
Vice-Director and Chief Curator
Donata Pesenti Campagnoni

Assistente di direzione /
Director's Assistant
Angela Savoldi

Comunicazione, promozione, PR /
Communication, Promotion, PR
Maria Grazia Girotto

Ufficio Stampa / *Press Office*
Veronica Geraci

Amministrazione / *Administration*
Erika Pichler

Coordinatore generale /
General Coordinator
Daniele Tinti

Nuovo allestimento al Museo Nazionale
del Cinema di Torino /
*New exhibition setting at the National
Cinema Museum of Turin*

A cura di / *Curated by*
Nicoletta Pacini, Tamara Sillo

Progetto allestimento, installazioni
scenografiche e grafica /
*Display project, scenographic setting and
graphics*

Elena Maria D'Agnolo Vallan
(architetto scenografo / *architect
scenographer*)
Marco Ostini (lighting designer)

Collaborazione all'allestimento /
Collaboration for display
**Sabrina Mezzano, Leonardo Ferrante,
Paolo Bertuzzi**

Segreteria movimentazione opere
e ospitalità / *Exhibits handling and
hospitality secretariat-office*
Claudia Bozzone

Realizzazione allestimento / *Display
setting*

NuovaRekord srl, Leinì (TO)
(Allestimento / *Setting*)
Cienne s.n.c. di Gangemi A. & C.,
Torino (Allestimento cornici / *Frames
display*)
Studio Lucchini & Sanna, Torino
(Collaborazione allestimento documenti /
Documents setting)
Claudia Trapanà e /*and* **Ermes
Pancaldi** (Installazioni scenografiche e
realizzazione manichini / *Scenographic
settings and dummy modelling*)
Cinzia Oliva (Collaborazione
allestimento costumi / *Collaboration
to costumes setting*)
Squillari Arti Grafiche, Torino
(Stampa foto cancellata / *Outside prints*)
Giuliano Gambino, Torino
(Impaginazione grafica mostra /
Exhibition graphic layout)
Abate by Cisd, Torino
(Noleggio manichino / *Dummy rental*)

Immagine e grafica / *Image and graphics*
De Silva Associati, Torino

Foto immagine guida della mostra /
Exhibition image photo
© **Brigitte Lacombe**

Una coproduzione /
A co-production

Main Sponsor

Sponsor

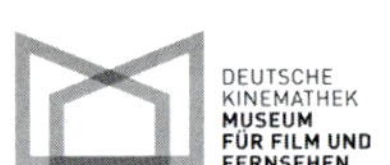

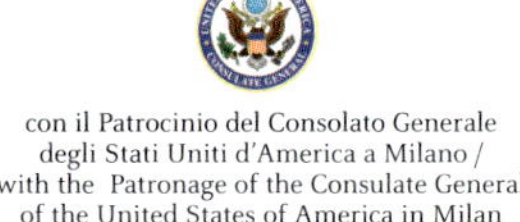

con il Patrocinio del Consolato Generale
degli Stati Uniti d'America a Milano /
with the Patronage of the Consulate General
of the United States of America in Milan

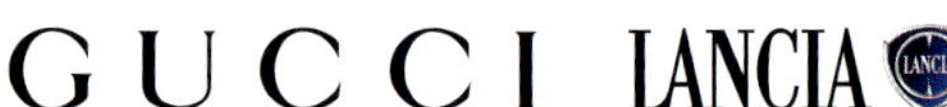

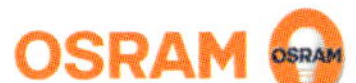

Audiovisivi / *Audiovisual*

Euphon Communication spa, Torino
Cristina Monti, Torino
(Nuovo montaggio video /
New video editing)
Silvio D'Alò, Ars Media, Torino
(Montaggio video comunicazione /
Communication video editing)
Stefano Gariglio, NeonVideo, Borgo D'Ale (VC)
(Sottotitoli film / *Film subtitles*)

Nuova versione modello di / *New version
model of New York City*
Elena Maria D'Agnolo Vallan e / *and*
Marco Ostini

Illuminazione / *Lighting*
OSRAM, Berlin
C.S.G. Elettrotecnica Colzani srl,
Giussano (MB)

Catalogo / *Catalogue*
A cura di / *Edited by*
Kristina Jaspers, Nils Warnecke
In collaborazione con /
In collaboration with
Nicoletta Pacini, Tamara Sillo

Traduzioni / *Translations*
Paola Banino, Biella
LM Consulting di Laura Marcellino,
Venezia

Percorso guida iPad / *iPad guide path*
Roberta Basano (Coordinamento /
Coordination)
Fabio Perossini, Diversabilia, Torino
Silvio D'Alò, Ars Media, Torino (Grafica
web / *Web graphic*)

Hanno collaborato / *Collaborators*

Per il Museo Nazionale del Cinema / *For
the National Cinema Museum*:
**Jenny Bertetto, Bianca Girardi, Daniela
Martinelli, Elena Montaretto, Helleana
Grussu, Sandra Giaracuni, Paola Traversi,
Stefano Boni, Grazia Paganelli, Juliette
Canon.**
E inoltre / *And*: **Paola Gallarini, Federico
Borgogni** (Monitoraggio opere in mostra /
Exhibits monitoring); **Rocco Rolli, Tactile
Vision Onlus**, Torino; **Federico Spoletti,
Sub-Ti**, London.

Trasporti / *Transport*
Schenker Deutschland AG, Berlin
Arterìa s.r.l., Torino
Air Sea Cargo Trans, Roma

Assicurazione / *Insurance*
Reale Mutua, Torino

Prestatori / *Lenders*

Martin Scorsese Collection, New York
Brigitte Lacombe, New York
Deutsche Kinemathek - Fotoarchiv,
Berlin
Dante Ferretti, Roma
**Harry Ransom Center, University of
Texas at Austin**, Austin
**Margaret Herrick Library, Academy of
Motion Picture Arts and Sciences**,
Los Angeles
Museo Nazionale del Cinema, Torino
Museum of the Moving Image, New York
Sandy Powell, London
Sartoria Tirelli, Roma
Theaterkunst Kostümausstattung GmbH,
Berlin

Ringraziamenti / *Acknowledgments*

Ci uniamo ai ringraziamenti della Deutsche
Kinemathek a **Martin Scorsese** per la
collaborazione alla mostra e per le sue
gentili parole di apprezzamento nei
confronti del Museo Nazionale del Cinema /
*We should like to add our thanks for
Martin Scorsese to those of the Deutsche
Kinemathek for his collaboration towards
this exhibition and for his kind expressions
of appreciation regarding The National
Cinema Museum.*

Inoltre, desideriamo ringraziare /
In addition, we would like to thank

Marianne Bower, New York
Michael Ballhaus, Berlin e / *and* Munich
Anna Maria e / *and* **Riccardo Buzzanca**,
Roma
Anne Coco, Los Angeles
Dante Ferretti, Roma
Janet Johnson, New York
Brigitte Lacombe, New York
Keith Lodwick, London
Sandy Powell, London
Laura Nobile, Sartoria Tirelli, Roma
Dino Trappetti, Sartoria Tirelli, Roma
Oliver Temmler, Berlin

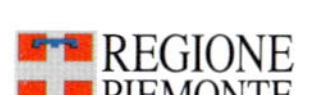 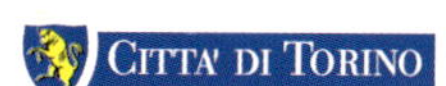 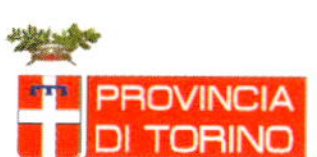 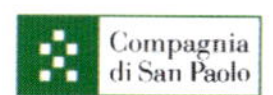 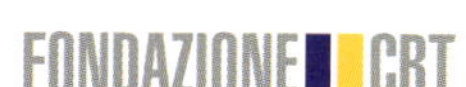 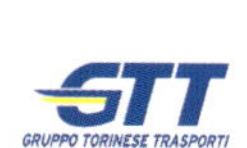 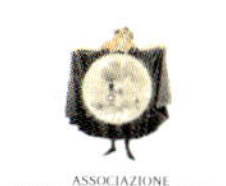

In copertina / Cover
Martin Scorsese ritratto da Brigitte Lacombe
Martin Scorsese portrayed by Brigitte Lacombe

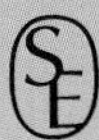

Silvana Editoriale

Progetto e realizzazione / Produced by
Arti Grafiche Amilcare Pizzi S.p.A.

Direzione editoriale / Direction
Dario Cimorelli

Art Director
Giacomo Merli

Graphic Design copertina e impaginazione
Graphic Design Cover and Layout
Michele Bazzoni

Redazione / Copy Editor
Clelia Palmese

Coordinamento organizzativo /
Production Coordinator
Michela Bramati

Segreteria di redazione / Editorial Assistant
Emma Altomare

Photo Editor
Alessandra Olivari

Ufficio stampa / Press Office
Lidia Masolini, press@silvanaeditoriale.it

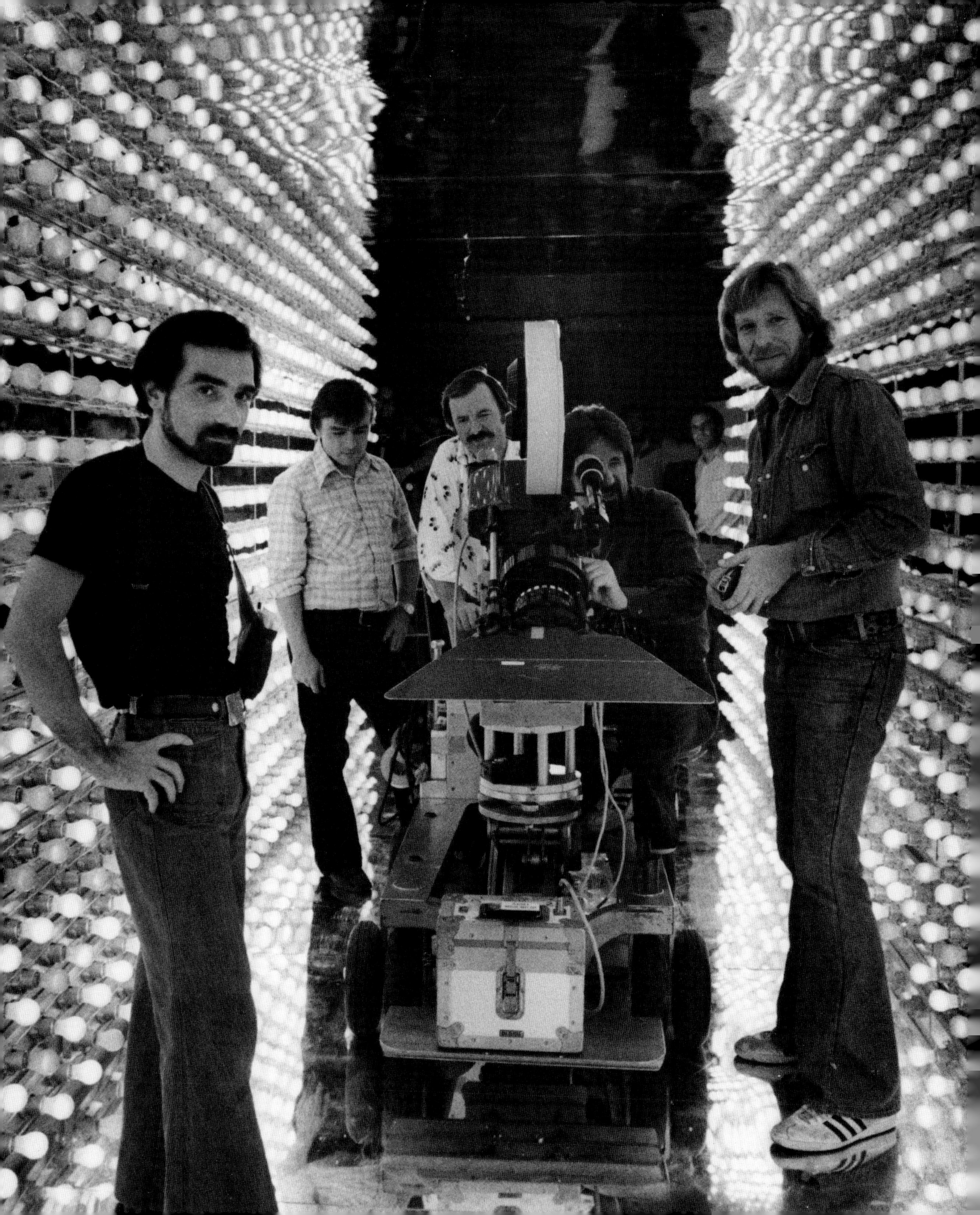

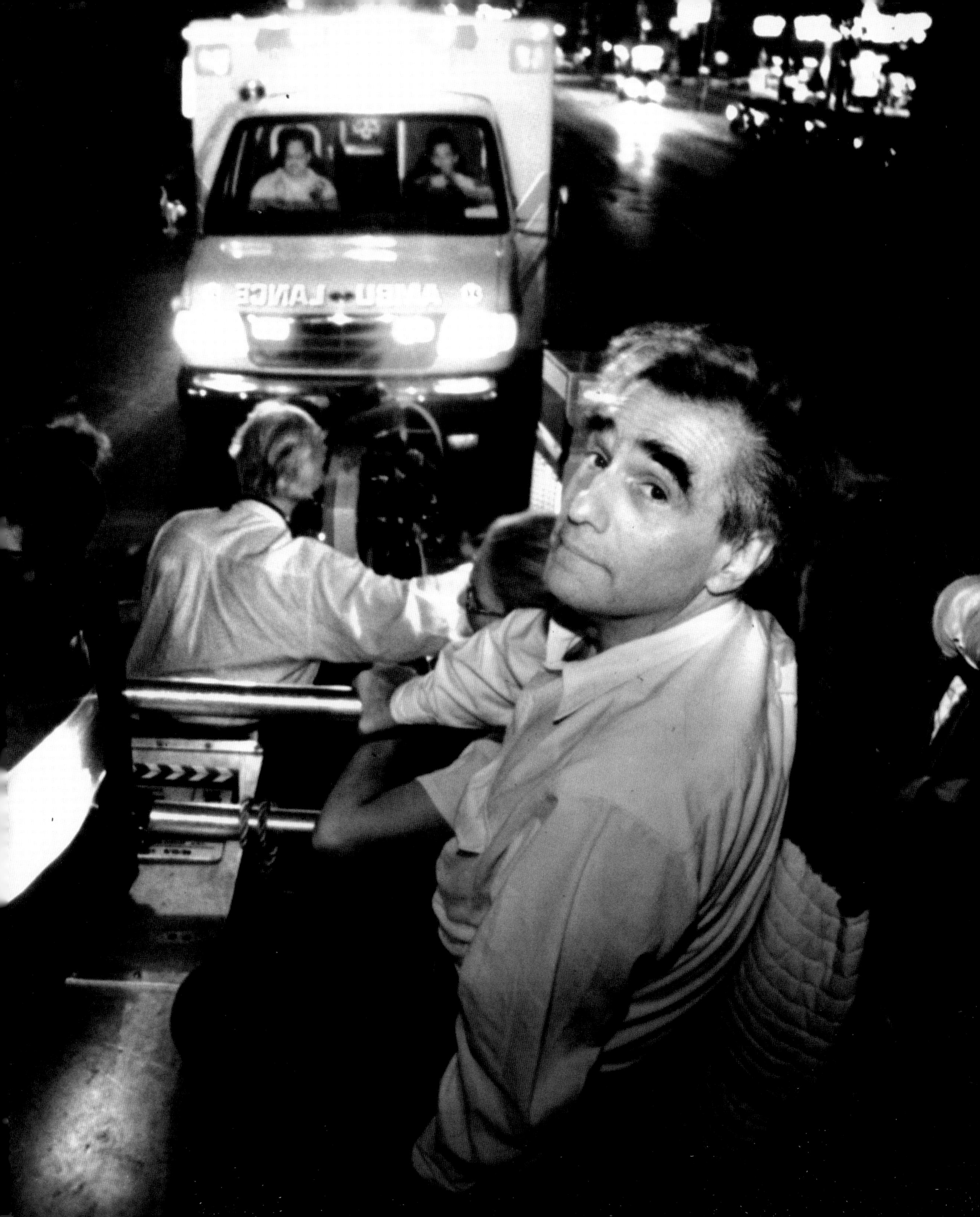

Sommario
Contents

Presentazione

ALBERTO BARBERA

È verosimile che non esistano artisti privi di ossessioni, poiché esse sono esattamente ciò che rende le loro opere singolari e irripetibili. Di tutti gli autori che hanno contribuito in maniera decisiva a scrivere le pagine più belle della storia del cinema moderno, Martin Scorsese è forse quello segnato dalle ossessioni più nette e riconoscibili.

La prima, e più importante, è un amore per il cinema così assoluto e irriducibile da collocare l'artista italo-americano in cima a un'ideale classifica dei registi-cinefili per i quali non c'è vita al di fuori del cinema ("Se non lo facessi morirei", ebbe a dichiarare in un'intervista divenuta famosa). Detto altrimenti, pochi cineasti possono rivendicare, al par suo, un analogo appassionato coinvolgimento *nel* cinema e *a favore del* cinema, al punto da ricondurre ogni altra forma di esperienza esistenziale a quest'ultimo. O, se si preferisce, a fare dell'universo delle immagini in movimento il filtro e la cartina di tornasole del proprio rapporto con il Mondo e la Storia.

L'altra ossessione che gli viene comunemente riconosciuta è quella per la precisione maniacale con cui si applica al suo lavoro, fatta di meticolosa preparazione di ogni singola scena del film da realizzare, attraverso appunti, annotazioni, promemoria, elenchi, schizzi, disegni, *découpage* e *storyboard*. Sorta di prefigurazioni fedeli che prendono forma nella testa del regista prima di essere fissate su fogli di carta, quaderni, taccuini, tavole e tabelloni, per servire da preziose mappe di riferimento nel momento, non meno scrupoloso e ossessivo, della messa in scena e del montaggio che condurranno all'esito finale.

La mostra, allestita in un primo tempo alla Deutsche Kinemathek di Berlino e poi al Museo Nazionale del Cinema di Torino, non è solo la prima esposizione in assoluto dedicata all'universo cinematografico di Scorsese. È anche, e soprattutto, la più sorprendente esplorazione delle principali ossessioni della sua esistenza, realizzata con il suo consenso e grazie alla possibilità di accedere all'immenso archivio personale, costruito giorno dopo giorno, accumulando con la stessa paziente e insaziabile vocazione del collezionista "museale", gli oggetti, i materiali, i reperti, le testimonianze, i documenti che sono entrati a far parte del suo mondo sin dalla sua infanzia. Ricordi, frammenti, impressioni, oggetti d'amore e di desiderio, come tessere di un gigantesco mosaico i cui confini finiscono per identificarsi con il monumento d'immagini che è l'opera cinematografica di Scorsese, cioè la sua stessa vita.

È questa particolarità a fare l'interesse della mostra e del catalogo che ne ricalca la struttura, riproducendo parte dei materiali – in larga misura inediti – che la compongono. Un viaggio affascinante nell'universo privato di uno dei più significativi registi del secondo Novecento, grande narratore di alcune delle più crude e autentiche realtà del nostro tempo.

Foreword

ALBERTO BARBERA

Artists with no obsessions are not likely to exist, because these are exactly what make their work singular and unique. Amongst all the authors who have contributed in a decisive manner to drafting the most beautiful pages in the history of modern cinema, perhaps Martin Scorsese is the one marked by the most clear-cut and recognisable obsessions.

The first, and most important one, is such an absolute and invincible love for cinema that it places the Italian-American artist at the top of an ideal ranking for cinephile directors, for whom there is no life beyond cinema ("If I didn't do it I'd die", he once declared in an interview that would become famous). In other words, few filmmakers on a par with him are able to claim a similar passionate involvement *in* cinema and *in favour of* cinema, to the point of leading any other form of existential experience back to the latter. Or, if we prefer, his making the universe of moving pictures into a filter and litmus test for his own relationship with the World and History.

The other obsession commonly acknowledged in him is the manic precision with which he applies himself to his work, made up of meticulous preparation for every single scene of the film to be made, through notes, annotations, memos, lists, sketches, drawings, *découpage* and storyboards. A kind of faithful pre-imaging, acquiring shape within the director's mind before being fixed on sheets of paper, exercise-books, notebooks, plates and boards, to serve as precious reference maps of the moment, no less scrupulously and obsessively than the *mise-en-scène* and editing leading to the final result.

Set up initially at the Deutsche Kinemathek in Berlin and then at the Museo Nazionale del Cinema in Turin, this exhibition is not only the very first one dedicated to Scorsese's filmic universe. It is also, and specially, the most amazing exploration of the main obsessions in his life, organised with his consent and thanks to the possibility of accessing his immense personal archive, built up day after day, accumulating the items, the materials, the relics, the testimonials, the documents that have become part of his world since his childhood, with the same patient and insatiable vocation of a "museum" collector. Souvenirs, fragments, impressions, objects of love and desire, like the pieces of a gigantic mosaic whose edge ends up by identifying itself with the visual monument that is Scorsese's cinematographic work, meaning his life itself.

This very peculiarity creates the appeal of the exhibition and of the catalogue retracing its layout, reproducing part of the mostly unseen material composing it. A fascinating trip into the private universe of one of the most significant film directors of the late 20th century, a great narrator of some of the crudest and authentic realities of our age.

Prefazione

RAINER ROTHER

La Deutsche Kinemathek ha inaugurato l'anno commemorativo – nel 2013 festeggia il suo 50° compleanno – con la prima mostra al mondo dedicata all'opera di Martin Scorsese. Nessun altro regista, o quasi, mostra un legame così intimo tra maestria artistica e passione meticolosa, incentrata sul proprio mestiere. Nelle opere di Martin Scorsese la storia del cinema è sempre presente, inoltre il regista dedica le proprie energie con esemplarità e perseveranza a iniziative volte alla conservazione del patrimonio filmico.

Proprio per questo connubio tra produzione artistica e dedizione costante alla salvaguardia della tradizione cinematografica, la Deutsche Kinemathek – e altrettanto il Museo Nazionale del Cinema – ritengono Martin Scorsese un regista particolarmente affascinante. Anche il direttore e fondatore della Deutsche Kinemathek, Gerhard Lamprecht, regista e collezionista, coltivava molti interessi del tutto analoghi ed è da lui che proviene il nucleo originario della nostra raccolta di pellicole e materiali di corredo ai film. Lamprecht ha dato un'impronta decisiva al profilo della nostra istituzione – come la storia del Museo Nazionale del Cinema è strettamente connessa a una pregiata raccolta, quella di Maria Adriana Prolo.

Il film più recente di Scorsese, *Hugo Cabret,* rende onore in modo elegante e al tempo stesso appassionato al pioniere del cinema, Georges Méliès: un omaggio realizzato con un ampia disponibilità di mezzi all'avanguardia nel campo della tecnica cinematografica. Inoltre, il soggetto procura a Scorsese l'opportunità di uno dei suoi camei – qui nelle vesti di fotografo di scena durante le riprese nello studio di Méliès. Già queste comparse sono una sorta di riferimento, ricordano infatti un altro maestro del cinema, Alfred Hitchcock. Scorsese lo rievoca di nuovo in uno spot pubblicitario estremamente elegante e leggero, gettando anche uno sguardo ironico su se stesso come collezionista e promotore di restauri. Questa varietà di contributi sarebbe piaciuta anche a Gerhard Lamprecht.

Nella nostra mostra i camei di Scorsese vanno visti nell'ottica del "cinema". Le sequenze e i pezzi esposti sono la testimonianza di un collezionista e di un combattente a favore della conservazione del patrimonio cinematografico. Nell'esposizione mostriamo tra l'altro la lettera che scrisse nel 1979 a colleghi e colleghe in occasione della sua campagna per la produzione di pellicole a colori più stabili. E naturalmente sono presenti anche le risposte, quelle di Akira Kurosawa, Stephen Spielberg e Volker Schlöndorff. Ringraziamo Martin Scorsese per l'eccellente supporto alla mostra, a favore della quale ha aperto il suo archivio privato. Dalla sua collezione provengono splendidi manifesti originali di film a lui cari o le scarpette rosse che indossava Moira Shearer nel film di Michael Powell ed Emeric Pressburger. Così come gli oggetti che permettono una nuova lettura della sua opera e della sua carriera, a cominciare dallo *storyboard* di uno Scorsese undicenne. Successivamente utilizzò questo strumento di lavoro nella preparazione di scene determinanti di suoi famosi film. Sono esposti anche numerosi esempi di materiali di ricerca preparatori e testimonianze della cooperazione con compagni di viaggio congeniali, come Thelma Schoonmaker, Michael Ballhaus, Dante Ferretti, Sandy Powell o Brigitte Lacombe. Li ringraziamo tutti di cuore.

Un sentito ringraziamento ai nostri colleghi del Museo Nazionale del Cinema di Torino per la loro stretta collaborazione e una realizzazione assai riuscita della mostra. Dopo la presentazione a Torino, la mostra sarà allestita, sempre quest'anno, nel Caermersklooster di Ghent. Auspichiamo ancora numerose tappe successive.

Preface

RAINER ROTHER

The Deutsche Kinemathek has inaugurated a commemorative year – it celebrates its 50th anniversary in 2013 – with the first ever exhibition worldwide dedicated to Martin Scorsese's work. No other filmmaker, or almost, shows such an intimate connection between artistic mastery and meticulous passion, riveted on one's trade. Cinema history is always present in Martin Scorsese's work, furthermore, this filmmaker dedicates his energies in an exemplary and persevering way to initiatives regarding the conservation of film heritage.

It is exactly due to this union between artistic production and constant dedication to the preservation of motion picture tradition, that the Deutsche Kinemathek, and the National Cinema Museum too, deem Martin Scorsese a particularly fascinating filmmaker. The director and founder of the Deutsche Kinemathek, Gerhard Lamprecht, a film director and collector, also cultivated many interests which were in every way similar, and it is he who provided the original core of our collection of films and material accompanying the films. Lamprecht left a decisive mark upon the profile of our institution – just like the history of the National Cinema Museum is closely linked to Maria Adriana Prolo's valuable collection. Scorsese's most recent film, *Hugo,* honours the pioneer of cinema, Georges Méliès, in an elegant and passionate way at the same time: a tribute executed by means of a broad availability of avant-garde facilities in the field of motion picture techniques. Besides, the topic offers Scorsese the opportunity for one of his cameo appearances – here in the garb of a set photographer during shooting in Méliès' studio. Such appearances are a sort of reference a well, for they remind us of another master of cinema, Alfred Hitchcock. Scorsese evokes him again in an extremely elegant and airy advertising spot, even throwing an ironical glance at himself as a collector and a restoration promoter. This variety of contributions would have been enjoyed by Gerhard Lamprecht.

Scorsese's cameos must be seen from a "cinema" viewpoint within our exhibition. The scenes and items on display are the testimonials of a collector and an activist in favour of the preservation of film heritage. Amongst the other objects in the exhibition, we are displaying the letter he wrote in 1979 to colleagues on the occasion of his campaign for the production of film with more stable colours. And of course, answers are also present, by Akira Kurosawa, Stephen Spielberg and Volker Schlöndorff. We should like to thank Martin Scorsese for his excellent support to this exhibition, in favour of which he has opened his private archive. His collection has provided splendid original posters of the films he loves and the red shoes Moira Shearer wore in the film by Michael Powell and Emeric Pressburger. As well as objects allowing us a new viewpoint on his work and his career, starting from the storyboard by an eleven-year-old Scorsese. He subsequently used this professional tool in the preparation of decisive scenes for his famous films. Several examples of preparatory research material are also displayed, as well as testimonials of his cooperation with congenial travelling companions, such as Thelma Schoonmaker, Michael Ballhaus, Dante Ferretti, Sandy Powell or Brigitte Lacombe. We should like to give them all our heartfelt thanks.

We would like to warmly thank our colleagues from National Cinema Museum, Turin, for their close collaboration and a very successful realization of the exhibition. Following its showcasing in Turin, the exhibition will be set up in the course of this same year at the Caermersklooster in Ghent. We hope numerous further stages may follow.

Introduzione

KRISTINA JASPERS, NILS WARNECKE

Martin Scorsese è un grande stilista e archeologo del cinema. Uno tra i registi americani di maggior fama che nei suoi film racconta uomini e conflitti del proprio paese. La mostra sottolinea quanto la sua personale arte narrativa abbia influenzato il cinema americano moderno e al tempo stesso evidenzia le sue fonti di ispirazione e il suo modo di lavorare. Scorsese ha studiato cinema a New York e lo spettro delle sue opere spazia dalle sperimentazioni degli esordi allo psico-thriller, passando attraverso film documentari e musicali. Numerosi soggetti hanno motivazioni autobiografiche e un'ambientazione centrale è la città natale di Scorsese, New York.

L'allestimento della mostra mette in relazione tra loro grandi installazioni video e oggetti originali emblematici. Documenti personali, quali foto di famiglia, disegni d'infanzia e arredi, sono posti di fronte a testimonianze di lavoro, come *storyboards* disegnati da Scorsese stesso, sceneggiature e lettere, bozzetti per scenografia, costumi e oggetti di scena. Si tratta della prima mostra al mondo sul grande regista e ci sentiamo onorati del fatto che ci abbia aperto il proprio archivio, riconoscendoci una grande fiducia. Oltre alla collezione personale di Martin Scorsese, l'esposizione scandaglia anche le collezioni di Robert De Niro e Paul Schrader dell'Harry Ransom Center e le raccolte personali dello scenografo Dante Ferretti, della costumista Sandy Powell e del direttore della fotografia Michael Ballhaus.

Nei film di Scorsese possono cambiare i luoghi e i tempi, ma ritroviamo sempre costellazioni di personaggi ben definite. La famiglia con le sue strutture patriarcali costituisce il fondamento degli immigrati italiani. Con *Italianamerican* (1974), il suo secondo film documentario, il regista traccia un ritratto dei propri genitori e nel contempo uno studio sulla vita delle famiglie italoamericane immigrate negli USA. Il concetto di "famiglia" si riferisce anche alla "mafia" che offre sostegno e orientamento ai ragazzi. Pellicole come *Quei bravi ragazzi* (1990), *Casinò* (1995) o *The Departed - Il bene e il male* (2006) testimoniano come sia difficile affrancarsi da questo sistema. Molti film di Scorsese sono incentrati su coppie di fratelli, in cui uno ha la responsabilità dell'altro. Che i due uomini abbiano legami di sangue non è così importante, sembrano comunque legati l'uno all'altro. Gli accostamenti tra uomini e donne, invece, appaiono spesso come un terreno insicuro. Scorsese mette in scena uomini che vogliono mostrare debolezza, ma non conoscono i gesti e le parole per farlo. E quindi i protagonisti di molti suoi film sono eroi solitari, *lonely heroes*, alla cui insicurezza si sovrappongono rabbia e aggressività.

Martin Scorsese è cresciuto a Little Italy, al centro di Manhattan, un microcosmo italiano costituito da pochi isolati. Una società in miniatura, nell'ambito della classe media americana, con una cultura propria e leggi proprie, dove le forze decisive erano la mafia e la chiesa cattolica. Quando Scorsese, a metà degli anni sessanta, intraprende il corso di studi cinematografici alla New York University, il suo insegnante, Haig Manoogian, gli consiglia di raccontare storie ispirate a questo ambiente. Nasce così la sua opera di esordio, *Chi sta bussando alla mia porta?* (1967), e poi il film che lo consacra regista stimato: *Mean Streets - Domenica in chiesa, lunedì all'inferno* (1973). In entrambe le pellicole, al centro c'è un eroe e intorno a lui la famiglia che detta regole e allo stesso tempo offre sostegno. Una cellula minima, a sua volta parte della comunità italiana isolata che si trova al centro del Moloch di New York. Questa New

Introduction

KRISTINA JASPERS, NILS WARNECKE

Martin Scorsese is a great cinema stylist and archaeologist. One of the most famed American directors, who depicts men and conflicts within his own country. The exhibition will highlight how much his personal narrative art has influenced modern American cinema and at the same time it will pinpoint his sources of inspiration and his way of working. Scorsese studied cinema in New York and the span of his works ranges from his debut experiments to psycho-thrillers, passing through documentary and musical films. Several topics bear autobiographical motivations and a pivotal setting is Scorsese's birthplace city, New York.

The exhibition layout will relate large video installations to emblematic original items. Personal documents, such as family photos, childhood drawings and furnishings, will be facing work testimonials, like storyboards drawn by Scorsese himself, screenplays and letters, sketches for set decoration, costumes and scenery props. This is the first exhibition in the world on the great filmmaker and we feel honoured by the fact he has opened his archive for us, expressing great trust in us. In addition to Martin Scorsese's personal collection, the display will also explore the collections of Robert De Niro and Paul Schrader at the Harry Ransom Center and the personal collections of production designer Dante Ferretti, costume designer Sandy Powell and director of photography Michael Ballhaus.

Locations and times may change in Scorsese's films, but we always find well-defined constellations of characters. The family, with its patriarchal structure, constitutes the foundation for Italian immigrants. With *Italianamerican* (1974), his second documentary film, the filmmaker draws a portrait of his parents as well as a study on the lives of immigrant Italo-American families in the USA. The concept of "family" is also referred to the "mob", which offers support and coaching to youngsters. Films like *Goodfellas* (1990), *Casino* (1995) or *The Departed* (2006) witness how difficult it is to tear oneself free from this system. Many films by Scorsese are centred on pairs of brothers, where one feels responsible for the other. It is not so important for the two men to have blood ties, they seem to be linked in any case. The pairing of men and women, on the other hand, often appears to be slippery ground. Scorsese stages men who wish to exhibit frailty, but do not know the gestures and the words for doing so. And therefore, the protagonists of many of his films are lonely heroes, with anger and aggressiveness overlying insecurity.

Martin Scorsese grew up in Little Italy, in the centre of Manhattan, an Italian microcosm made up of a handful of blocks. A society in miniature within the American middle class, with a culture of its own and its own laws, where the decisive powers were the mafia and the Catholic church. When Scorsese began his course on film studies at New York University in the mid-1960s, his tutor, Haig Manoogian, advised him to tell stories inspired by this environment. His debut work, *Who's That Knocking at My Door* (1967), was thus born, followed by the film that confirmed him as an esteemed filmmaker: *Mean Streets* (1973). In both films, a hero is at the core and the family about him dictates rules and offers support at the same time. A tiny cell, in its turn a part of the isolated Italian community at the centre of the New York Moloch. This "other" New York can be the transitory space with filthy streets marked by the poverty of the homeless, junkies and prostitutes, "downtown" Manhattan as in

York "altra" può essere lo spazio transitorio con le strade sporche, segnate dalla miseria di senza tetto, drogati e prostitute, "downtown" di Manhattan come in *Taxi Driver* (1976) o *Al di là della vita* (1999), oppure, in forte contrasto con essa, la New York dei ricchi e dei potenti della Manhattan "uptown" de *L'età dell'innocenza* (1993).

Il primo film che Scorsese vede in una sala cinematografica è *Duello al sole* (1946). Da quel momento in poi andrà spesso al cinema. Le prime esperienze da spettatore sono il fondamento dell'entusiasmo di Scorsese per il cinema e per il proprio lavoro artistico. Per la partitura di *Taxi Driver* (1976) Scorsese ingaggia Bernard Herrmann, dimostrando la sua reverenza sia al grande compositore di colonne sonore americano, sia al cinema di registi come Alfred Hitchcock che spesso aveva collaborato con Herrmann. L'uso della musica gioca sempre un ruolo importante nelle opere di Scorsese. *New York, New York* (1977), ad esempio, è un omaggio al musical cinematografico americano degli anni quaranta e cinquanta. La storia del cinema stessa diventa elemento costitutivo del racconto, quando in *The Aviator* (2004) si narra la biografia del pioniere dell'aviazione Howard Hughes (Leonardo DiCaprio), fanatico di cinema.

Dopo aver avviato già agli inizi degli anni ottanta una campagna per la conservazione di copie di film a colori sbiadite, il cineasta Martin Scorsese fonda nel 1990, insieme ad altri colleghi famosi, come Steven Spielberg, Francis Ford Coppola e Stanley Kubrick, The Film Foundation dedicata alla conservazione del patrimonio cinematografico internazionale. Con l'impegno appassionato a favore del recupero dell'immagine in movimento e il suo lavoro artistico come regista cinematografico, Scorsese getta un ponte tra il passato e il futuro del cinema.

Martin Scorsese ha sviluppato una propria scrittura filmica basata su studi inerenti al linguaggio del cinema e agli uomini, ai loro impulsi e ai loro desideri. La messa in scena di una violenza ai limiti della pazzia è al centro di molti suoi film, come del resto anche la ricerca della spiritualità. Innanzitutto sceglie la soluzione estetica e formale adeguata ad ogni soggetto. Malgrado tutta la brutalità dell'azione molte sue opere si contraddistinguono per una spensierata leggerezza. Ciò è dovuto sia allo stile del regista che al lavoro di ripresa eccellente di direttori di fotografia come Michael Ballhaus o Robert Richardson. Ne *L'età dell'innocenza* (1993) si scivola a passo leggero attraverso le sale opulente della borghesia newyorkese del XIX secolo, oppure, in *Casinò* (1995), attraverso una casa da gioco labirintica nella Las Vegas degli anni settanta. Anche le scene di lotta sono sempre girate da Scorsese in modo magistrale. In *Toro scatenato* (1980) fa esperimenti con una macchina da presa che rimane sul ring vicino a Jake La Motta (Robert De Niro) con l'inserimento del rallentatore e di un audio sperimentale. Spesso le discussioni violente finiscono in vere e proprie orge di sangue, intrise ripetutamente di una simbologia cristiana, ad esempio il motivo della crocifissione. Scorsese da bambino aveva nutrito il desiderio di diventare prete. Alla fine diventa regista, ma le domande esistenziali sulla fede e sulla religione lo accompagnano per tutta la vita.

Questa mostra non sarebbe divenuta realtà senza il generoso contributo di Martin Scorsese. Nella primavera del 2012 abbiamo potuto esaminare il suo archivio per una settimana, sempre supportati da Marianne Bower, la sua straordinaria archivista. Ogni pezzo è stato mostrato a Scorsese, alcune integrazioni le ha proposte lui personalmente. Numerosi interventi audio esaustivi, che ha registrato per noi e ai quali facciamo riferimento in questo testo, testimoniano il suo rapporto personale con ogni singolo pezzo, il suo humor e il significato della memoria per la creazione di nuove opere. La generosità di Martin Scorsese e il suo coraggio nel fidarsi di due curatori europei e nel permettere l'interpretazione della sua produzione, vanno oltre qualsiasi apprezzamento. Per un regista così eclettico ed esperto di storia del cinema come Martin Scorsese è qualcosa di assolutamente unico e gliene siamo molto grati. Da questa collaborazione per noi sono emerse molte riletture insolite della sua opera, nuovi riferimenti trasversali tra le produzioni e connessioni tra biografia e film. Per noi si è trattato di un progetto straordinario.

Taxi Driver (1976) or *Bringing Out the Dead* (1999), or, in a strong contrast with it, the New York of the rich and powerful in "uptown" Manhattan in *The Age of Innocence* (1993).

The first film Scorsese saw at a movie theatre was *Duel in the Sun* (1946). From then on he often went to the movies. These first experiences as a spectator are the foundations for Scorsese's enthusiasm about cinema and for his own artistic work. Scorsese hired Bernard Herrmann for the music score in *Taxi Driver* (1976), demonstrating his reverence for the great American soundtrack composer as well as for the cinema of directors like Alfred Hitchcock, who had often collaborated with Herrmann. The use of music always plays an important role in Scorsese's work. *New York, New York* (1977), for instance, is a tribute to the American musical movie of the 1940s and 1950s. Cinema history itself becomes a component element of the story, when the life of aviation pioneer Howard Hughes (Leonardo DiCaprio), a fanatic about cinema, unfolds in *The Aviator* (2004).

After initiating a campaign, already at the beginning of the 1980s, for the conservation of faded copies of colour films, filmmaker Martin Scorsese founded The Film Foundation in 1990, together with other famous colleagues, like Steven Spielberg, Francis Ford Coppola and Stanley Kubrick, dedicated to the conservation of international cinematographic heritage. With this passionate commitment in favour of salvaging motion pictures and with his artistic work as a filmmaker, Scorsese is throwing a bridge between the past and the future of cinema.

Martin Scorsese has developed a cinematographic writing of his own, based on studies about the language of cinema and about men, their impulses and their desires. The staging of a scene of violence bordering on madness is at the centre of many of his films, as is also, all said, his search for spirituality. In the first place, he chooses the aesthetic and formal solution suited to each subject. In spite of all the brutality in action, many of his works are distinguished by a carefree lightness. This is due both to the filmmaker's style and to the excellent shooting work carried out by directors of photography like Michael Ballhaus or Robert Richardson. In *The Age of Innocence* (1993) we glide lightfooted through the opulent salons of the 19th century New York bourgeoisie, or, in *Casino* (1995), through a labyrinthine gaming establishment in Las Vegas in the 1970s. The fighting scenes too are always filmed by Scorsese in a masterly way. In *Raging Bull* (1980) he experiments with a camera that stays in the ring near Jake La Motta (Robert De Niro), which includes a slowing device and an experimental audio. Violent discussions often end up in actual bloodbath orgies, repeatedly imbued with Christian symbology, such as the crucifixion motif. As a child, Scorsese had harboured a wish to become a priest. In the end he became a filmmaker, but existential questions on faith and on religion have accompanied him throughout his life.

This exhibition would not have become true without the generous contribution of Martin Scorsese. In the spring of 2012 we were able to check his archive for a week, always with the support of Marianne Bower, his extraordinary archivist. Every item was shown to Scorsese, a few additions were suggested personally by himself. Several exhaustive audio contributions, which he recorded for us and which are referred to within this text, testify to his personal link to every single piece, his humour and the significance of memory in the creation of new work. Martin Scorsese's generosity and his courage in trusting two European curators and permitting his production to be analysed, go beyond any token of appreciation. For such an eclectic filmmaker and an expert in the history of cinema like Martin Scorsese this is something absolutely unique and we are very grateful to him. Many further unusual insights into his work have sprung out of this collaboration, new cross-references between his productions and connections between his biography and films. It has been an extraordinary project for us.

Conversazione con Martin Scorsese

KRISTINA JASPERS, PETER MÄNZ

KJ-PM Signor Scorsese, abbiamo letto che già da bambino disegnava *storyboard*, come consolazione per il fatto di non avere una cinepresa. È vero? Quali sono stati i primi film che ha disegnato?

MS La spinta a creare le strisce è stata precedente alla mia coscienza del fatto che si potesse possedere una cinepresa. I miei primissimi *storyboard* o strisce sono stati disegnati verso il 1950-1953 ed erano basati sui programmi televisivi da mezz'ora che guardavo. Per esempio, c'era uno show chiamato "Suspense Theater". Disegnavo in seppia anche le mie versioni di B-western, ne ho anche disegnate alcune in bianco & nero. Ho dipinto alcune strisce ad acquarello ma alla fine ho usato semplicemente matite colorate "Paradise" perché l'acquarello gocciolava. Queste primissime strisce erano tutte create con un "aspect ratio" (l'aspect ratio indica il rapporto matematico fra la larghezza e l'altezza di un'immagine, *ndr.*) di 1.33 benché io all'epoca non conoscessi il termine "aspect ratio": ho semplicemente riprodotto le dimensioni dell'immagine che vedevo sullo schermo.

KJ-PM Una volta ha detto che nel disegnare gli *storyboard* è stato fortemente influenzato dalle strisce di fumetti. Vede un modello per gli *storyboard* nelle strisce di fumetti? Sotto quale aspetto per l'esattezza?

MS Creavo *storyboard* – al contrario delle strisce di fumetti – perché mi interessava di più la sensazione del movimento insito *tra* le inquadrature degli *storyboard*. Altrimenti, avrei creato strisce di fumetti – o ciò che adesso chiamano "graphic novels" (romanzi a fumetti, *ndr.*). Era il movimento – sotteso da una inquadratura a quella dopo – che mi interessava. Divenne importante per me l'"aspect ratio", specialmente nei primi anni cinquanta, quando vennero distribuiti e promossi i film da proiettare su schermi panoramici. Io disegnavo con un "aspect ratio" di 1.33 e poi con quello dello schermo panoramico di 2.55.

KJ-PM Che ruolo giocano oggi gli *storyboard* durante lo sviluppo del contenuto di un film? È più una questione di giungere a un'approssimazione visiva oppure già inserisce angolazioni e indicazioni tecniche per la cinepresa?

MS Inserisco già angolazioni e indicazioni tecniche per le riprese. Disegnare gli *storyboard* è la mia maniera di visualizzare l'intero film prima di girarlo. In un certo senso, è un disegnare il film come vorrei vederlo.

KJ-PM Gli *storyboard* vengono anche considerati un mezzo di comunicazione. Lei disegna gli *storyboard* solo per se stesso o li usa anche come base per dialogare con il suo team?

MS I miei *storyboard* sono il risultato di un procedimento interiore, di ciò che desidero comunicare e di come farlo nell'ambito dell'inquadratura, e da una inquadratura a quella successiva.
I miei *storyboard* diventano una base essenziale per dialogare con il mio team.

KJ-PM Lo scenografo Dante Ferretti, che ha disegnato scenografie eccezionali per film come *Gangs of New York* (2002) o *The Aviator* (2004), fa parte del suo staff permanente. Tuttavia, colpisce il fatto che Ferretti non disegni alcun *storyboard*. Lei tende a vedere uno *storyboard* come più consono alla direzione della fotografia e al montaggio piuttosto che alla scenografia?

MS Gli *storyboard* possono essere usati per la scenografia come nel caso di William Cameron Menzies, ma non sono usati in quella maniera quando lavoro con Dante. Dante generalmente disegna una grande

Conversation with Martin Scorsese

KRISTINA JASPERS, PETER MÄNZ

KJ-PM Mr. Scorsese, we read that you were already drawing storyboards as a child in order to console yourself, because you didn't own a movie camera. Is that true? What were the first films that you drew about?

MS The urge to make the strips preceded my awareness that you could have a movie camera. My very first storyboards or strips were drawn around 1950-53 and were based on half-hour television shows I watched. For example, there was a show called "Suspense Theater". I also did my own versions of B-westerns in sepia – I drew a few in black & white, too. I painted a few strips in watercolor but I eventually used "Paradise" color pencils because the watercolor would drip. These earliest strips were all done in 1.33 aspect ratio though I didn't know the term "aspect ratio" at the time – I just matched the dimensions I saw from the film screen.

KJ-PM You once said that you were strongly influenced by comic strips while drawing storyboards. Do you see a model for storyboards in comic strips? In what exactly?

MS I made storyboards – as opposed to comic strips – because I was more interested in the impression of movement implied *between* the frames of storyboards. Otherwise, I would have done comic strips – or what they now call "graphic novels". It was the *movement – implied* from one frame to the next – that interested me.

The aspect ratios also became important to me especially during the early 1950s when Panoramic wide screen films were released and promoted. I drew in 1.33 and then in widescreen 2.55.

KJ-PM What role do storyboards play for you today during the development of a movie's content? Is it more a matter of gaining a first visual approximation or are you already including camera perspectives and settings?

MS I am already including camera perspectives and settings. Drawing the storyboards is my way of visualizing the entire film before I shoot it. In a sense, drawing the film as I wish to see it.

KJ-PM Storyboards are also regarded as a means of communication. Do you draw storyboards only for yourself or do you also use them as a basis for discussion with your team?

MS My storyboards are a result of an internal process – what I want to communicate and how to do that within a frame – and from one frame to the next. My storyboards become an essential basis for discussion with the team.

KJ-PM The production designer Dante Ferretti, who drew exceptional designs for films such as *Gangs of New York* (2002) or *The Aviator* (2004), belongs to your permanent staff. However, it is striking that Ferretti does not draw storyboards. Do you tend to see storyboards as more appropriate to cinematography and editing rather than production design?

MS Storyboards can be used for production design as in the case of William Cameron Menzies, but they are not used in that way when I work with Dante. Dante usually draws one large wide shot in order to illustrate what the set will look like. Once I go through the process of creating the storyboards, they are primarily of use for editing and composing the frame.

KJ-PM Shifting attention to the storyboards for *Taxi Driver*, which we will show in our exhibition, you have marked smaller field sizes of the camera and ar-

inquadratura panoramica per illustrare che aspetto avrà il set. Una volta che ho terminato la realizzazione degli *storyboard*, il loro uso primario è per il montaggio e per la composizione dell'inquadratura.

KJ-PM Spostando l'attenzione verso gli *storyboard* per *Taxi Driver*, che esporremo nella nostra mostra, lei ha segnato dimensioni minori per il campo della cinepresa e frecce in alcune immagini, a indicare obiettivi per lo zoom e riprese panoramiche. Di conseguenza, disegnare uno *storyboard* dovrebbe anche presupporre una conoscenza tecnica notevole. All'epoca, lei ha usato gli *storyboard* per discutere con Michael Chapman dei movimenti della cinepresa?

MS Sì, certo che ho usato i miei *storyboard* per discutere dei movimenti della cinepresa con Michael Chapman, e con tutti i direttori della fotografia con i quali ho lavorato. La conoscenza tecnica è essenziale per disegnare gli *storyboard*. Mentre disegno, penso alla composizione, a quale obiettivo usare, in che maniera una ripresa si innesterà su quella successiva. La conoscenza tecnica è sottintesa nella creazione degli *storyboard*. Non posso crearli in sua assenza. La cinepresa, il suo movimento, la composizione, il movimento dei personaggi e degli oggetti all'interno dell'inquadratura – ecco ciò che i miei *storyboard* devono trasmettere.

KJ-PM Un altro aspetto che colpisce negli *storyboard* per *Taxi Driver* è il riquadro arrotondato in 4:3, che ricorda il formato standard televisivo. Che ruolo ha giocato la televisione per lei mentre disegnava gli *storyboard*? Adatta i suoi *storyboard* al formato della pellicola ("aspect ratio")?

MS Gli *storyboard* per *Taxi Driver* furono disegnati usando gli unici *storyboard* prestampati che avevo a disposizione all'epoca. Erano moduli già predisposti, prodotti per i disegnatori di *storyboard* della TV commerciale. Io componevo i disegni con un "aspect ratio" di 1.85 all'interno del formato 4:3 dei moduli prestampati.

Era molto più veloce usare quei moduli prestampati che disegnare inquadrature da 1.85 per ciascuna delle singole riprese.

KJ-PM Tutte le pagine vengono chiaramente da un piccolo blocco di carta forato. Lei preferisce disegnare su un tipo particolare di carta oppure con strumenti da disegno specifici? Il pennarello rosso, l'unico con il quale ha disegnato il sangue, cattura l'occhio con una sua accentuazione speciale. Lei ha proceduto esattamente nello stesso modo con lo *storyboard* per *Toro scatenato*. Quale ruolo gioca il colore negli *storyboard* per lei?

MS Il rosso lo usavo negli effetti drammatici per me e per il direttore della fotografia, ma indicava anche gli effetti speciali per il trucco.

Altrimenti, uso sempre una matita fabbricata da "Ebony" – nello specifico la matita Jet Black Extra Smooth numero 6325. Conosco questi dettagli perché la matita non è più in produzione e qualche anno fa, quando le ho finite, ho dovuto rintracciarne una scatola in vendita su eBay – a quanto pare desiderata anche da altri, se si tiene conto di quanto ho dovuto pagarla!

Quella di grafite è la mia preferita, dato che un qualcosa nel solco del segno lasciato sulla carta conserva la mia idea originale circa la ripresa. Si perde qualcosa quando lo *storyboard* viene fotocopiato. Ritorno ai miei disegni originali per ricordarmi l'idea che avevo quando ho lasciato il segno con la matita. Mi piacciono anche le ombreggiature e i tratteggi che ottengo con la grafite tenera della matita "Ebony".

KJ-PM Si ha spesso l'impressione che gli *storyboard* siano usati in particolare per le sequenze d'azione e per gli effetti speciali. Tuttavia, lei ha anche disegnato uno *storyboard* per *Kundun*, un film piuttosto sereno, sul Dalai Lama. Ci sono dei generi o delle situazioni filmiche in cui uno *storyboard* le è di particolare aiuto?

MS Dato che gli *storyboard* non si relazionano solamente al movimento e al montaggio, ma alla precisione nel comporre l'inquadratura, aiutano in qualsiasi tipo di ripresa e di sequenza. Amo disegnare il film nella sua versione montata. Mi piace molto questo procedimento. Praticamente sto immaginando il film attraverso gli *storyboard*. Le volte in cui disegno uno *storyboard* per ogni ripresa del film – o per una scena – diventa simile a un *flip book* (libretto a cartoni animati, *ndr*.). Dà molta soddisfazione a prescindere dal tipo di sequenza.

rows in some images that indicate zoom lenses and pan shots. Accordingly, drawing storyboards would also presuppose an expansive technical knowledge. Did you use the storyboards at that time to discuss camera movements with Michael Chapman?

MS Yes, of course I used my storyboards to discuss camera movement with Michael Chapman – and all of the cinematographers with whom I've worked.

Technical knowledge is essential to drawing the storyboards. As I draw, I am thinking about composition, which lens to use, how one shot will cut to the next. Technical knowledge is understood within the creation of the storyboards. I cannot make them without it. The camera, its motion, the composition, the movement of characters and objects within the frame – this is what my storyboards must communicate.

KJ-PM What is additionally striking about *Taxi Driver* storyboards is the rounded picture frames in 4:3 ratio, reminiscent of a standard television format. What role did television play for you while drawing your storyboards? Do you adapt your storyboards to the corresponding images recorded on film (aspect ratio)?

MS The *Taxi Driver* storyboards were drawn using the only pre-printed storyboard available to me at the time. They were ready-made forms made for TV commercial storyboard artists. I intended 1.85 compositions within that 4:3 ratio of the printed forms.

It was much faster to use these ready-made forms than to draw 1.85 frames for each of my individual shots.

KJ-PM All the pages obviously come from a small, perforated pad of paper. Do you prefer to draw on a particular paper or with specific drawing implements? The red felt-tipped pen, with which you have solely drawn the blood, catches the eye as a special accent. You proceeded exactly the same way with the storyboard for *Raging Bull*. What role does color play for you in storyboards?

MS The red was used for dramatic effect for me and the cinematographer but it also indicated special make-up effects.

Otherwise, I always use a pencil made by "Ebony" – specifically the Jet Black Extra Smooth pencil number 6325. I know these details because the pencil is no longer manufactured and a few years ago, when I ran out of them, I had to track down a box being sold on eBay – desired by others apparently, based on how much I had to pay for them!

The lead is my favorite because something about the impression of the stroke left on the paper preserves the original idea I have of the shot. It loses something when the storyboard is photocopied. I go back to my original drawings in order to remember the idea I had when I made the stroke with the pencil. I also like the shadowing and crosshatching I get with the soft lead of the "Ebony" pencil.

KJ-PM One often gains the impression that storyboards are used particularly for action and special effects sequences. However, you also drew a storyboard for the rather serene film *Kundun,* about the Dalai Lama. Are there genres or film situations in which a storyboard is particularly helpful to you?

MS Since the storyboards are not only about movement and editing, but about the precision of composing the frame, they are helpful for every kind of shot and sequence. I love drawing the movie in its edited form. I get enjoyment out of that process. I am essentially imagining the film through the storyboards. On the occasions when I have drawn storyboards for every shot in the film – or in a scene – it becomes like a flip book. It's very satisfying regardless of the type of sequence.

KJ-PM You once said in an interview that you always listen to music while drawing. Is drawing a storyboard more of an intuitive process for you or based on deeper reflection?

MS Drawing storyboards is both an intuitive process and one that requires deeper reflection. Sometimes I will be working on a scene and won't get an idea for 3 hours or more – and then it all happens at once – the sense of design. Other times it is very clear what is required. I always check into a hotel room near my office in order to work on the storyboards. In a hotel I am not distracted by phone calls or other office activities – I have to be careful not to get distracted. If I'm lucky, I get a lot done by 7 or 8 at night and then have the rest of the evening.

KJ-PM Una volta, durante un'intervista ha detto che ascolta sempre della musica mentre disegna. Disegnare uno *storyboard* per lei è più un procedimento intuitivo o riflessivo?

MS Disegnare uno *storyboard* è un procedimento che si basa sull'intuito ma che richiede anche riflessioni più profonde. A volte lavoro su una scena e non mi viene nessun idea per 3 ore o più; e poi il senso del disegno arriva improvvisamente. In altri casi, ciò che serve è molto chiaro. Prendo sempre una camera d'albergo vicino al mio ufficio per lavorare sugli *storyboard*. In un albergo non vengo distratto dalle telefonate o da altre attività d'ufficio, devo fare attenzione a non essere distratto. Se ho fortuna, riesco a produrre molto entro le 7 o le 8 di sera e dopo ho a disposizione il resto della serata.

KJ-PM Lei si è occupato un bel po' della storia del cinema internazionale: è stato anche ispirato da altri disegnatori di *storyboard*? Ha lavorato ripetutamente con Saul Bass, che ha disegnato i titoli di testa per *Cape Fear* (1991) e *L'età dell'innocenza* (1993), ecc. Per caso, Bass ha influenzato la sua visione sulla creazione grafica dei film?

MS Sono stato influenzato dalle sequenze dei titoli di testa di Saul Bass, ma non necessariamente dai suoi disegni. Non avevo visto i suoi disegni e di fatto non li conoscevo fino a molto in là nella mia carriera.

KJ-PM Lei ha anche collaborato con artisti professionisti dello *storyboard* (ad esempio, con Karl Shelfelman per *Shutter Island*). Rispetto alle sue idee, come arrivate a un accordo? Che ruolo gioca il personale stile grafico dell'illustratore?

MS Durante *Cape Fear* ho lavorato con un artista professionista dello *storyboard* nello stesso modo in cui ho lavorato con Rob Legato per la creazione delle sequenze di volo in *The Aviator*. Partendo dagli appunti e dai disegni originali tracciati a margine del mio copione, l'artista li ha tradotti per *Cape Fear* in *storyboard* tradizionali. Il procedimento per ottenere l'inquadratura esattamente come la volevo io, comunque, ha richiesto sia lo stesso tempo sia lo stesso numero di fasi e momenti che sarebbero serviti se avessi lavorato personalmente sugli *storyboard*. L'artista era dotato di maggiore maestria grafica rispetto alla mia, cosa molto importante, dato che all'epoca non esisteva la grafica computerizzata CGI. Ci sono state circa 200 riprese con effetti speciali in *Cape Fear* che dovevano essere comunicate e comprese dall'intera troupe senza troppe spiegazioni.

Durante *The Aviator*, il procedimento fu leggermente semplificato grazie alla tecnologia di previsualizzazione degli effetti visivi. Io e Rob Legato abbiamo discusso dei miei disegni e appunti originali, poi lui ha preso i miei disegni delle inquadrature e i miei appunti sulle riprese e li ha trasferiti su singole pagine, usandoli come base per i suoi test di previsualizzazione.

KJ-PM Al momento sta lavorando a una produzione in 3D (*Hugo Cabret*). Visto che viene rimpiazzato da modelli computerizzati tridimensionali e da tecniche di previsualizzazione, lo storyboard è diventato superfluo ai giorni nostri?

MS Lo *storyboard* è diventato superfluo fino a un certo punto. Per me il procedimento è ancora lo stesso. Ho bisogno di passare attraverso il processo mentale: pensare alle riprese e creare i miei "mini *storyboard*" e le note ai margini della sceneggiatura che uso sul set. Tali disegni e annotazioni sono alla base del mio lavoro con il direttore della fotografia e sono alla base di qualsiasi previsualizzazione di cui possiamo aver bisogno.

Gli *storyboard* non sono l'unico mezzo per comunicare ciò che sto immaginando, ma sono il mio punto di partenza.

10 Febbraio, 2011

Questa intervista è stata pubblicata per la prima volta in tedesco nel catalogo *Zwischen Film und Kunst. Storyboards von Hitchcock bis Spielberg*, a cura di Katharina Henkel, Kristina Jaspers e Peter Mänz, Brema 2011

KJ-PM You have dealt with international film history a great deal – were you also inspired by other storyboard draftsmen? You have repeatedly worked with Saul Bass, who designed the opening credits for *Cape Fear* (1991) and *The Age of Innocence* (1993), etc. Has he perhaps influenced your view of the graphic realization of films?

MS I've been influenced by Saul Bass' title sequences but not necessarily by his drawings. I hadn't seen his drawings or indeed been aware of his drawings until much later in my career.

KJ-PM You have also collaborated with professional storyboard artists (for example, with Karl Shelfelman on *Shutter Island*). How do you come to an agreement on your ideas? What role does the respective drawing style of the illustrator play for you?

MS During *Cape Fear* I worked with a professional storyboard artist much the same way I worked with Rob Legato in creating the flight sequences in *The Aviator*. Starting with my original notes and drawings made in the margins of my script, the artist on *Cape Fear* translated my drawings and notes to traditional storyboards. The process to get the frame exactly as I wanted it, however, was just as long and had just as many steps and stages as if I were working on the storyboards myself. The artist had more drawing skills than I did which was very important because there was no CGI at the time. There were about 200 special effect shots in *Cape Fear* and they needed to be communicated and understood by the entire crew without too much explanation.

During *The Aviator*, the process was made slightly simpler by the visual effects previz technology. Rob Legato and I discussed my original drawings and notes and then he took those frames and shot notes and transferred them to individual pages and used them as a basis for his previz tests.

KJ-PM You are currently working on a 3D production (*Hugo Cabret*). Has the storyboard become superfluous in this day and age, because it is being replaced by three-dimensional computer models and previs [previsualization] techniques?

MS To a certain extent the storyboard has become superfluous. But the process is still the same for me. I need to go through the process of thinking about the shots and I continue to make my own "mini storyboards" and notes in the margins of my shooting script. Those drawings and notes are the basis for my discussions with the cinematographer and are the basis for any previsualizations we may need.

The storyboards aren't the only way of communicating what I am imagining but they are where I start.

10 February, 2011

This interview was first published in German in the catalogue *Zwischen Film und Kunst. Storyboards von Hitchcock bis Spielberg*, ed. by Katharina Henkel, Kristina Jaspers and Peter Mänz, Bremen 2011

PRELUDIO
PRELUDE

Martin Scorsese, uno tra i registi di maggior fama dei nostri tempi, è anche tra i cineasti più entusiasti. Nei suoi film racconta uomini e conflitti socio-politici del proprio paese. La mostra mette in evidenza le fonti d'ispirazione di Scorsese e il suo particolare modo di lavorare e sottolinea quanto la sua arte narrativa abbia influenzato il cinema americano moderno.

Nei film di Martin Scorsese possono cambiare i luoghi e i tempi, ma si ritrovano sempre i temi della vita dei protagonisti. I rapporti che legano i suoi personaggi cinematografici sono improntati su diffidenza, paura e tradimento da un lato e sulla ricerca di sicurezza, fiducia e vicinanza dall'altro. Sovente gli intrecci relazionali sembrano più segnati dal destino che non frutto di una scelta. La violenza gioca un ruolo fondamentale, come del resto anche la ricerca di spiritualità.

I film sono spesso ambientati a New York, in particolare a Little Italy, un quartiere un tempo abitato prevalentemente da immigrati italiani, dove Scorsese è cresciuto. I personaggi dei suoi film newyorkesi spesso scaturiscono da questo microcosmo urbano e le sue ossessioni cinematografiche hanno preso forma qui, nelle strade della sua infanzia.

L'ampio spettro delle opere del regista spazia dalle sperimentazioni degli esordi allo psico-thriller, passando attraverso film documentari e musicali. Nei suoi lavori si riconosce l'influenza delle produzioni del cinema d'autore europeo e del repertorio classico hollywoodiano. Martin Scorsese ha sviluppato una propria scrittura filmica, basata sul suo interesse per le ragioni del comportamento umano e per il linguaggio del cinema.

Questa prima grande mostra dedicata al regista attinge soprattutto alla sua collezione privata di New York e alle collezioni di Robert De Niro e Paul Schrader conservate all'Harry Ransom Center della University of Texas at Austin. Oltre che all'opera artistica di Martin Scorsese, la mostra è un tributo al suo impegno per la conservazione del patrimonio cinematografico internazionale con cui getta un ponte tra il passato e il futuro del cinema.

Martin Scorsese, one of the most important directors of our time, is also one of the most enthusiastic cineastes. In his films, he tells stories about the people and the conflicts of his country. The exhibition illustrates Scorsese's sources of inspiration and his specific working methods; it shows how much his artistic approach to telling stories has characterized modern American cinema.

Although the locations and time periods may change in Martin Scorsese's films, we encounter the most important issues in the lives of his protagonists again and again. His cinematic characters' relationships to one another are defined by distrust, fear and betrayal on the one hand, and a search for safety, trust and closeness on the other. Often the networks of relationships seem determined by fate rather than individual choice. Violence plays a central role, just like the search for spirituality.

The setting of the films is frequently New York, particularly Little Italy – a neighborhood at one time predominantly inhabited by Italian immigrants, where Scorsese grew up. His characters in these New York films often originate from this urban microcosm; and his cinematic obsessions developed here, in the streets of his childhood.

The rich spectrum of Scorsese's oeuvre ranges from experimental beginnings, through documentaries and music films, to the psycho-thriller. The influence of works of European auteur cinema and of the classic Hollywood repertoire are also recognizable in his work. Martin Scorsese has developed his own cinematic handwriting based on his interests in uncovering the motives of human behavior and the language of film.

This first major exhibition about the director was principally compiled from his private collection in New York, as well as the collections of Robert De Niro and Paul Schrader from the Harry Ransom Center at the University of Texas at Austin. In addition to his artistic work, the exhibition pays tribute to Martin Scorsese's commitment to the preservation of our international film heritage, with which he has built a bridge between cinema's history and its future.

Peter Bernuth
(Ragazzo)
Foto di scena
The Big Shave [trad. lett.
La grande rasatura], 1967

Peter Bernuth
(Young Man)
Action stills
The Big Shave, 1967

Martin Scorsese Collection,
New York

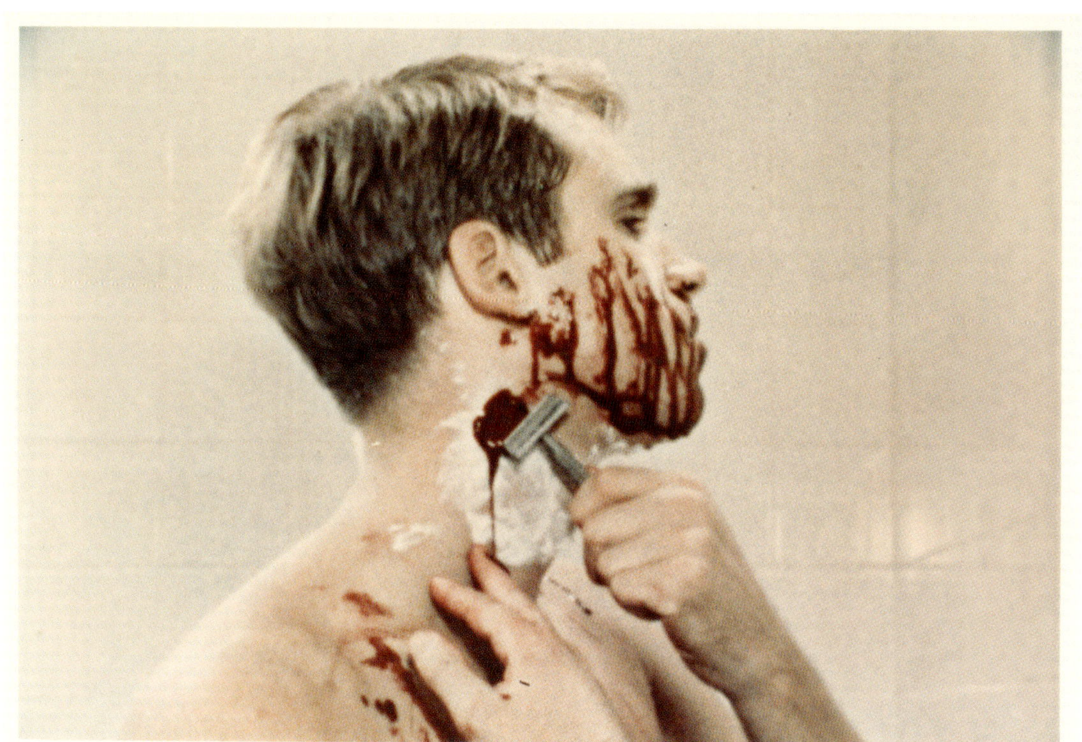

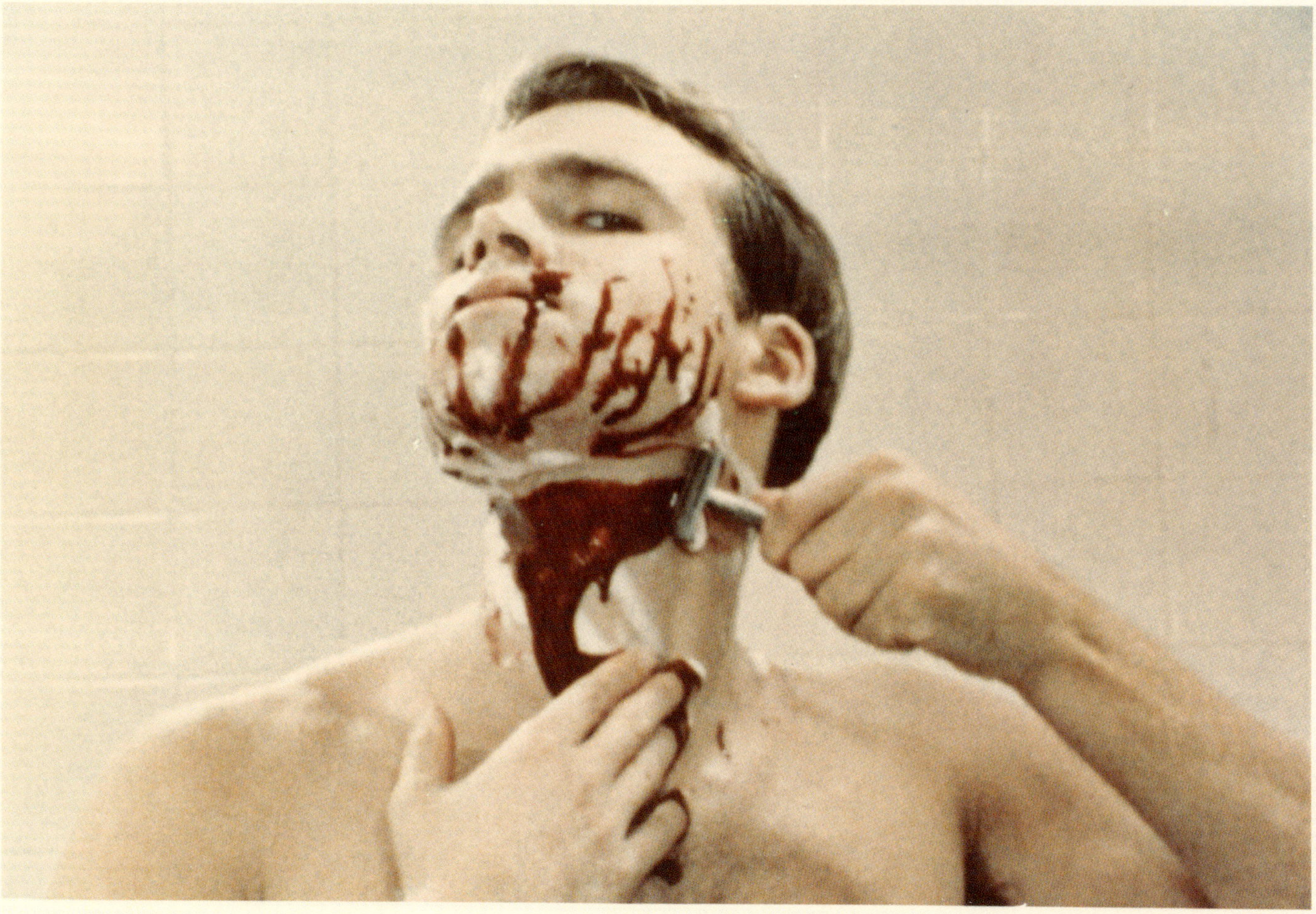

LA FAMIGLIA FAMILY

Martin Scorsese è cresciuto negli anni cinquanta a Little Italy, un quartiere di New York. Vi hanno vissuto non solo lui, il fratello e i genitori, ma l'intera famiglia con nonni, zie e zii, cugini e cugine. E in aggiunta alla chiesa cattolica e al rude mondo delle gang di strada, è stata la grande famiglia italiana di Scorsese ad esercitare su di lui da ragazzo il maggior influsso. Già nei suoi primi cortometraggi studenteschi, Scorsese si occupa dell'ambiente degli immigrati. Successivamente sua madre, Catherine Scorsese, personifica per quasi tre decenni la tipica "mamma" italiana nei suoi film, generalmente in ruoli minori. Anche il padre Charles e altri componenti della famiglia sono stati ripetutamente ingaggiati da Scorsese come comparse. Nel 1974 Scorsese gira il premiato *Italianamerican*, un film documentario sui suoi genitori, in cui descrive in modo esemplare la storia di una famiglia di immigrati italiani negli Stati Uniti del XX secolo. Tuttavia, nei film di Scorsese la famiglia è ben di più di un semplice rifugio protetto, è soprattutto una potenza regolatrice che limita la libertà dei propri membri e crea conflitti. Nemmeno gli eroi di Scorsese sfuggono a tali pressioni quando si invischiano con la mafia: anche nelle sue strutture articolate in famiglie, infatti, si devono rispettare regole ferree. Dopo film come *Chi sta bussando alla mia porta?* (1967-1969) o *Mean Streets - Domenica in chiesa, lunedì all'inferno* (1973), Scorsese dirige *Quei bravi ragazzi* (1990), un monumento dedicato al mondo italoamericano delle grandi famiglie e del crimine organizzato.

Martin Scorsese grew up in the 1950s in Little Italy, a neighborhood in New York. Not only did he, his brother and his parents live there, but his entire family, including his grandparents, aunts, uncles and cousins. In addition to the Catholic Church and the rough world of the street gangs, Scorsese's large Italian family had the greatest influence on him as a boy. Even in his early short films made as a student, Scorsese dealt with the lives of the immigrants. Later, his mother Catherine Scorsese embodied the typical Italian "Mama" in his films for almost three decades, usually in very small roles. Scorsese also repeatedly cast his father Charles and other members of the family in the roles of extras. In 1974, Scorsese filmed the prize-winning documentary *Italianamerican* about his parents, which exemplarily describes the history of a 20th century Italian immigrant family in the USA. However, family provides more than just protective shelter in Scorsese's films. Above all, it is a regulating power, which limits the freedom of its members and triggers conflicts. Scorsese's heroes do not escape this pressure when they become involved in organized crime: rules that are equally strict have to be observed within its family-like structure. Following films such as *Who's That Knocking at My Door* (1967-69) and *Mean Streets* (1973), Scorsese built a monument to the Italian-American world of extended families and "The Mob" in *Goodfellas* (1990).

Sul set con la famiglia
Family on Set

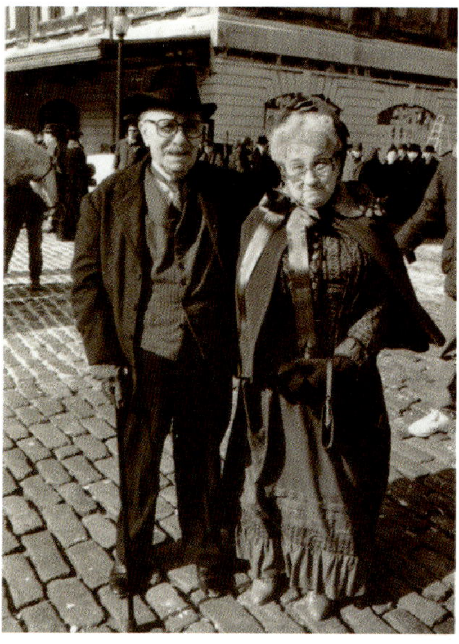

Charles e Catherine Scorsese
Foto sul set, 1992
L'età dell'innocenza, 1993

Charles and Catherine Scorsese
Photo on the set, 1992
The Age of Innocence, 1993

Martin Scorsese Collection, New York

Martin Scorsese con sua madre Catherine
Foto sul set
Casinò, 1995

Martin Scorsese with his mother Catherine
Photo on the set
Casino, 1995

Martin Scorsese Collection, New York

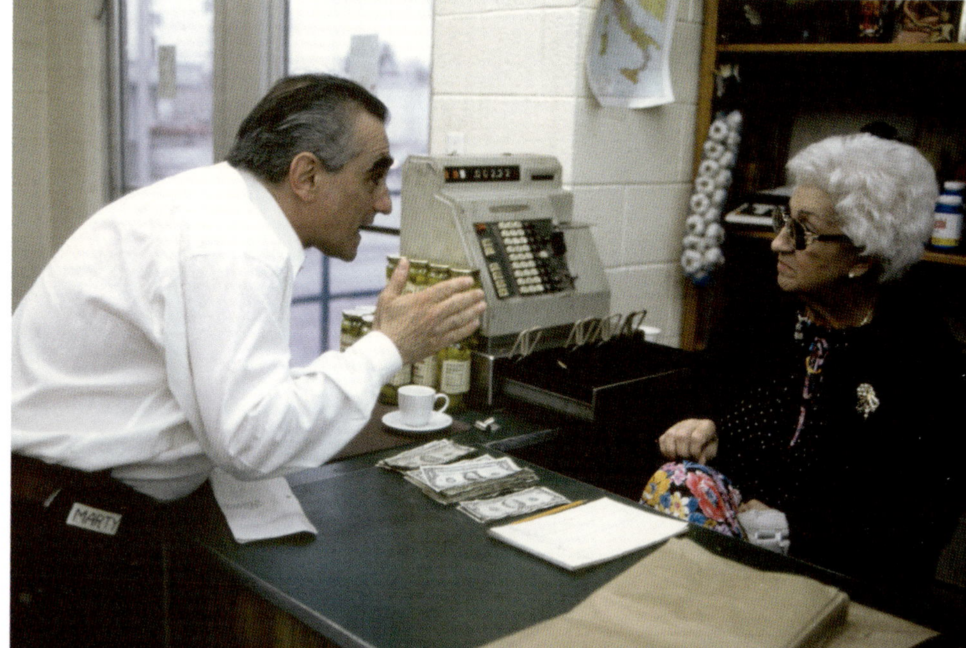

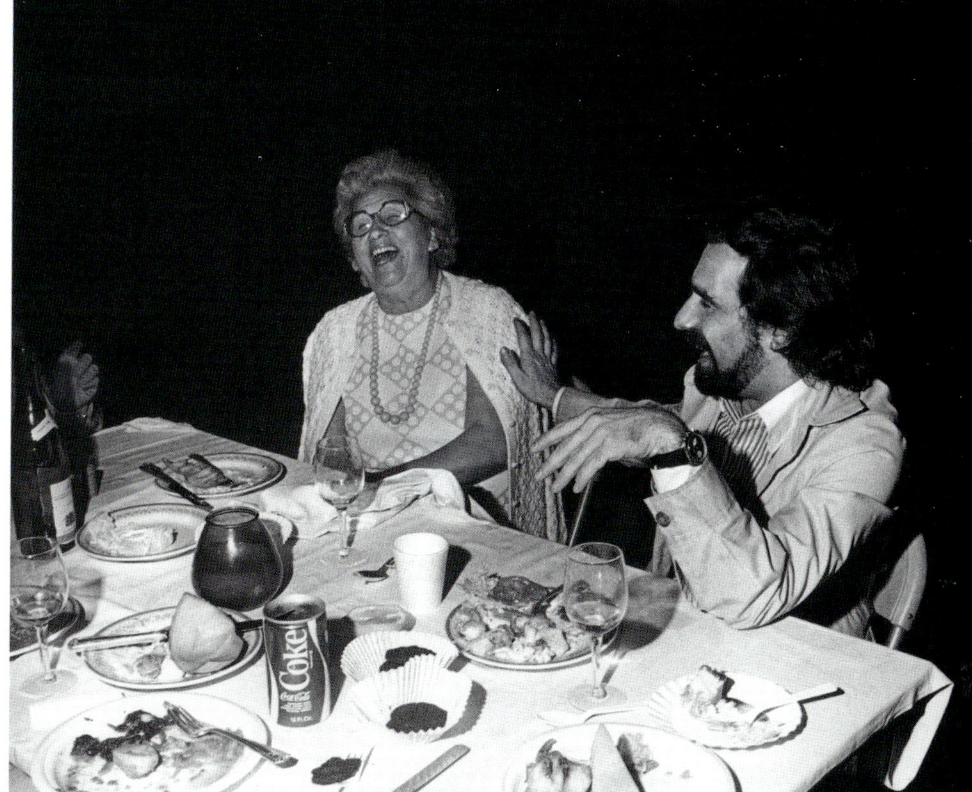

**Martin Scorsese con sua madre
Catherine**
Foto sul set
Taxi Driver, 1976

**Martin Scorsese with his mother
Catherine**
Photo on the set
Taxi Driver, 1976

Martin Scorsese Collection, New York

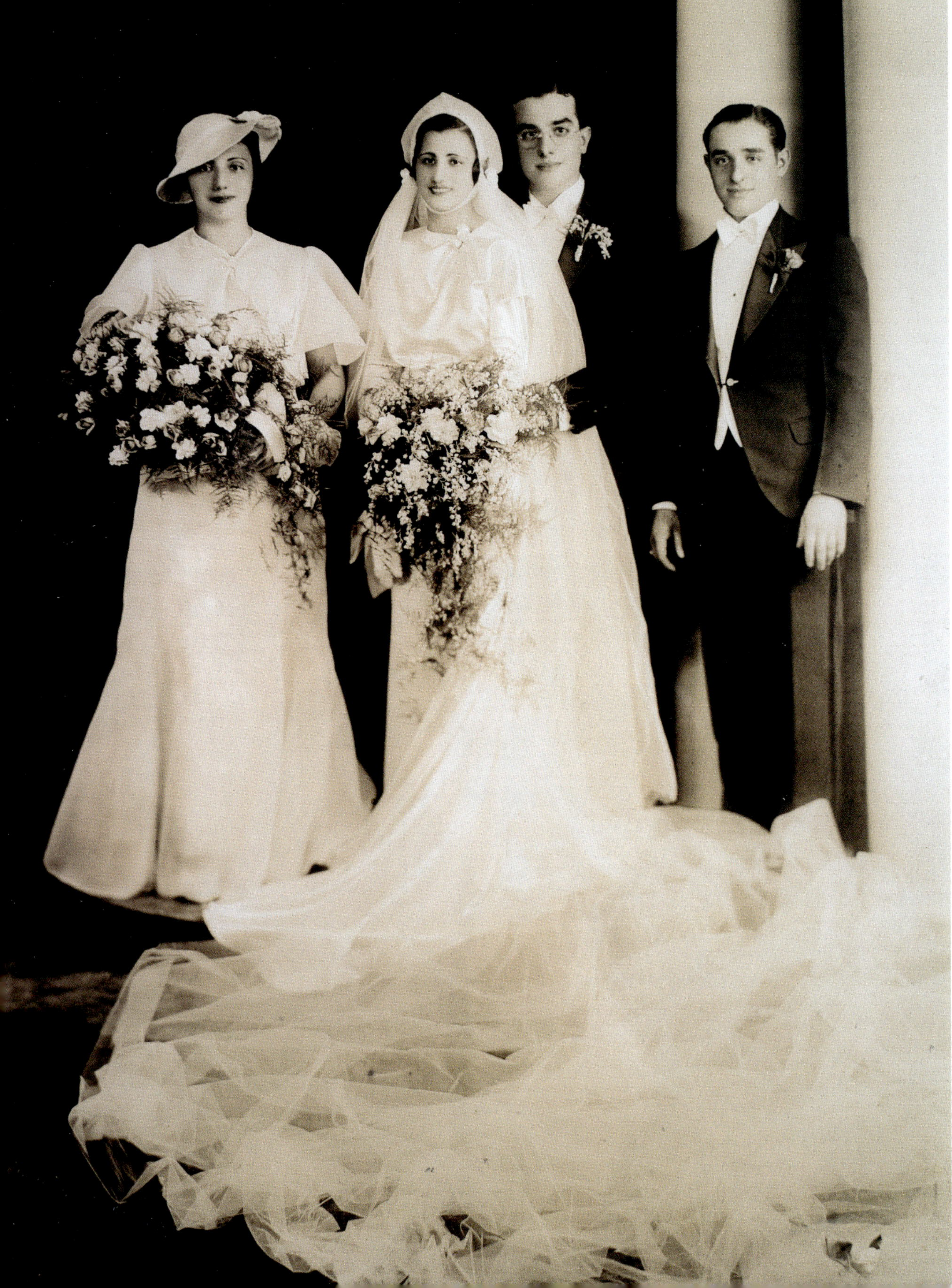

**Nozze di Catherine e
Charles Scorsese**
Foto privata, 1933

**Wedding of Catherine
and Charles Scorsese**
Private photo, 1933

Martin Scorsese
Collection, New York

**Galleria di foto e ricordi
di famiglia provenienti
dalla casa dei genitori
di Martin Scorsese**

**Gallery with family
photos and mementos
from the home of
Martin Scorsese's
parents**

Martin Scorsese
Collection, New York

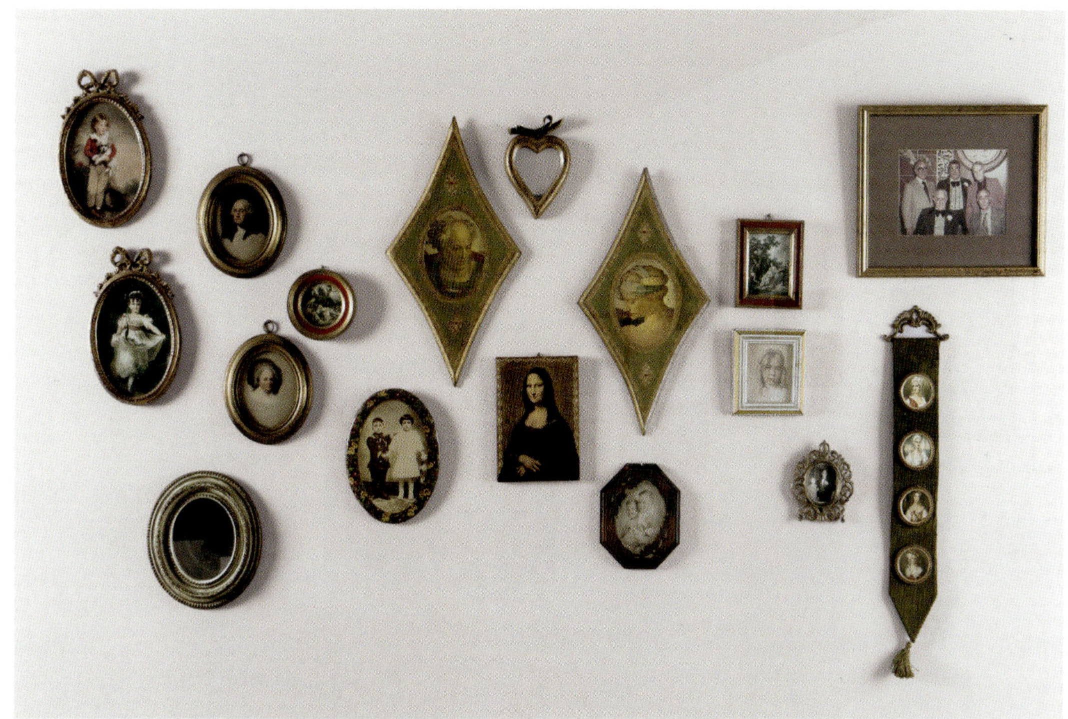

**Martin Scorsese
e i suoi genitori Charles
e Catherine**
Foto sul set
Italianamerican [trad. lett.
Italoamericano], 1974
Scorsese è seduto sul divano
in salotto con i genitori durante
le riprese di *Italianamerican*.
Sulla parete si distinguono
due nastri di velluto, ognuno
con quattro medaglioni
applicati.

**Martin Scorsese
and his parents Charles
and Catherine**
Photo on the set
Italianamerican, 1974
Scorsese sitting on the
living-room sofa with his
parents during the shooting
of *Italianamerican*. Two velvet
ribbons may be seen on the
wall, each bearing four
medallions.

Martin Scorsese
Collection, New York

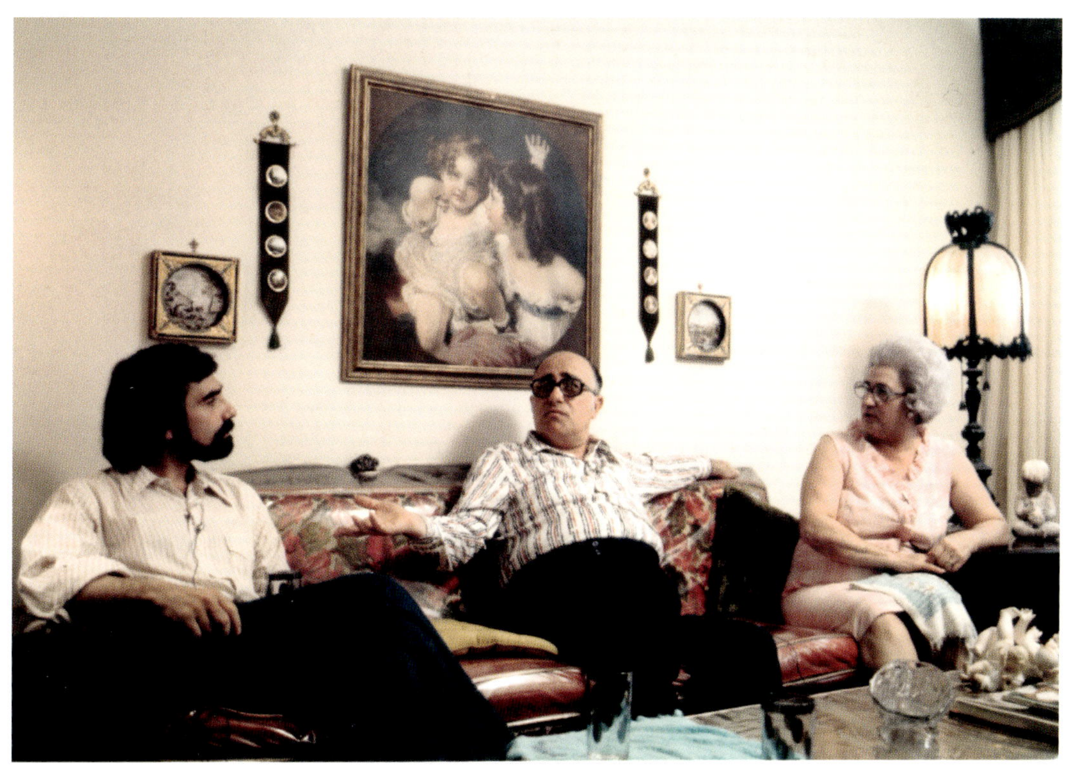

Quei bravi ragazzi
Goodfellas

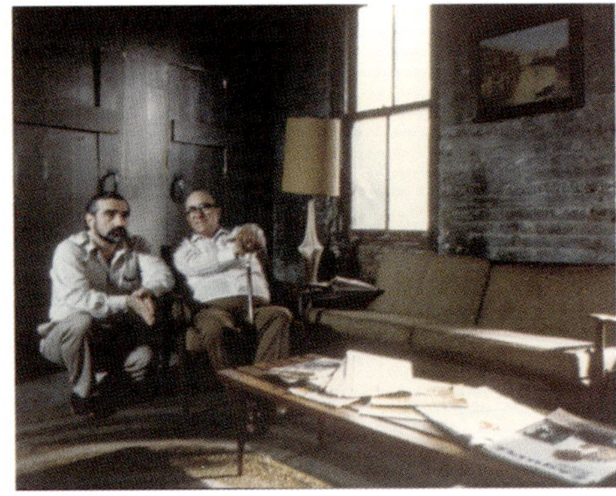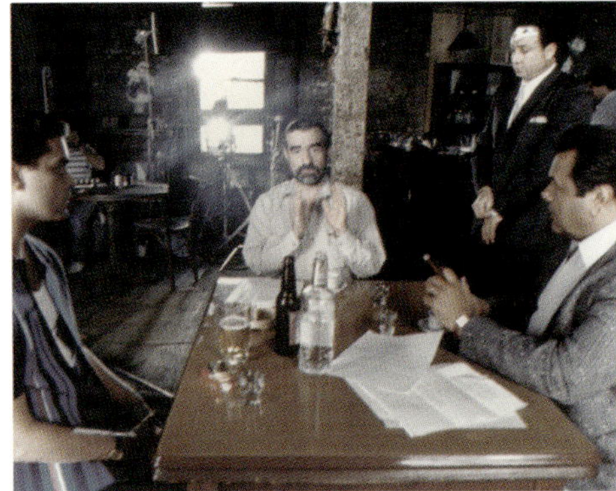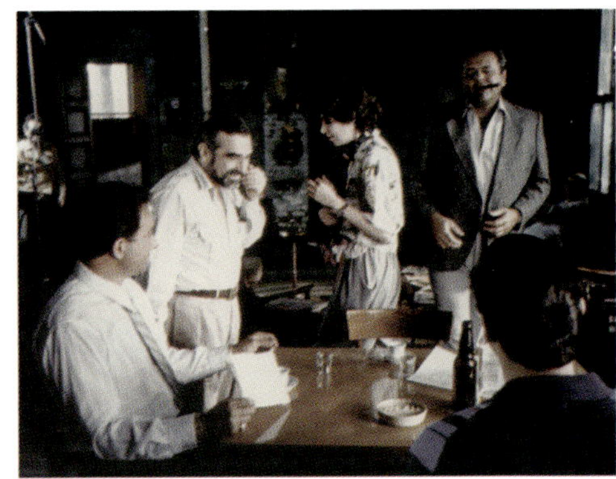

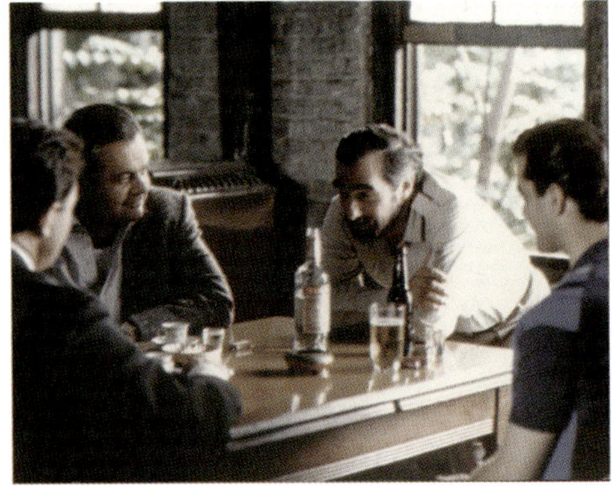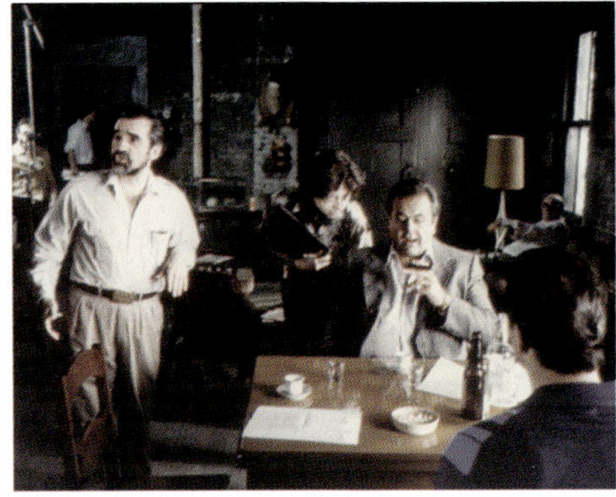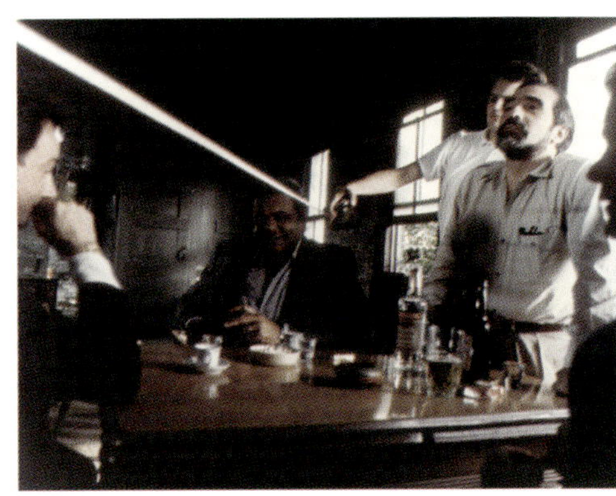

In alto a sinistra
Martin Scorsese con suo padre Charles
Foto sul set
Quei bravi ragazzi, 1990

Top left
Martin Scorsese with his father Charles
Photo on the set
Goodfellas, 1990

Martin Scorsese Collection, New York

**Martin Scorsese, Ray Liotta, Tony Darrow e
Paul Sorvino**
Foto sul set
Quei bravi ragazzi, 1990

**Martin Scorsese, Ray Liotta, Tony Darrow
and Paul Sorvino**
Photos on the set
Goodfellas, 1990

Martin Scorsese Collection, New York

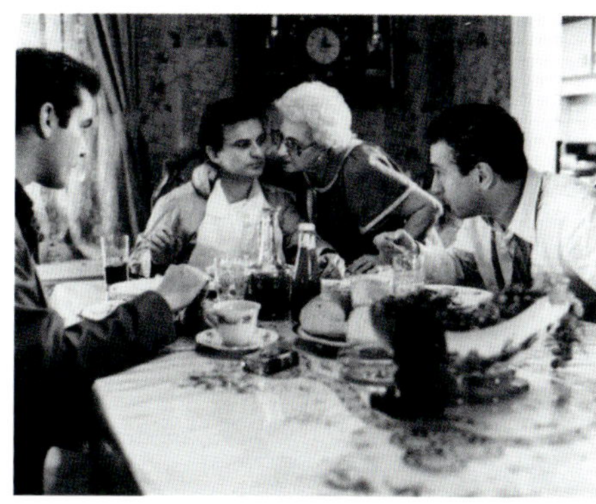

**Ray Liotta,
Joe Pesci, Catherine Scorsese,
Robert De Niro**
Foto di scena
Quei bravi ragazzi, 1990

**Ray Liotta,
Joe Pesci, Catherine Scorsese,
Robert De Niro**
Action still
Goodfellas, 1990

Deutsche Kinemathek - Fotoarchiv

**Ray Liotta, Robert De Niro,
Paul Sorvino,
Martin Scorsese, Joe Pesci**
Foto sul set
Quei bravi ragazzi, 1990

**Ray Liotta, Robert De Niro,
Paul Sorvino,
Martin Scorsese, Joe Pesci**
Photo on the set
Goodfellas, 1990

Martin Scorsese Collection, New York

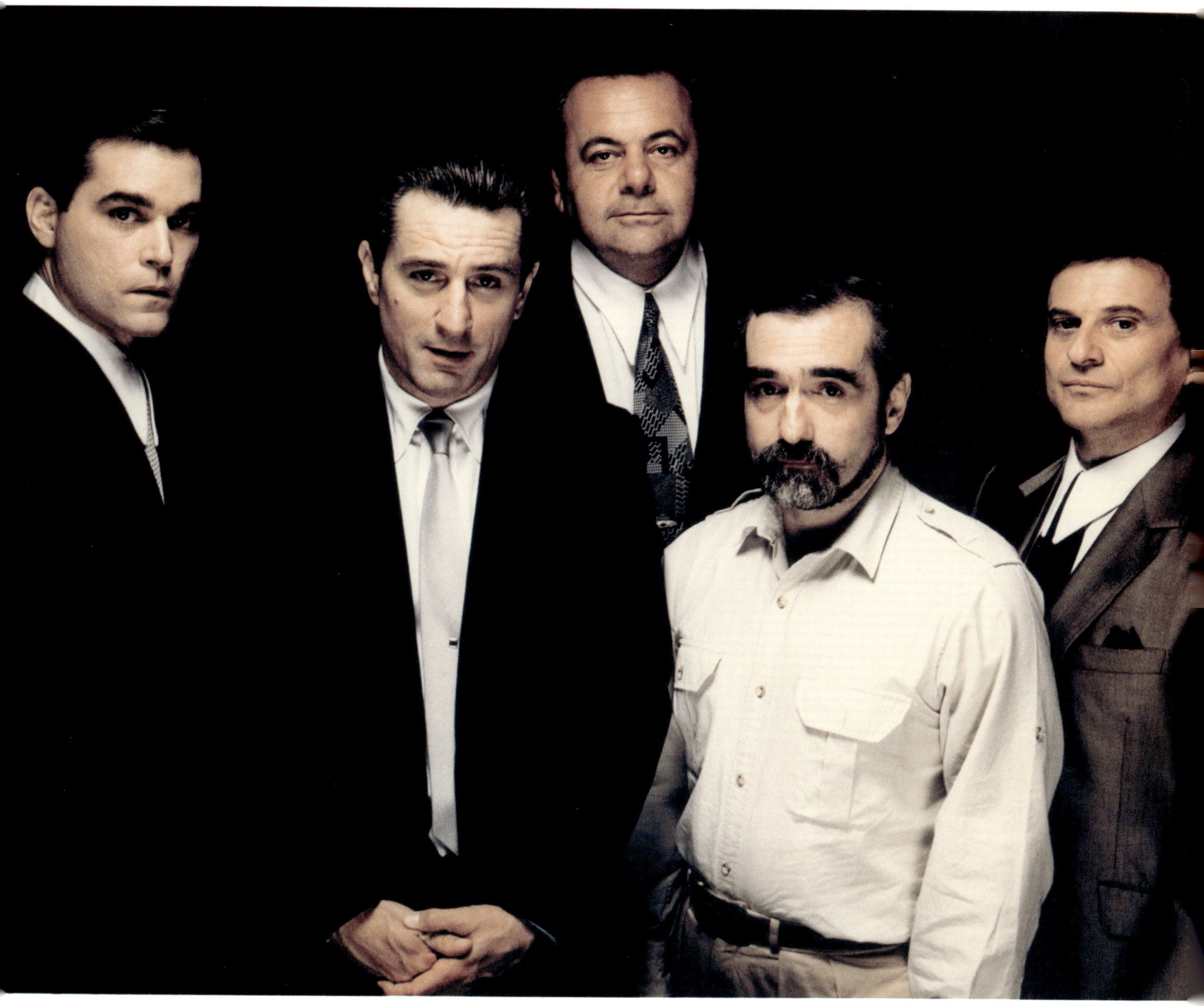

FRATELLI
BROTHERS

Frank, il fratello maggiore di Scorsese, ricorda: "Mio fratello era un ragazzino malaticcio. Marty ha avuto un'infanzia difficile. Io però facevo in modo di averlo sempre accanto; lo portavo con me al cinema. Aveva sei anni in meno, quindi mi occupavo di lui". Molti film di Scorsese sono incentrati su coppie di fratelli, sia in quanto parenti veri e propri che in senso traslato. Non è stata solo la propria famiglia a dargli l'ispirazione, ma anche le amicizie e le frequentazioni della sua cerchia allargata. Ciò che caratterizza tali costellazioni è in primis una situazione in cui due uomini siano legati l'uno all'altro: solitamente uno è in qualche modo colpevole, mentre l'altro, come un angelo custode, finisce suo malgrado con l'assumersi responsabilità. Si tratta di colpa ed espiazione, fedeltà e dovere. In *Mean Streets - Domenica in chiesa, lunedì all'inferno* (1973) Robert De Niro si scatena nei panni di Johnny Boy e "crea problemi". Tradisce ripetutamente la fiducia dell'amico Charlie (Harvey Keitel) che non riesce a liberarsi da questo legame. Lo stesso accade ai fratelli Jake La Motta (Robert De Niro) e Joey (Joe Pesci) in *Toro scatenato* (1980): il pugile Jake è aggressivo e non rispetta gli accordi; ciononostante il fratello Joey, che è anche suo manager, gli rimane accanto, sostenendolo a lungo. Quando però un giorno si allontana da Jake, quest'ultimo – benché consapevole delle proprie colpe – cita il famoso monologo tratto da *Fronte del porto* (regia: Elia Kazan, 1954): "Sei stato tu, Charlie. Tu eri mio fratello. Tu mi potevi aiutare di più... mi dovevi aiutare un poco di più". In *Quei bravi ragazzi* (1990) e *Casinò* (1995) De Niro e Pesci si incontrano di nuovo, ma in situazioni ribaltate. Ne *L'ultima tentazione di Cristo* (1988) Harvey Keitel interpreta Giuda che accompagna Gesù (Willem Dafoe) durante il suo percorso alla ricerca di se stesso e lo sfida ripetutamente. Anche lui sopporta questa responsabilità come un onere.

Scorsese's older brother Frank recalls: "My brother was a sickly boy. Marty had a tough childhood. But I used to keep him close. Take him to movies. He was six years younger, so I'd look out for him." Brothers are the focus in many of Scorsese's films – whether blood relations or in a figurative sense. It was not his family alone who provided him with inspiration, but also those friendships and relationships in his larger circle. What is characteristic of these constellations is primarily a condition where two men are bound together: frequently one is guilty of something, while the other one, like a guardian angel, ends up bearing responsibility against his will. It is a question of guilt and atonement, of loyalty and duty. Robert De Niro as Johnny Boy in *Mean Streets* (1973) runs riot and "creates problems." He repeatedly abuses the trust of his friend Charlie (Harvey Keitel), who can't break free from the relationship. The brothers Jake La Motta (Robert De Niro) and Joey (Joe Pesci) fare similarly in *Raging Bull* (1980). The boxer Jake is aggressive and does not keep his agreements, but his brother and manager Joey nevertheless supportively stands by him over a long period of time. One day, however, he finally parts company with Jake who perhaps blames him in the final monologue – as Jake rehearses lines from the famous "I could have been a contender" scene from *On the Waterfront* (director: Elia Kazan, 1954): "It was you Charlie. You was my brother. You should've looked out for me a little bit... You should've taken care of me just a little bit." In *Goodfellas* (1990) and *Casino* (1995), De Niro and Pesci meet again under somewhat reversed situations. In *The Last Temptation of Christ* (1988), Harvey Keitel personifies Judas, who accompanies Jesus (Willem Dafoe) throughout his period of self-discovery, challenging him again and again. He too bears his responsibility heavily.

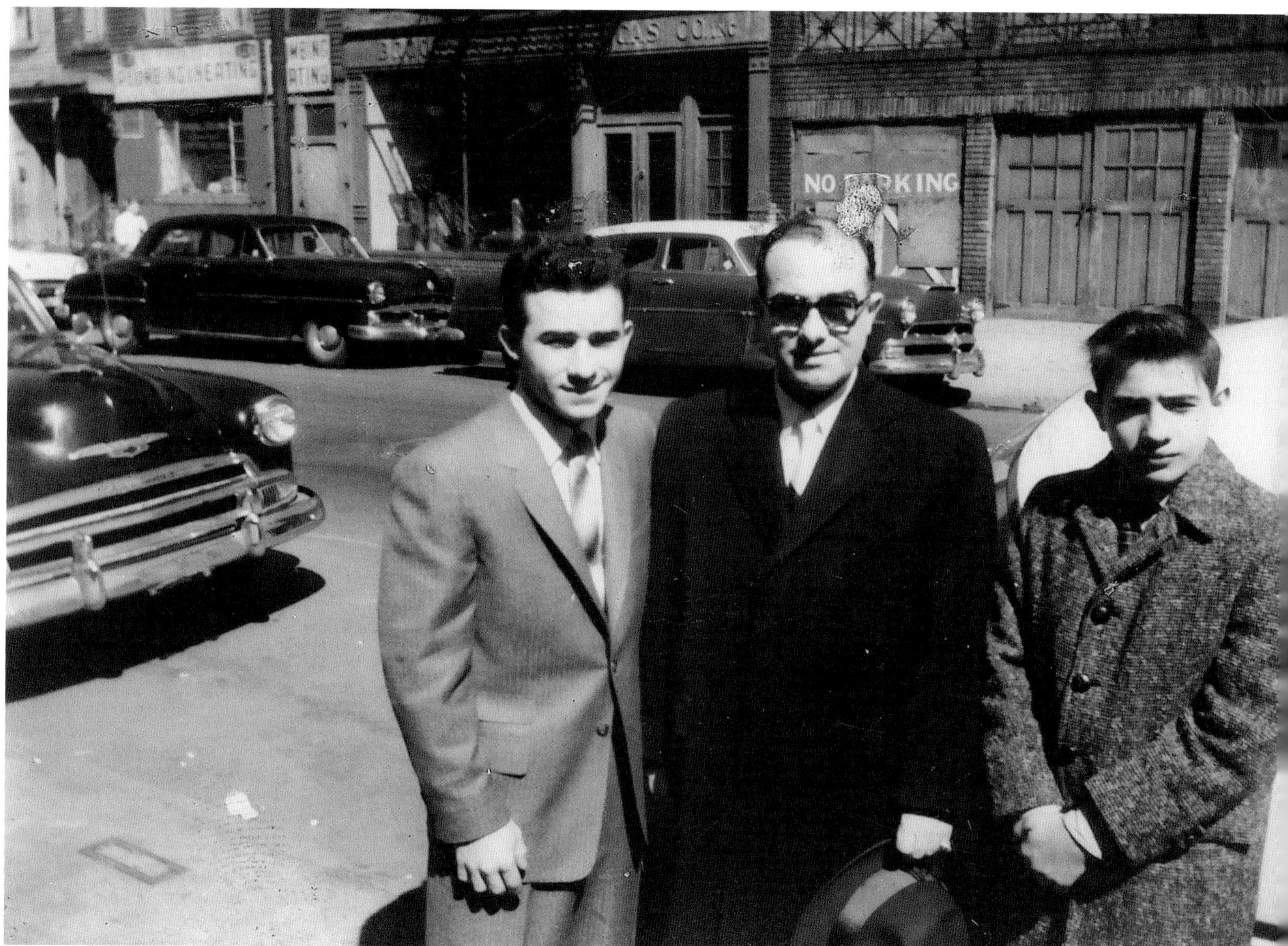

**Charles Scorsese con i figli Frank e Martin
in Elizabeth Street, New York**
Foto privata, 1955 ca.

**Charles Scorsese with his sons Frank and
Martin in Elizabeth Street, New York**
Private photo, ca. 1955

Martin Scorsese Collection, New York

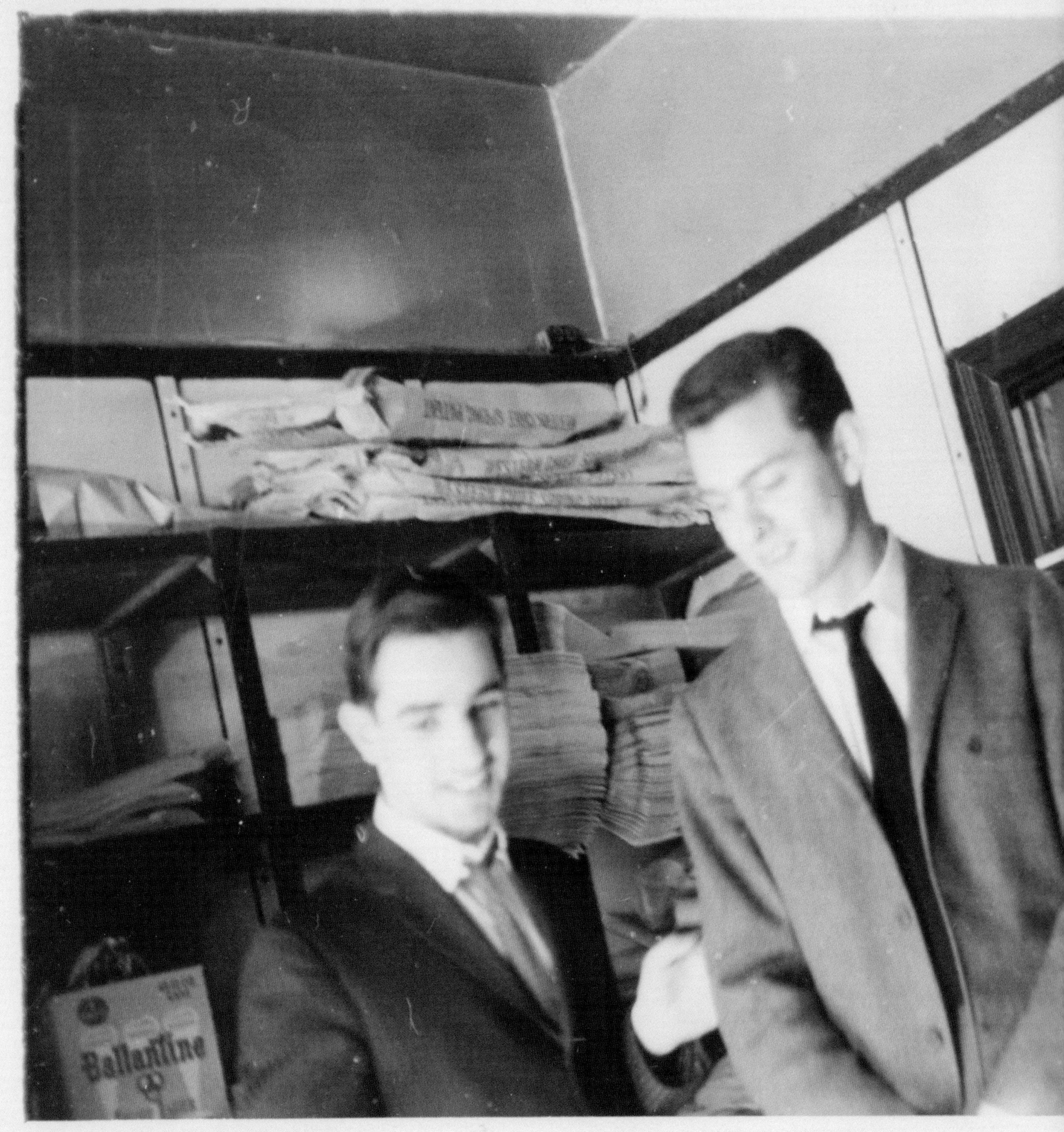

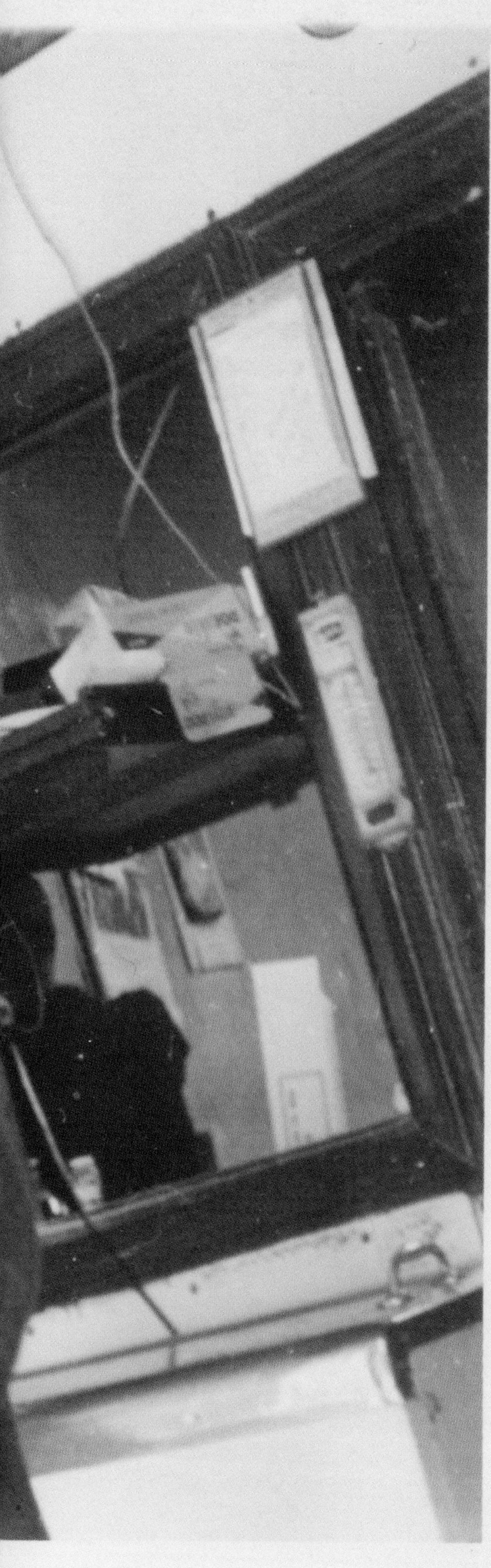

Robert Uricola. È una figura
chiave. Due dei personaggi in
Mean Streets sono basati su
di lui e su suo fratello. Un altro
mio amico, Joe Morale, è l'altro
personaggio in *Mean Streets*.
Eravamo il gruppo di amici più
affiatati. In un certo senso ci
barcamenavamo tra i differenti
gruppi del nostro quartiere.

Robert Uricola. He's a key figure.
Two of the characters in
Mean Streets are based on him
and his brother. Another friend
of mine, Joe Morale, is the other
guy in *Mean Streets*. We were the
tightest group of friends.
We floated among the different
groups in our neighborhood.

Martin Scorsese

**Martin Scorsese con l'amico Robert Uricola a Bivona's Bakery,
Little Italy, New York**
Foto privata, primi anni sessanta
A partire dal 1963 Robert Uricola interpretò dei ruoli secondari in
molti film di Scorsese.

**Martin Scorsese with his friend Robert Uricola at Bivona's
Bakery, Little Italy, New York**
Private photo, early 1960s
From 1963 Robert Uricola would perform secondary roles in many
films by Scorsese.

Martin Scorsese Collection, New York

Toro scatenato
Raging Bull

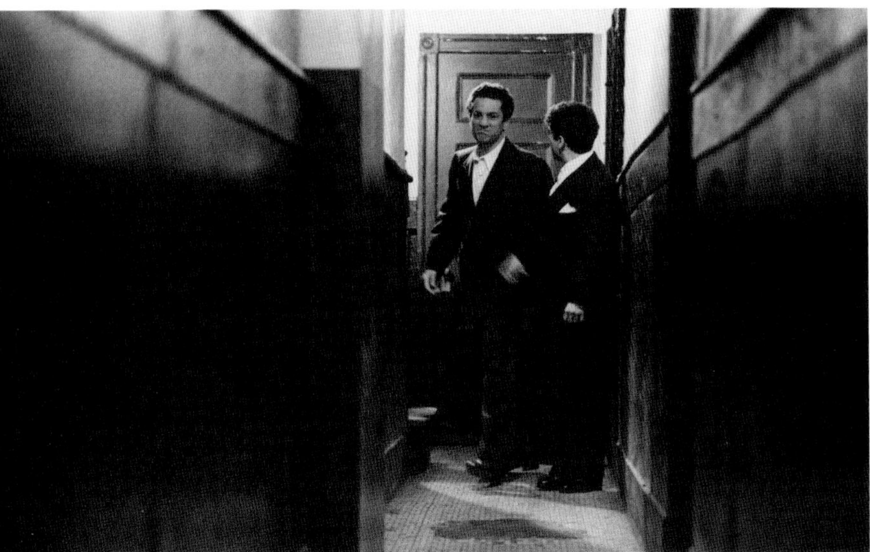

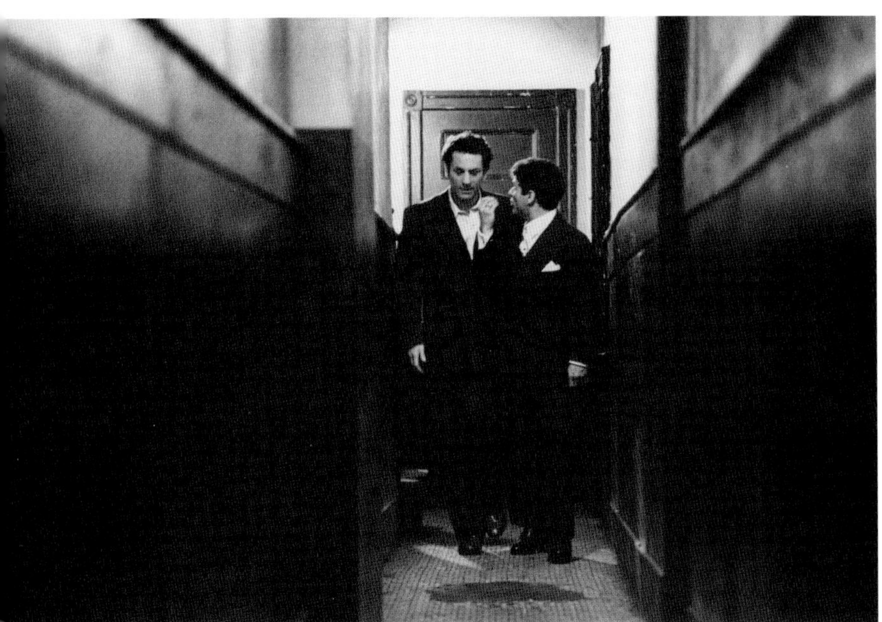

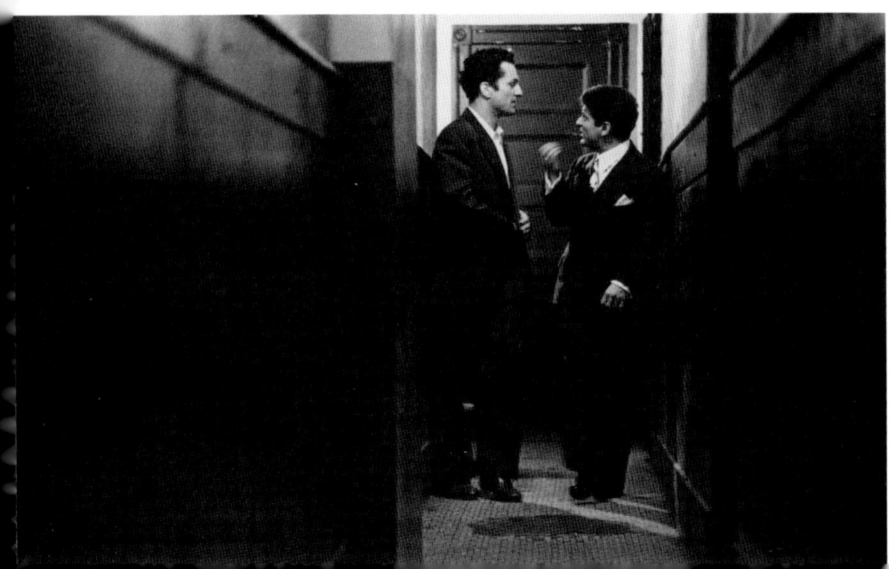

Robert De Niro (Jake La Motta) e Joe Pesci (Joey)
Foto di scena
Toro scatenato, 1980

Robert De Niro (Jake La Motta) and Joe Pesci (Joey)
Action stills
Raging Bull, 1980

Martin Scorsese Collection,
New York

**Martin Scorsese,
Leonardo DiCaprio,
Matt Damon**
Foto sul set
*The Departed - Il bene e il
male*, 2006

**Martin Scorsese,
Leonardo DiCaprio,
Matt Damon**
Photo on the set
The Departed, 2006

Martin Scorsese
Collection, New York

**Martin Scorsese,
Harvey Keitel e
Robert De Niro**
Foto sul set
*Mean Streets -
Domenica in chiesa,
lunedì all'inferno*, 1973

**Martin Scorsese,
Harvey Keitel and
Robert De Niro**
Photo on the set
Mean Streets, 1973

Martin Scorsese
Collection, New York

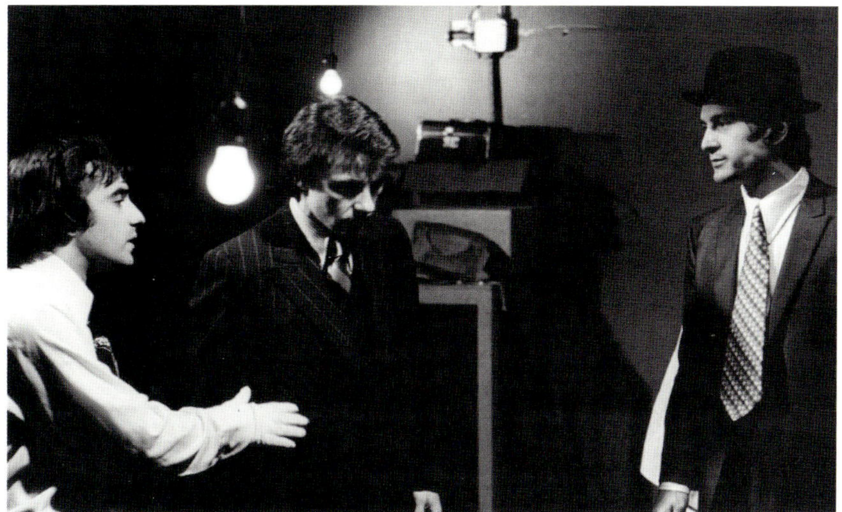

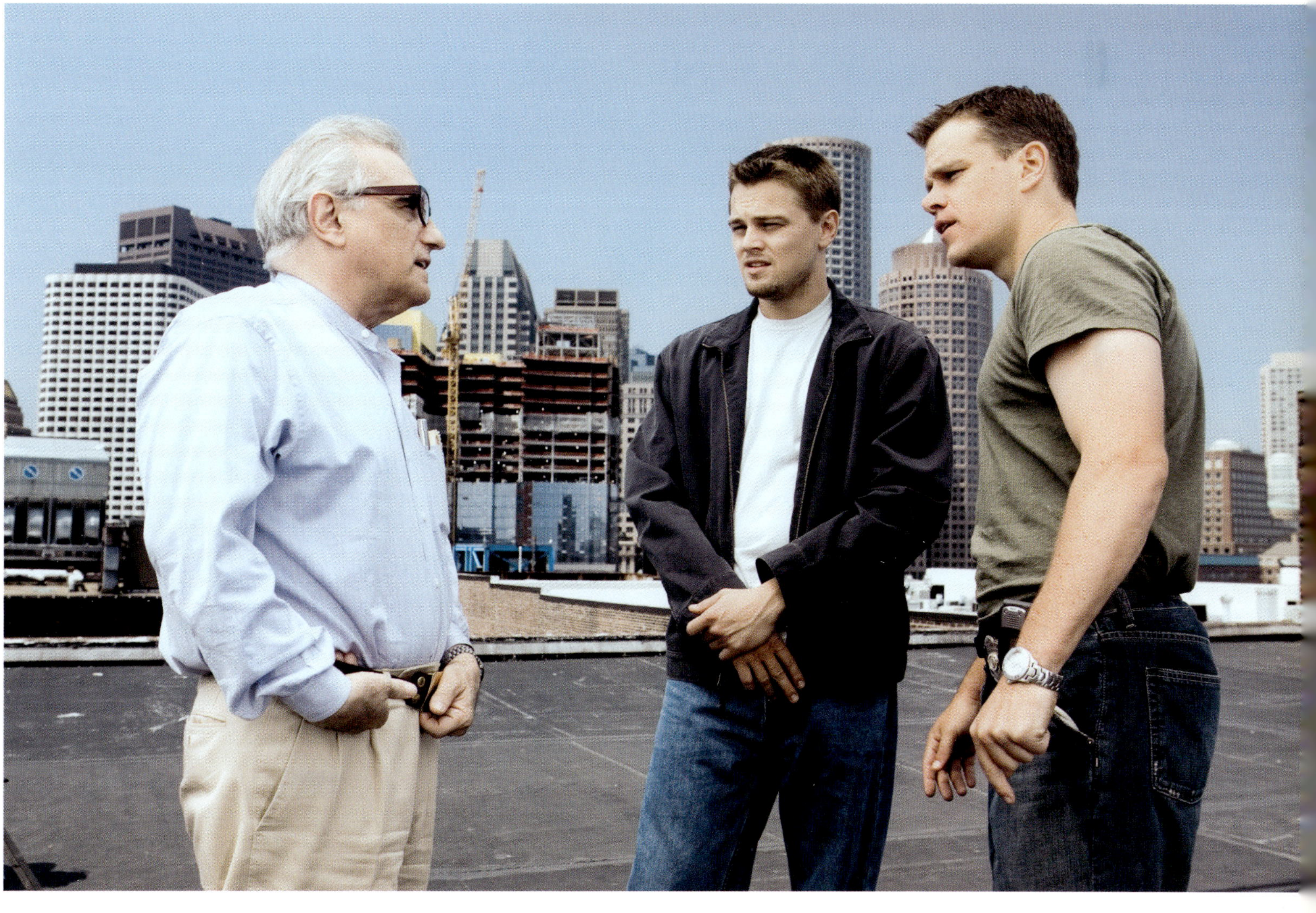

L'ultima tentazione di Cristo
The Last Temptation of Christ

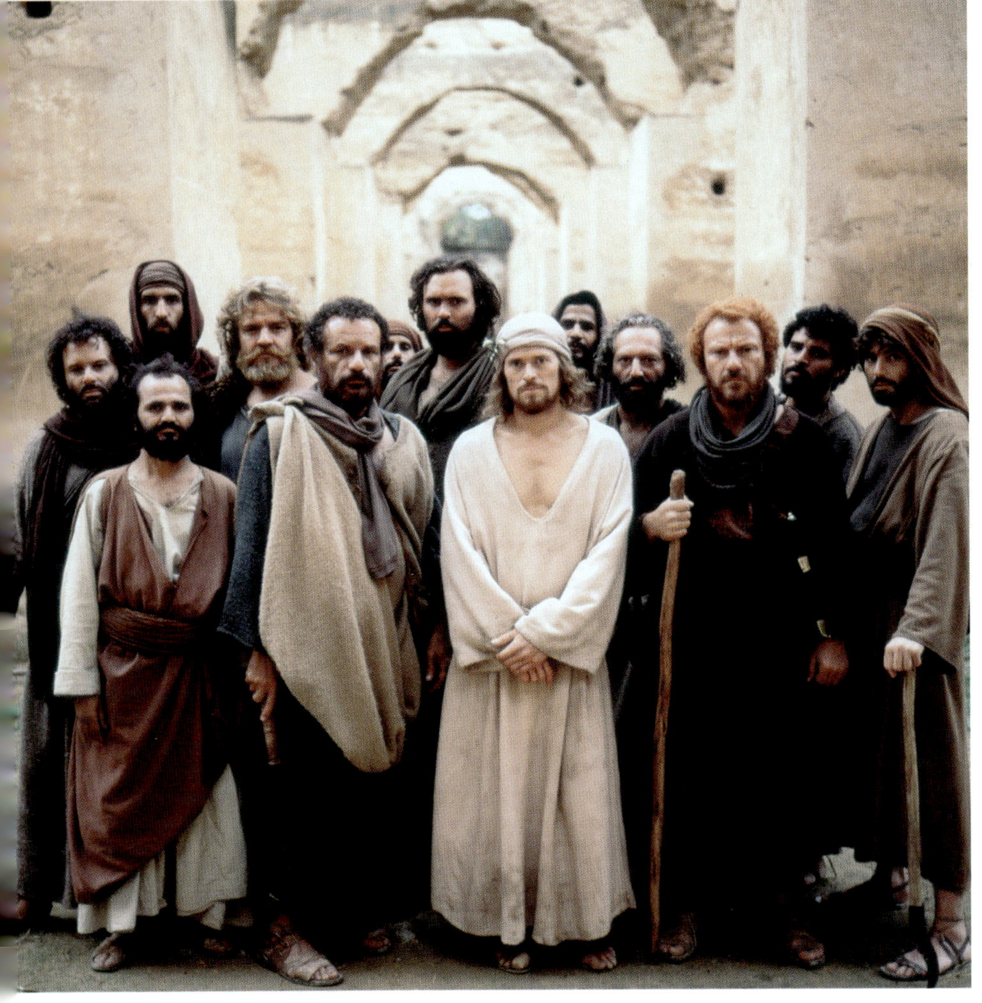

Victor Argo (Pietro), Willem Dafoe (Gesù), Harvey Keitel (Giuda) e altri membri del cast
Foto pubblicitaria
L'ultima tentazione di Cristo, 1988

Victor Argo (Peter), Willem Dafoe (Jesus), Harvey Keitel (Judas) and other cast members
Press photo
The Last Temptation of Christ, 1988

Martin Scorsese Collection, New York

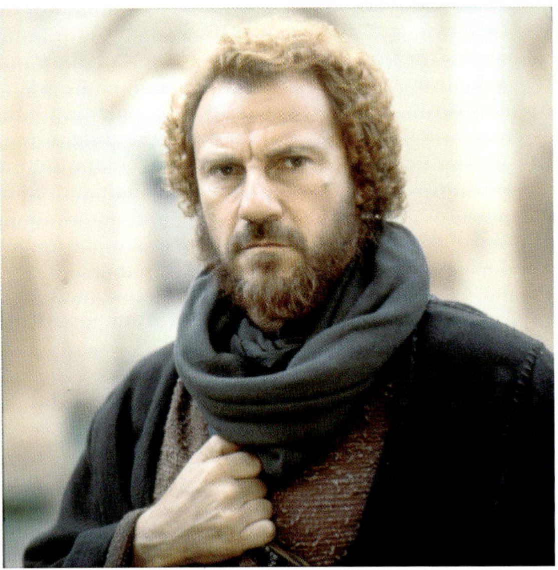

Harvey Keitel (Giuda)
Foto pubblicitaria
L'ultima tentazione di Cristo, 1988

Harvey Keitel (Judas)
Press photo
The Last Temptation of Christ, 1988

Martin Scorsese Collection, New York

Casinò
Casino

Joe Pesci (Nicky Santoro) e Robert De Niro (Sam "Ace" Rothstein)
Foto di scena
Casinò, 1995

Joe Pesci (Nicky Santoro) and Robert De Niro (Sam "Ace" Rothstein)
Action still
Casino, 1995

Martin Scorsese Collection, New York

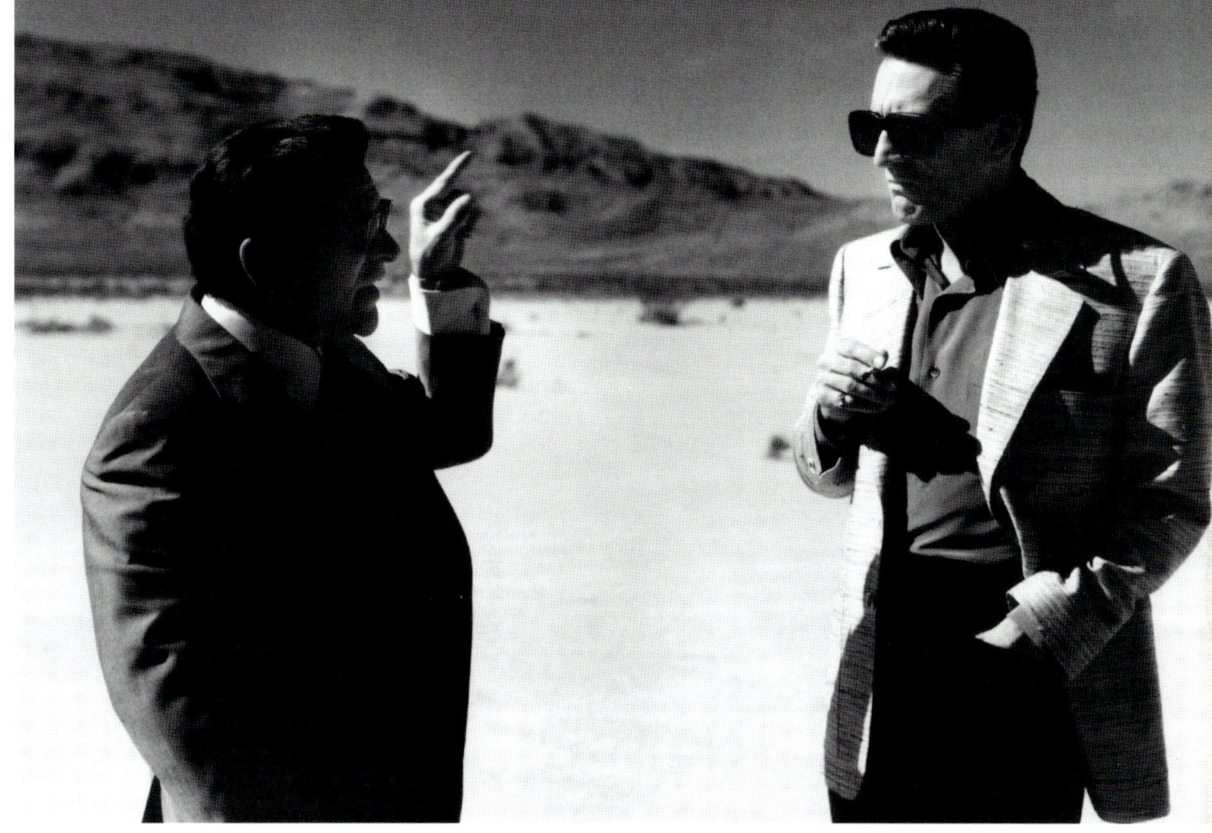

Joe Pesci, Robert De Niro, Martin Scorsese
Foto sul set
Casinò, 1995

Joe Pesci, Robert De Niro, Martin Scorsese
Photo on the set
Casino, 1995

Martin Scorsese Collection, New York

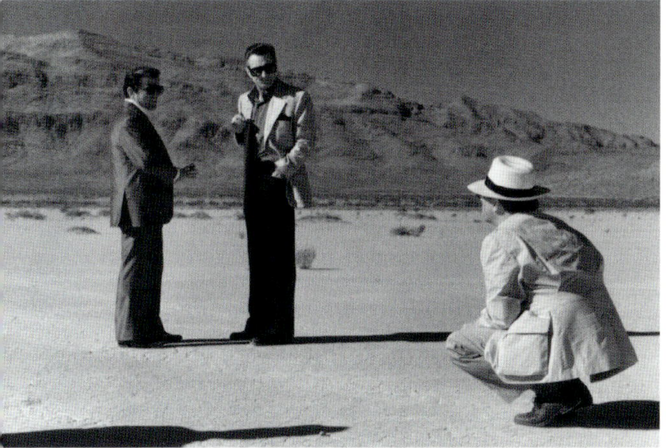

Martin Scorsese e Robert De Niro (Sam "Ace" Rothstein)
Foto sul set
Casinò, 1995

Martin Scorsese and Robert De Niro (Sam "Ace" Rothstein)
Photo on the set
Casino, 1995

Martin Scorsese Collection, New York

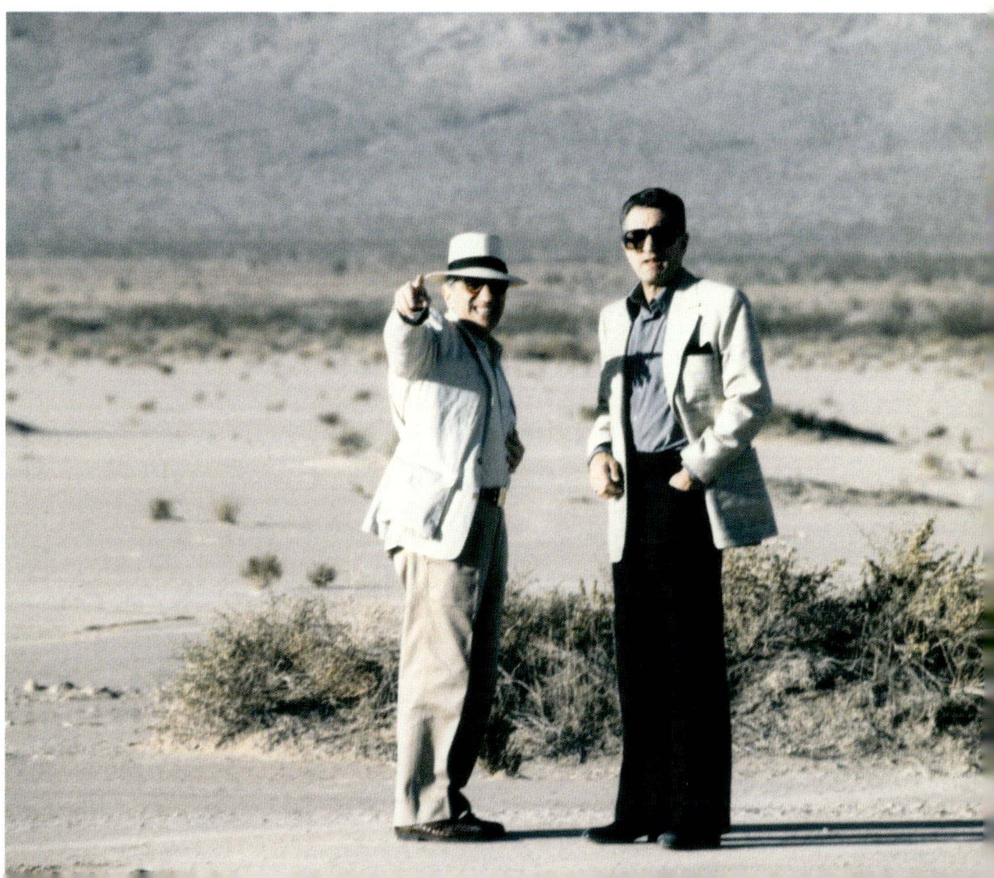

UOMINI E DONNE
MEN AND WOMEN

Quando a Martin Scorsese, dopo *Mean Streets - Domenica in chiesa, lunedì all'inferno* (1973), fu proposta la regia di *Alice non abita più qui* (1974), gli si presentò un'ottima occasione per dimostrare che poteva dirigere anche una protagonista femminile. Ellen Burstyn fu insignita di un Oscar per il ruolo di madre single che, dopo la morte del marito, si trova ad affrontare una nuova libertà, ma anche seri problemi esistenziali. Mentre le amicizie maschili nei film di Scorsese sono plasmate su gerarchie e rituali ben definiti, i tentativi di avvicinamento tra figure maschili e femminili appaiono particolarmente brancolanti ed incerti. In *New York, New York* (1977) il matrimonio della coppia di artisti Jimmy Doyle (Robert De Niro) e Francine Evans (Liza Minnelli) naufraga, perché la moglie riscuote maggiore successo del marito. Ne *L'età dell'innocenza* (1993) le convenzioni sociali impediscono all'avvocato Newland Archer (Daniel Day-Lewis) e alla contessa Ellen Olenska (Michelle Pfeiffer), al momento separata dal marito, di unirsi. Il rigido regolamento della società newyorkese si rispecchia anche nei corsetti allacciati stretti e nei colletti inamidati dei costumi di scena. In *The Aviator* (2004) Howard Hughes (Leonardo DiCaprio) e Katharine Hepburn (Cate Blanchett) sono troppo simili nelle loro manie e nelle loro peculiarità per poter vivere insieme. La psicologa Madolyn (Vera Farmiga), che in *The Departed - Il bene e il male* si incontra con il proprio paziente Billy (Leonardo DiCaprio), gli confessa: "Devo riconoscere che la tua fragilità mi mette in agitazione." Scorsese mette in scena uomini che vorrebbero mostrare le loro debolezze, ma non conoscono i gesti e le parole per farlo. E così i loro tentativi di avvicinarsi alle donne restano deboli e devono costantemente essere rimessi alla prova.

Following *Mean Streets* (1973), when the film script for *Alice Doesn't Live Here Anymore* (1974) was offered to Martin Scorsese, it became a welcome opportunity for him to show his capabilities of also directing a lead actress. Ellen Burstyn was awarded an Oscar for her role as a single mother, who is confronted with both new freedom and existential worries after the death of her husband. While the friendships between men in Scorsese's work are often characterized by clear rites and hierarchies, the attempts made between men and women to come together seem particularly groping and uncertain. In *New York, New York* (1977) the marriage of the artist couple Jimmy Doyle (Robert De Niro) and Francine Evans (Liza Minnelli) fails, because the woman is more successful than the man. Social conventions keep the lawyer Newland Archer (Daniel Day-Lewis) and the currently separated Countess Ellen Olenska (Michelle Pfeiffer) from coming together in *The Age of Innocence* (1993). The rigid rules of New York society are also reflected in the tightly-laced corsets and stiff collars of the film costumes. In *The Aviator* (2004) Howard Hughes (Leonardo DiCaprio) and Katharine Hepburn (Cate Blanchett) are too similar in all their tics and peculiarities to be able to live together. The psychologist Madolyn (Vera Farmiga), who meets with her patient Billy (Leonardo DiCaprio) in *The Departed*, confesses to him: "Your vulnerability is really freaking me out right now." Scorsese stages men who want to be able to show weakness, but who lack the necessary gestures and vocabulary. Their attempts to get closer to women remain fragile and must always be tested anew.

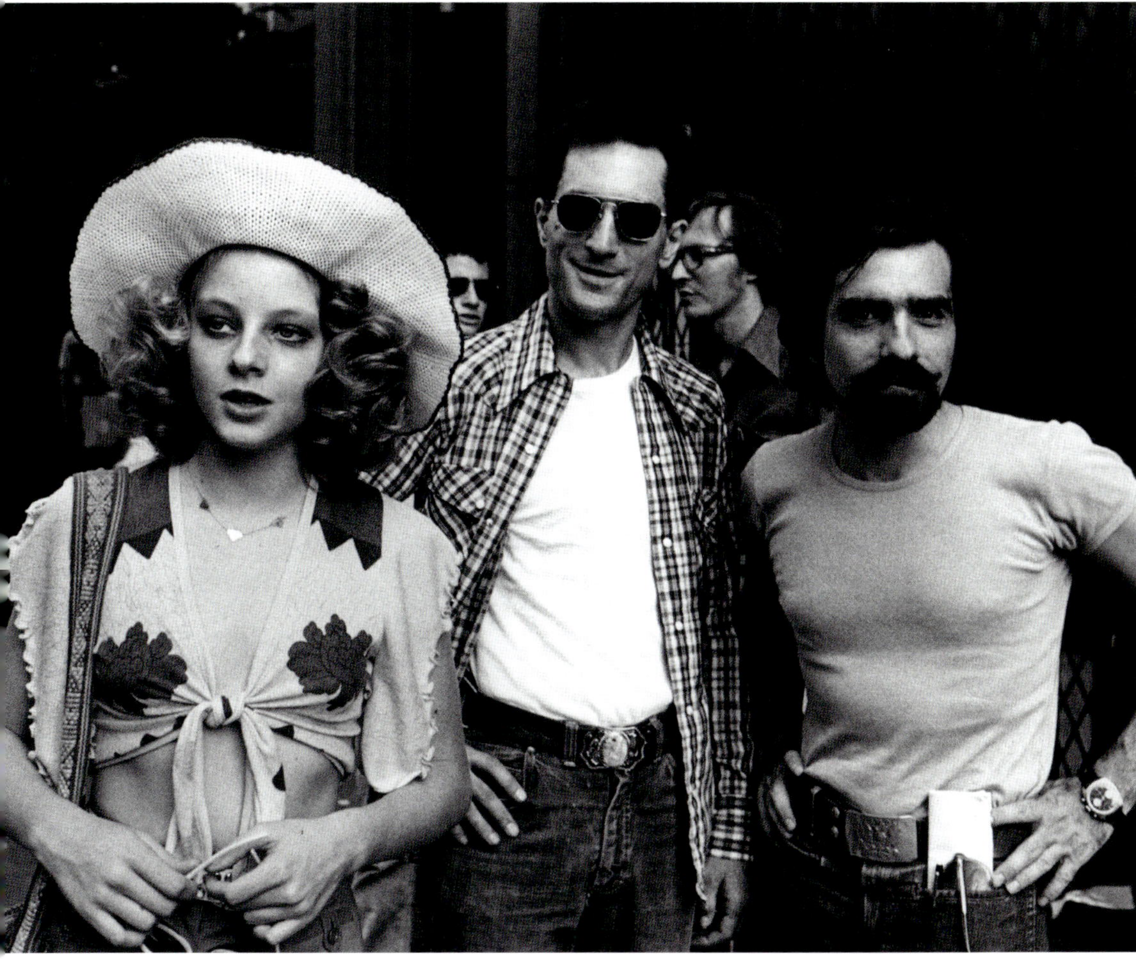

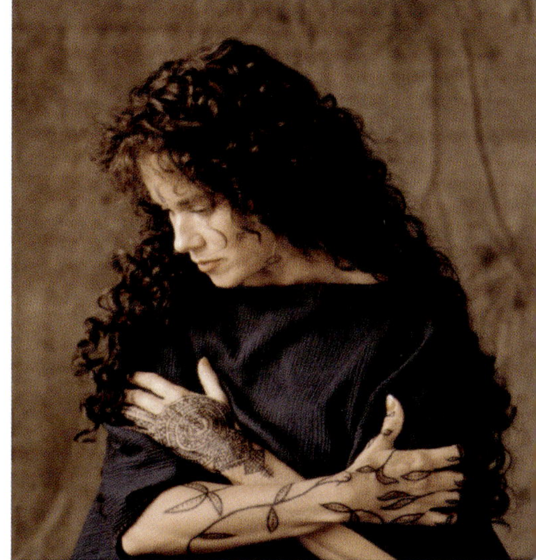

Barbara Hershey (Maria Maddalena)
Foto pubblicitaria
L'ultima tentazione di Cristo, 1988

Barbara Hershey (Mary Magdalene)
Press photo
The Last Temptation of Christ, 1988

Martin Scorsese Collection, New York

**Jodie Foster (Iris), Robert De Niro
(Travis Bickle), Martin Scorsese**
Foto sul set
Taxi Driver, 1976

**Jodie Foster (Iris), Robert De Niro
(Travis Bickle), Martin Scorsese**
Photo on the set
Taxi Driver, 1976

Martin Scorsese Collection, New York

**Martin Scorsese e Sharon
Stone (Ginger McKenna)**
Foto sul set
Casinò, 1995

**Martin Scorsese and Sharon
Stone (Ginger McKenna)**
Photo on the set
Casino, 1995

Martin Scorsese Collection,
New York

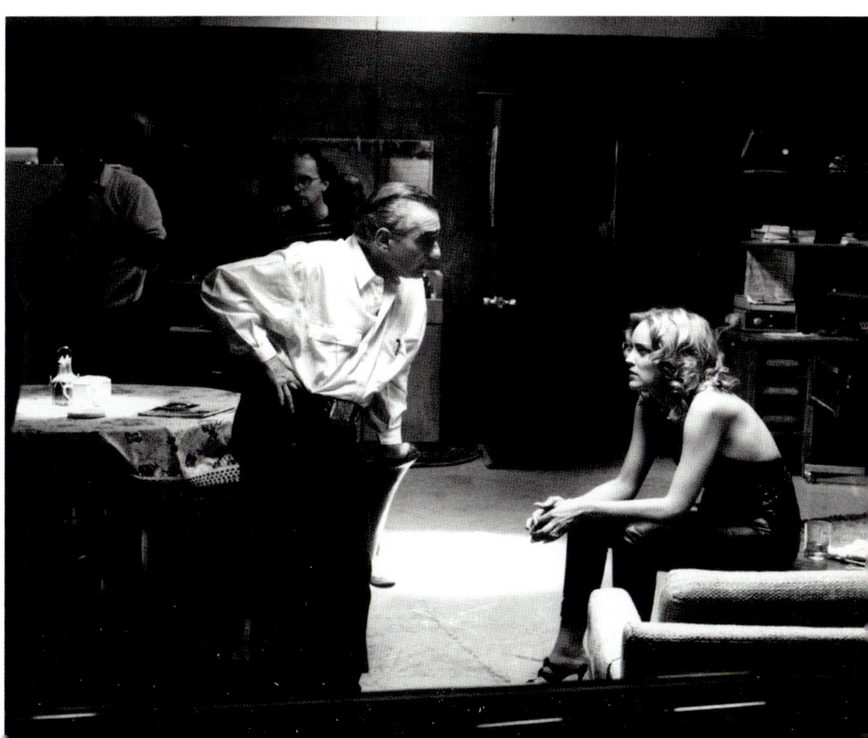

Chi sta bussando alla mia porta?
Who's That Knocking at My Door

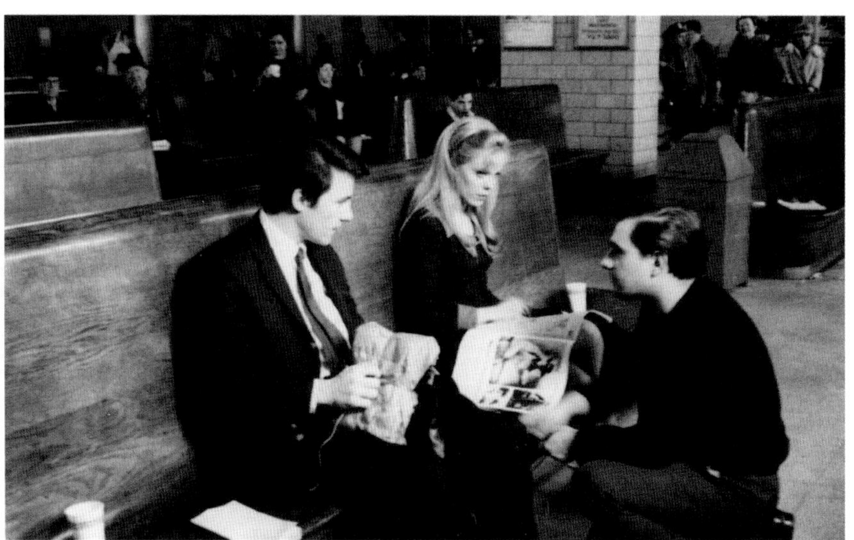

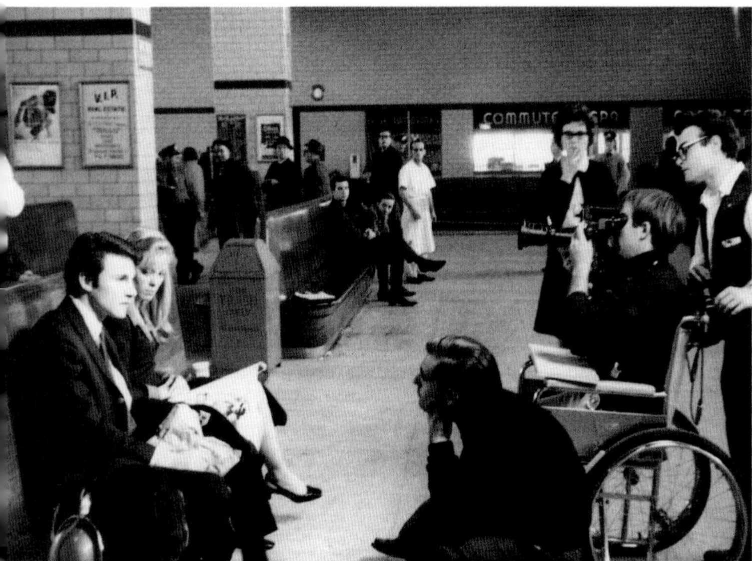

**Martin Scorsese con Harvey Keitel (J.R.)
e Zina Bethune (ragazza)**
Foto sul set
Chi sta bussando all mia porta?, 1967

**Martin Scorsese with Harvey Keitel (J.R.)
and Zina Bethune (girl)**
Photos on the set
Who's That Knocking at My Door, 1967

Martin Scorsese Collection, New York

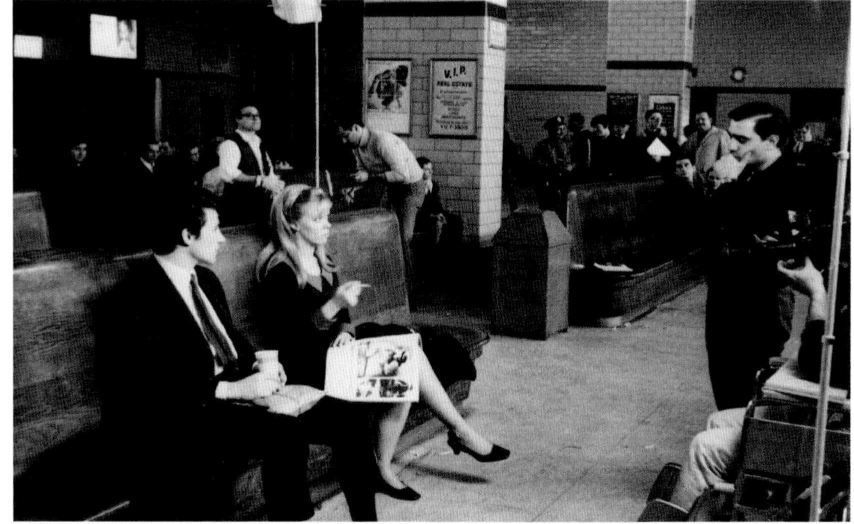

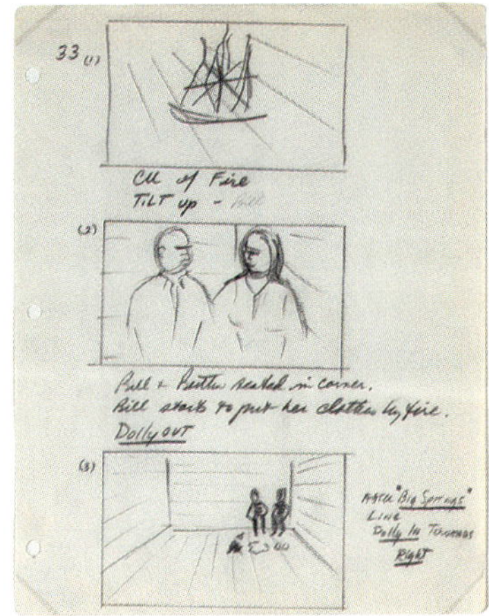
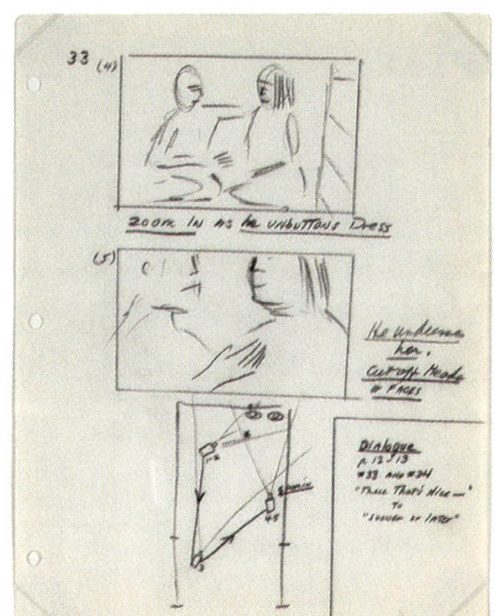
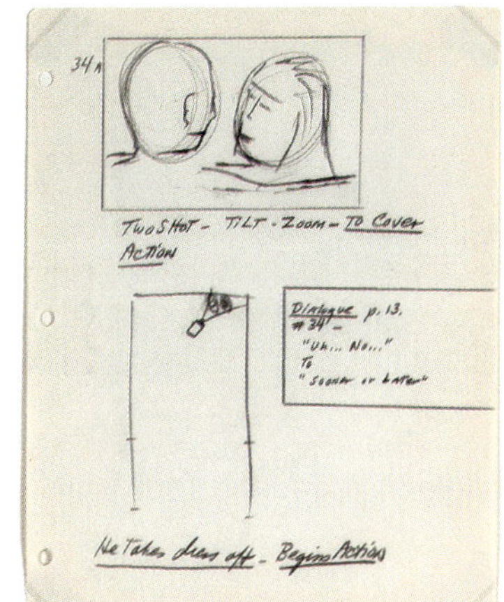
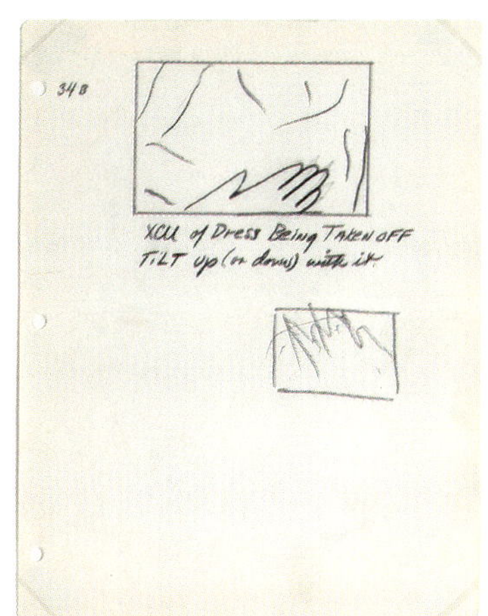
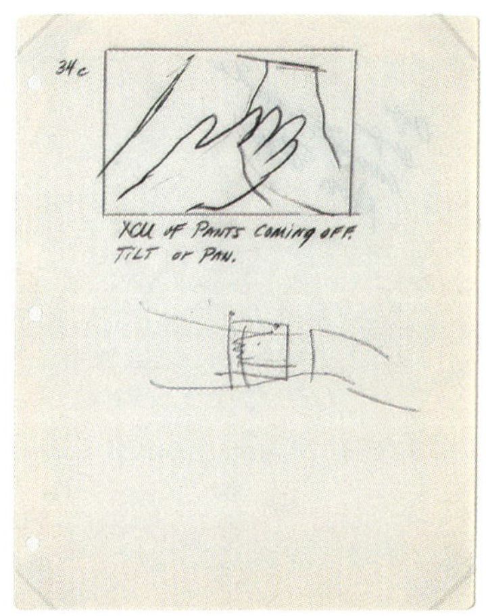
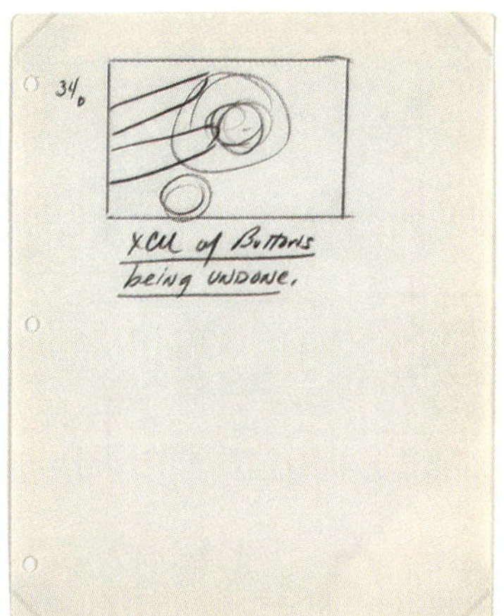
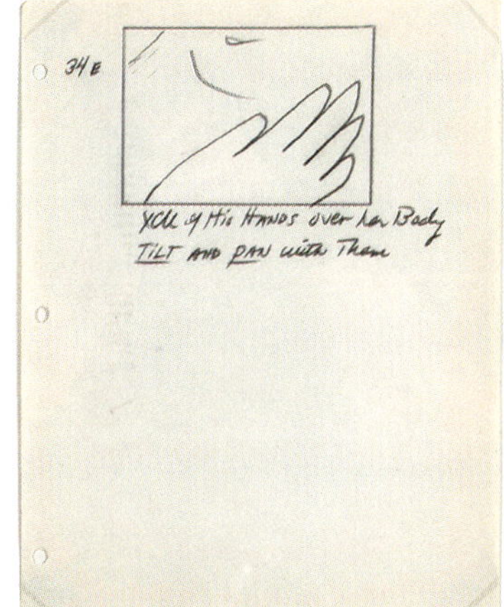
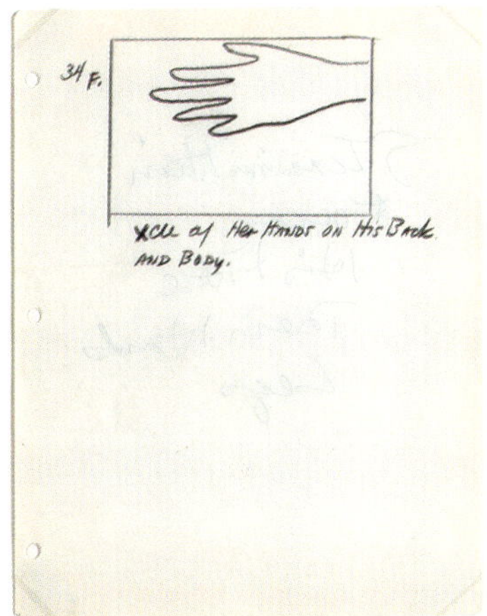
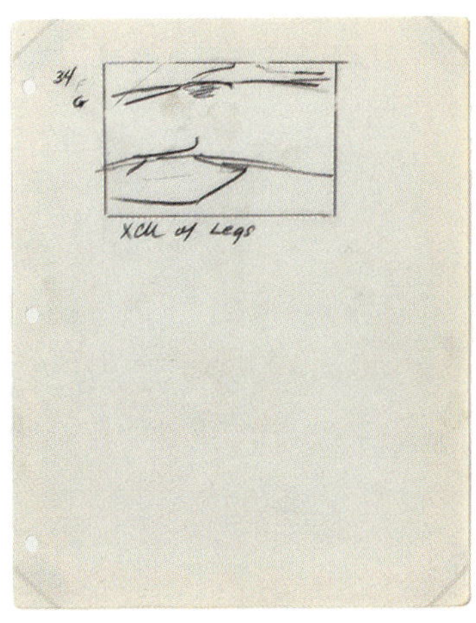
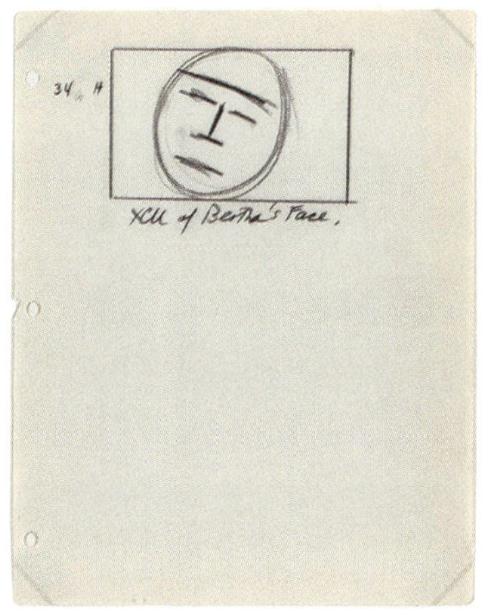
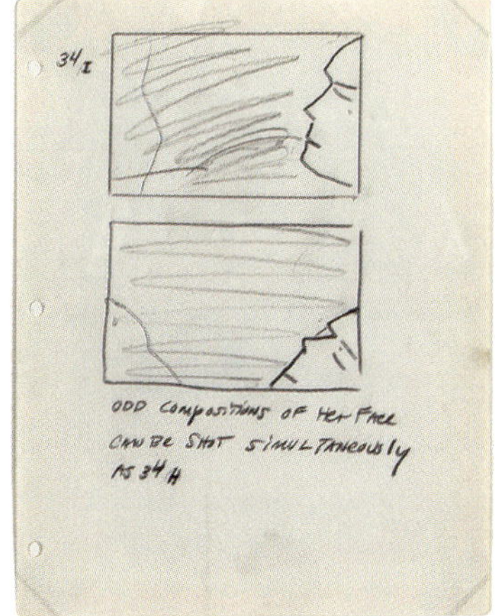
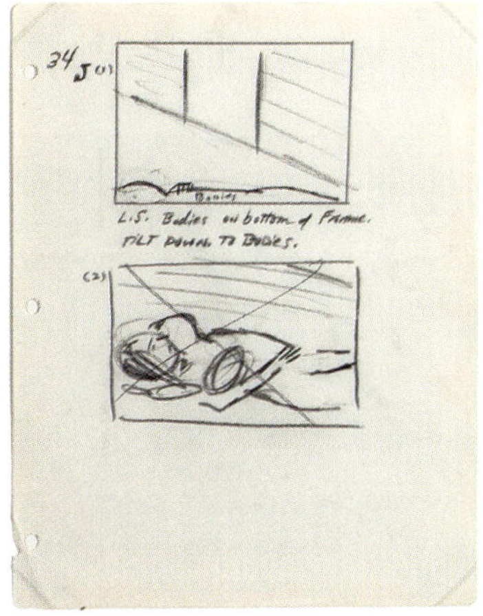

Scena 33: Coppia nel vagone
Storyboard di Martin Scorsese
America 1929: sterminateli senza pietà, 1972

Scene 33: Couple in the carriage
Storyboard by Martin Scorsese
Boxcar Bertha, 1972

Martin Scorsese Collection, New York

Mean Streets

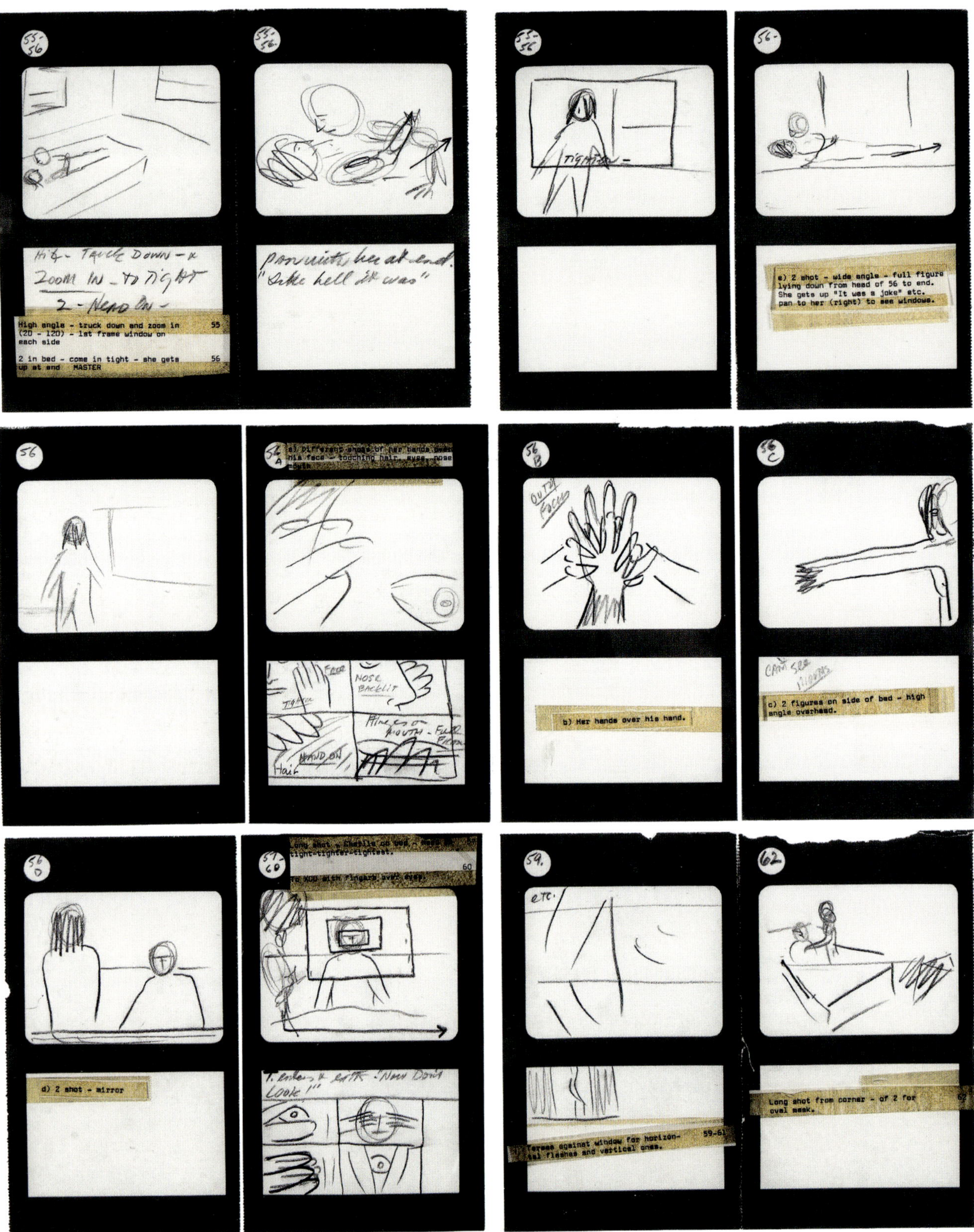

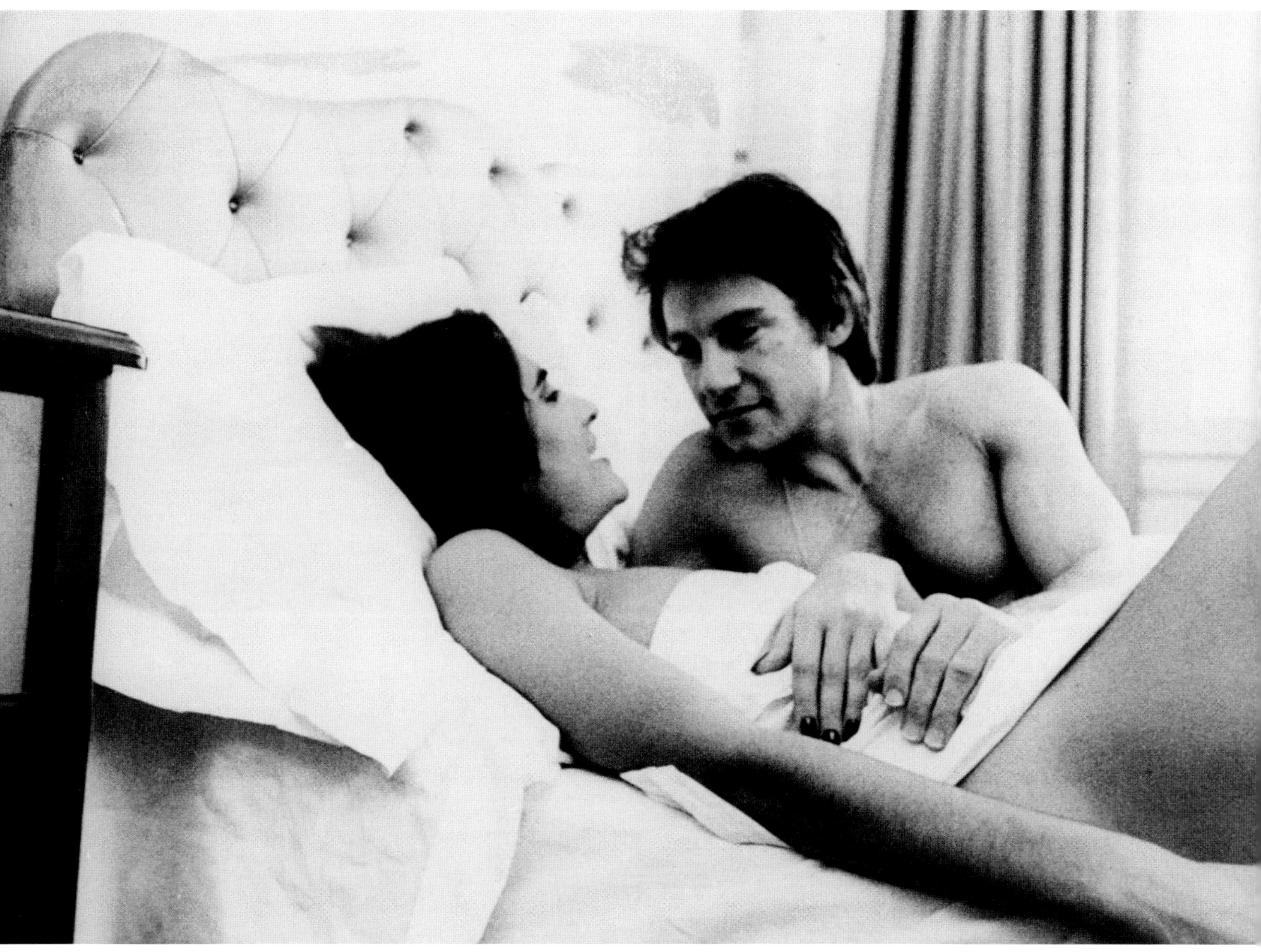

Scena 55: Coppia in camera da letto
Storyboard di Martin Scorsese
Mean Streets - Domenica in chiesa, lunedì all'inferno,
1973

Scene 55: Couple in bedroom
Storyboard by Martin Scorsese
Mean Streets, 1973

Martin Scorsese Collection, New York

Amy Robinson (Teresa) e Harvey Keitel (Charlie)
Foto di scena
Mean Streets - Domenica in chiesa, lunedì all'inferno, 1973

Amy Robinson (Teresa) and Harvey Keitel (Charlie)
Action still
Mean Streets, 1973

Deutsche Kinemathek - Fotoarchiv

Taxi Driver

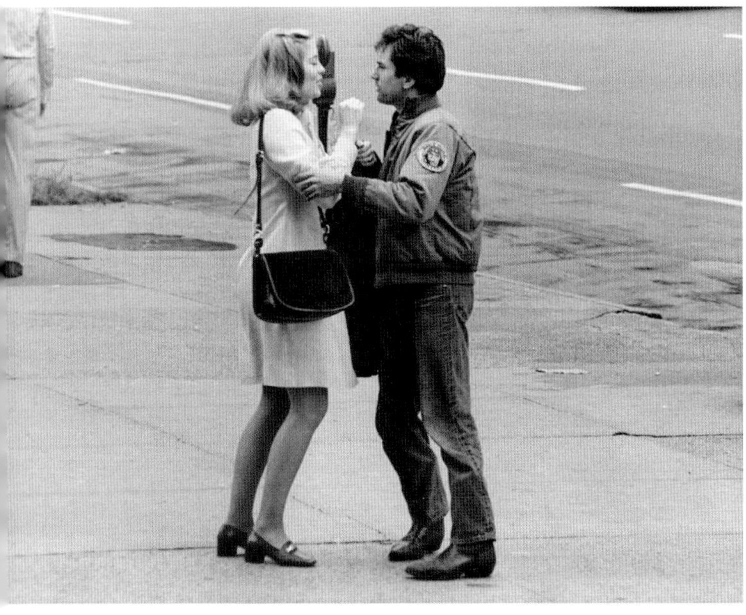

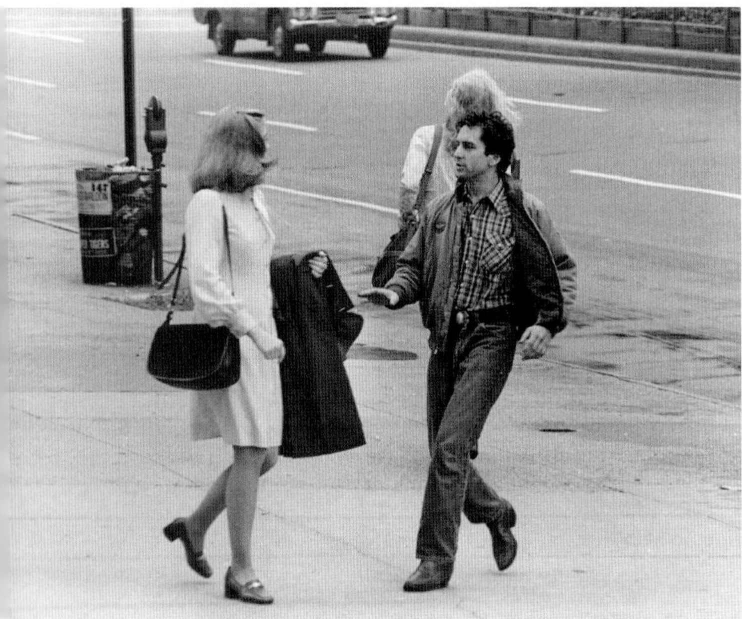

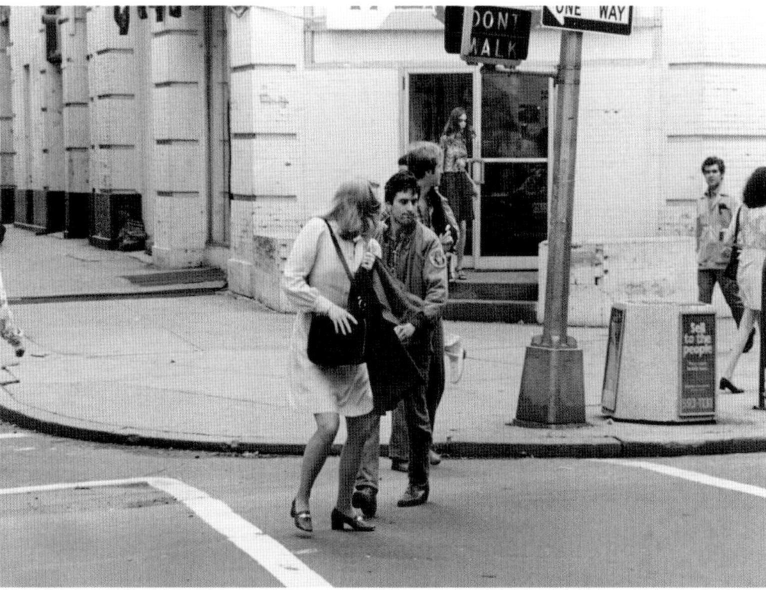

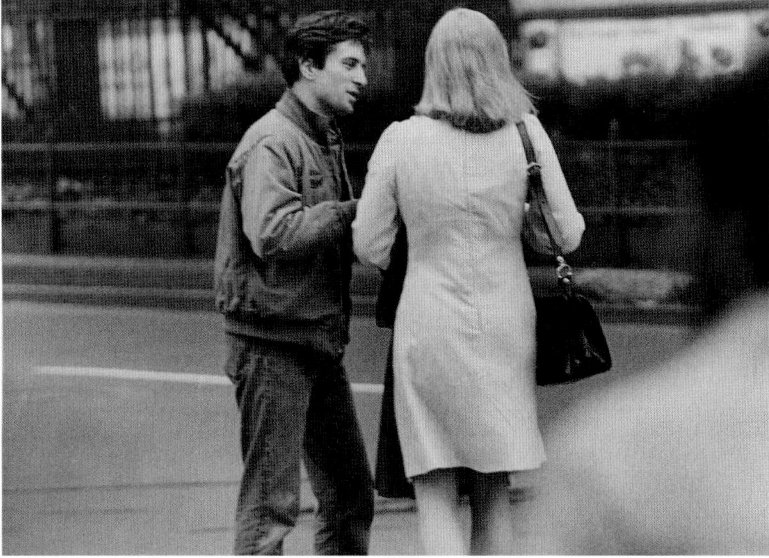

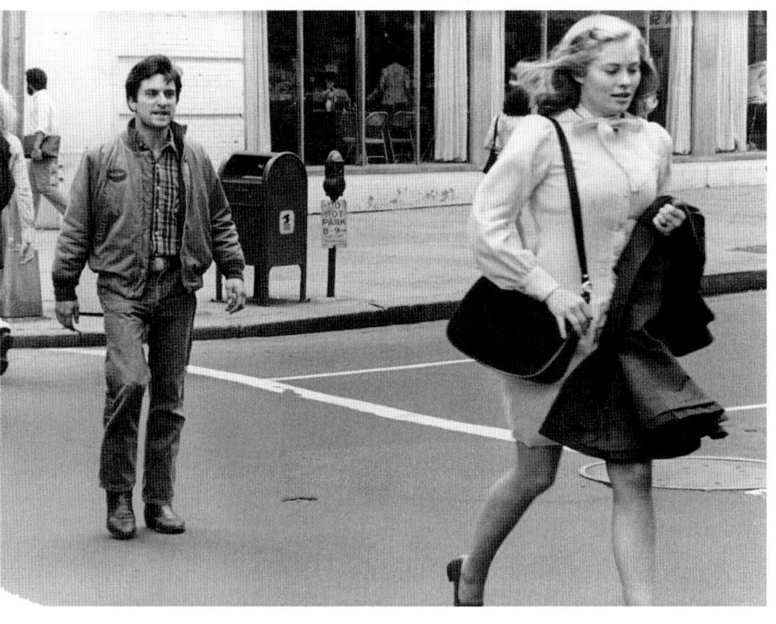

Robert De Niro (Travis Bickle) e Cybill Shepherd (Betsy)
Foto di scena
Taxi Driver, 1976

Robert De Niro (Travis Bickle) and Cybill Shepherd (Betsy)
Action stills
Taxi Driver, 1976

Martin Scorsese Collection, New York

L'età dell'innocenza
The Age of Innocence

Michelle Pfeiffer (Ellen Olenska), Daniel Day-Lewis (Newland Archer)
Foto di scena / Action still
L'età dell'innocenza / The Age of Innocence, 1993

Martin Scorsese Collection, New York

"Ellen Olenska"
Figurino di Gabriella Pescucci per Michelle Pfeiffer
L'età dell'innocenza, 1993

"Ellen Olenska"
Costume sketch by Gabriella Pescucci for Michelle Pfeiffer
The Age of Innocence, 1993

Martin Scorsese Collection, New York

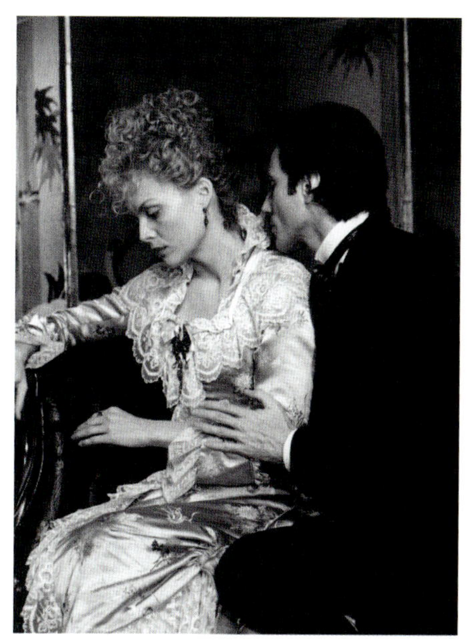

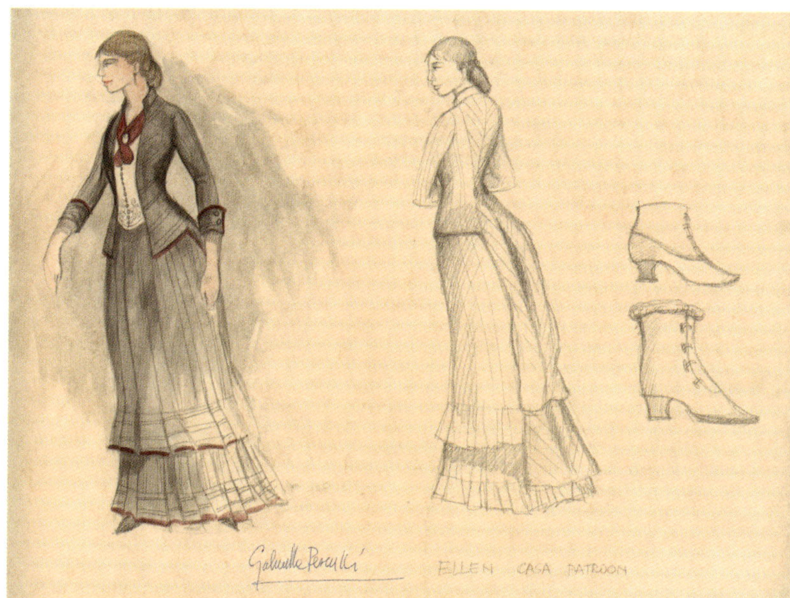

Winona Ryder (May Welland), Daniel Day-Lewis (Newland Archer)
Foto di scena / Action still
L'età dell'innocenza / The Age of Innocence, 1993

Deutsche Kinemathek - Fotoarchiv

"Newland Archer"
Figurino di Gabriella Pescucci per Daniel Day-Lewis
L'età dell'innocenza, 1993

"Newland Archer"
Costume sketch by Gabriella Pescucci for Daniel Day-Lewis
The Age of Innocence, 1993

Martin Scorsese Collection, New York

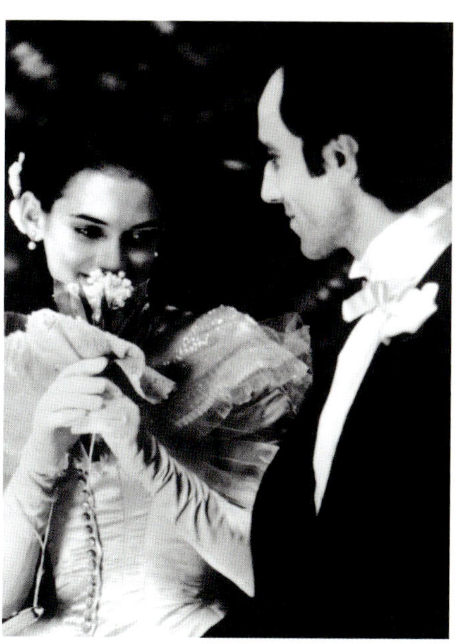

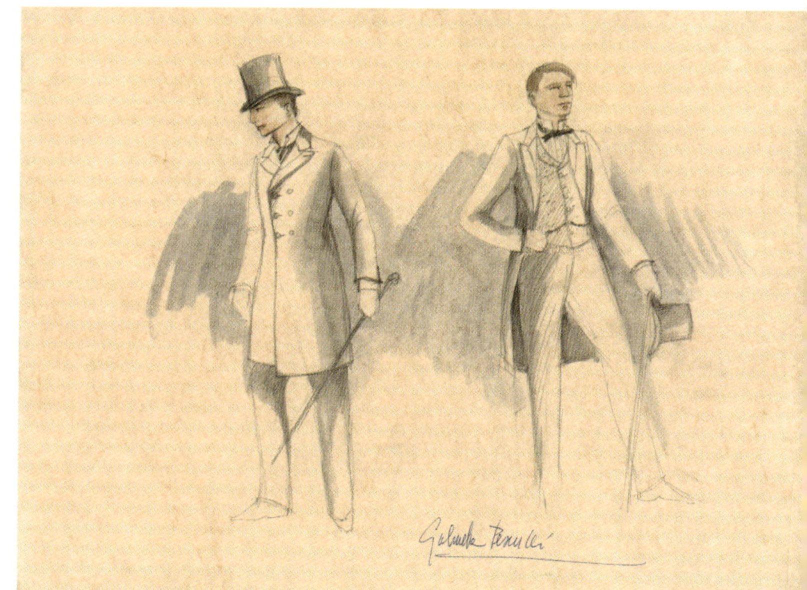

Gangs of New York

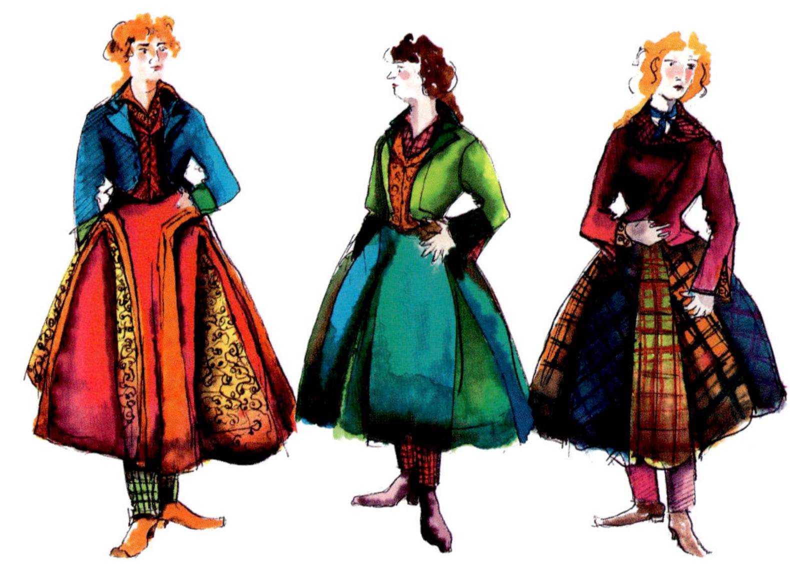

"Gang Girls"
Figurino di Sandy Powell
Gangs of New York, 2002

"Gang Girls"
Costume sketch by
Sandy Powell
Gangs of New York, 2002

Sandy Powell, London

"Bill the Butcher"
Figurino di Sandy Powell
Gangs of New York, 2002

"Bill the Butcher"
Costume sketch by Sandy Powell
Gangs of New York, 2002

Sandy Powell, London

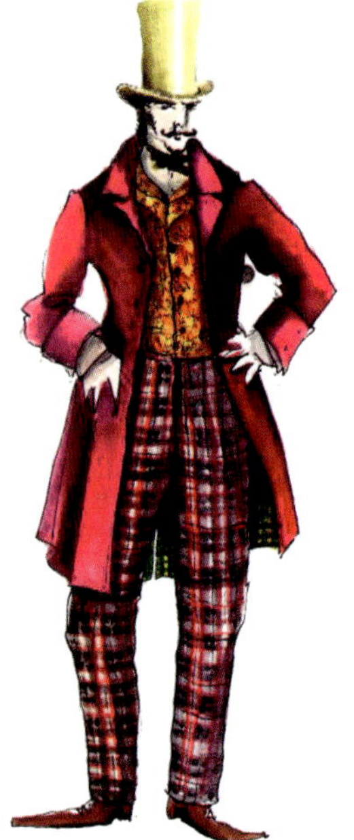
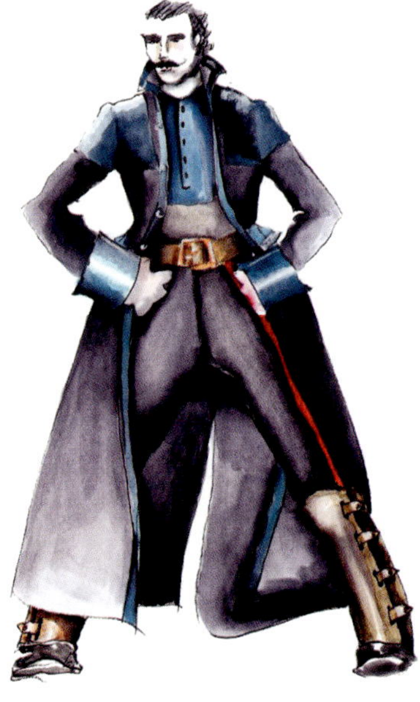

"Amsterdam"
Figurini di Sandy Powell
Gangs of New York, 2002

"Amsterdam"
Costume sketches by
Sandy Powell
Gangs of New York, 2002

Sandy Powell, London

"Priest Vallon"
Figurino di Sandy Powell
Gangs of New York, 2002

"Priest Vallon"
Costume sketch by
Sandy Powell
Gangs of New York, 2002

Sandy Powell, London

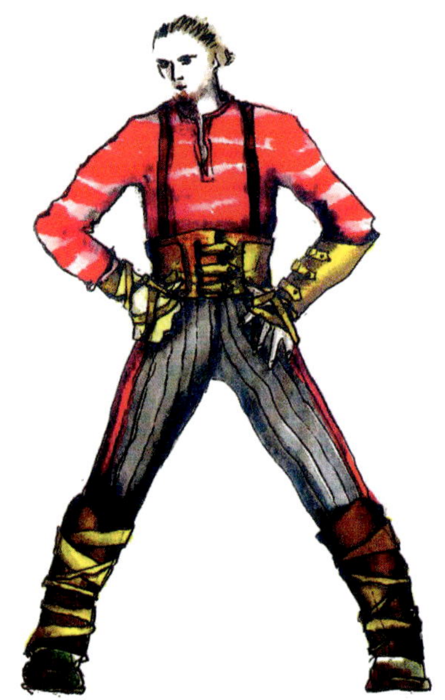
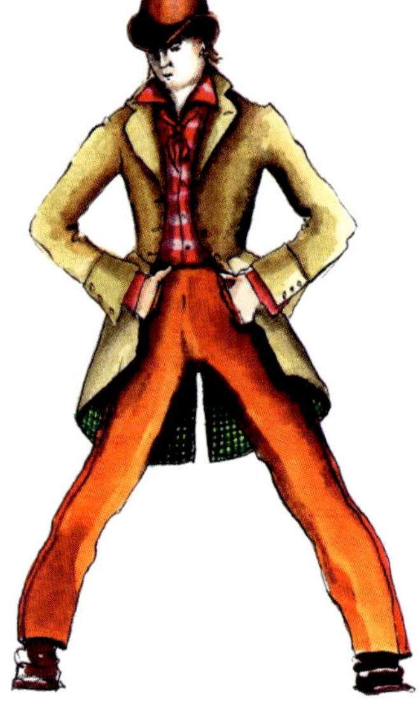

The Aviator

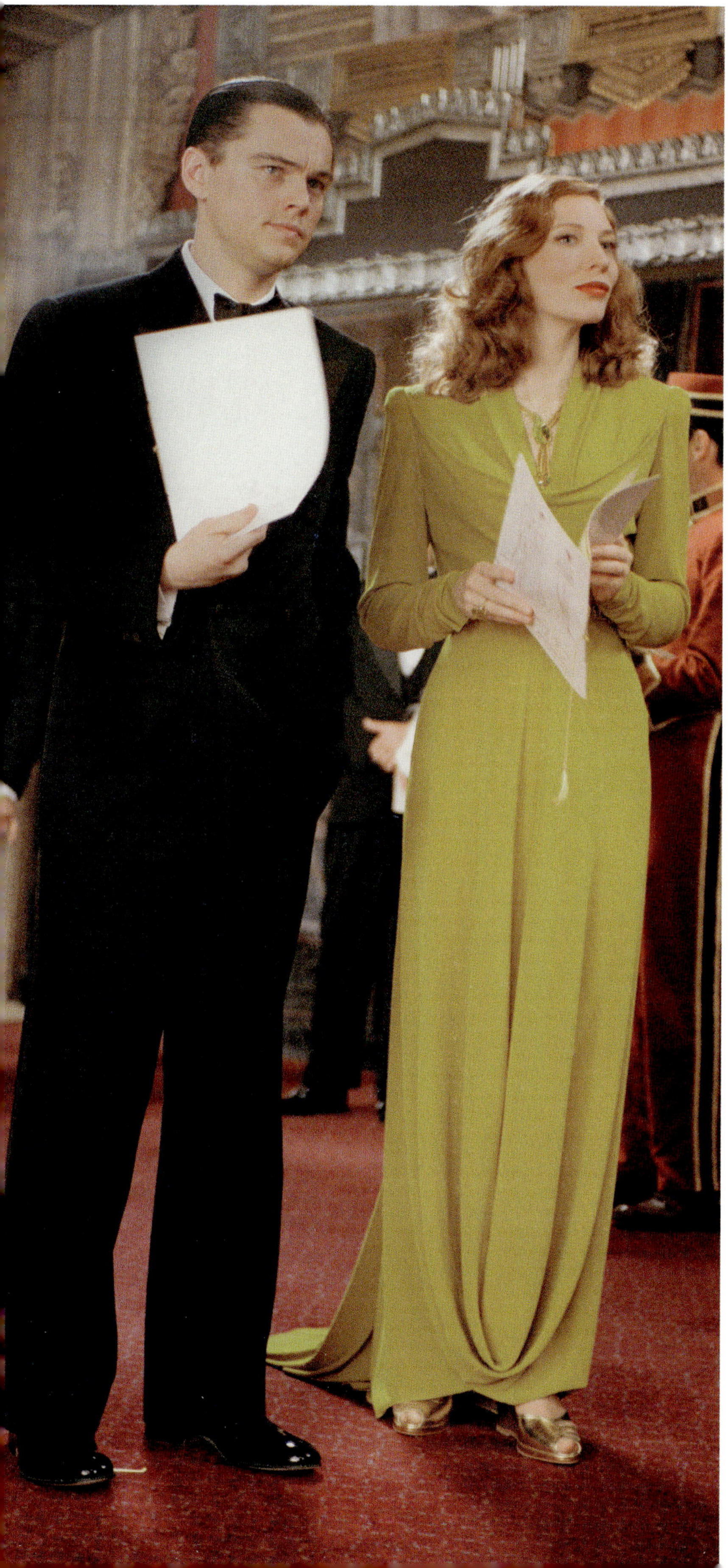

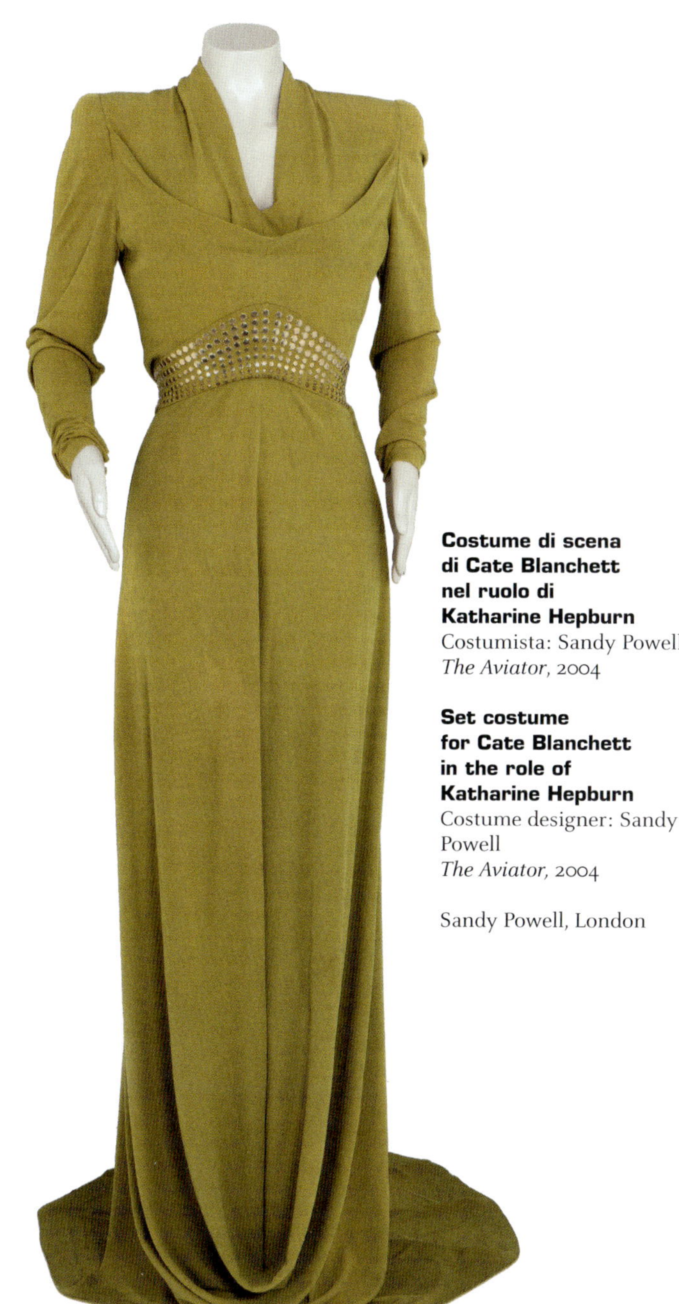

**Leonardo DiCaprio (Howard Hughes)
e Cate Blanchett (Katharine Hepburn)**
Foto di scena
The Aviator, 2004

**Leonardo DiCaprio (Howard Hughes) and
Cate Blanchett (Katharine Hepburn)**
Action still
The Aviator, 2004

Deutsche Kinemathek - Fotoarchiv

**Costume di scena
di Cate Blanchett
nel ruolo di
Katharine Hepburn**
Costumista: Sandy Powell
The Aviator, 2004

**Set costume
for Cate Blanchett
in the role of
Katharine Hepburn**
Costume designer: Sandy
Powell
The Aviator, 2004

Sandy Powell, London

Conversazione con Sandy Powell

KRISTINA JASPERS, NILS WARNECKE

KJ-NW L'attuale produzione in cui è coinvolta, *Il lupo di Wall Street*, è la sesta in cui lavora insieme a Martin Scorsese. Come si è sviluppata nel tempo la collaborazione tra di voi?

SP Ogni progetto porta con sé un insieme differente di sfide, quindi c'è sempre qualcosa di nuovo da imparare dalla collaborazione. La relazione si è sicuramente sviluppata, nel senso che c'è un maggior livello di fiducia e comprensione per i punti di vista reciproci. La cosa più importante in una collaborazione è la comunicazione, che naturalmente più si conosce una persona da tempo più diventa facile.

KJ-NW In che modo dovremmo immaginare le sue conversazioni iniziali e preliminari con Martin Scorsese? Quali indicazioni e ispirazioni le arrivano da lui? Quando prepara un nuovo film, sappiamo che Scorsese ama organizzare proiezioni di film (quelli che hanno un significato per lui e che sono rilevanti per il suo progetto cinematografico del momento) con la sua troupe. Quando vi trovate a queste proiezioni, che significato hanno per lei? E Scorsese le ha mai parlato dei costumi di altri film storici come riferimento per il suo lavoro?

SP Martin Scorsese ha grande conoscenza e interesse per i vestiti, sia contemporanei che d'epoca, quindi suggerisce sempre riferimenti visivi ad altri costumi storici. Nella maggior parte dei casi sono quelli presenti nei film, per quanto abbiamo anche guardato lavori di pittori e fotografi. È sempre estremamente utile e cruciale per me vedere i film che sono stati di ispirazione per Marty. Questa è la maniera migliore per giungere alla comprensione di quella che può essere la sua visione, anche se nessun riferimento è assolutamente specifico. A volte è semplicemente per avere la sensazione dell'atmosfera o del livello di stilizzazione necessario o per capire come un indumento si portasse piuttosto di che cosa si indossasse. Una volta mi ha raccomandato di guardare un intero film solo per vedere l'angolazione di una riga su un colletto di camicia!

KJ-NW I colori accesi nei suoi figurini per i costumi di *Gangs of New York* colpiscono. Gli uomini sono abbigliati come galletti con i loro pantaloni a quadri e i loro alti cappelli a tubo. Che tipo di considerazioni concettuali ci sono state dietro a questo? Si è prefissata di annullare le solite tonalità color seppia dell'abbigliamento d'epoca?

SP Mi sono prefissata di distruggere il mito che i vestiti dell'Ottocento fossero color seppia!
Suppongo che si sia sempre immaginato che fossero incolori, dato che questo è il modo in cui la maggior parte è stata rappresentata. Ovviamente le prime fotografie sono state prodotte all'incirca nello stesso periodo in cui è ambientato *Gangs of New York*, quindi ci hanno fornito un bel po' di riferimenti. Solo perché le immagini sono color seppia o in bianco e nero non vuol dire che lo fossero i vestiti! Credo che ci siamo abituati a vedere film girati in maniera analoga, prosciugati dai colori per dare una sensazione "d'epoca", che spesso può essere d'effetto, ma in quanto amante dei colori volevo incorporarne quanti più possibile nel mondo che stavamo creando. Aiuta anche a definire i personaggi. Con così tanti personaggi maschili può diventare difficile distinguere individui o gruppi differenti senza l'uso del colore. Questo è stato particolarmente importante con le riprese delle gang, specialmente durante le scene delle battaglie.

KJ-NW Lei ha ricevuto nove nomination all'Oscar a oggi, ed è stata premiata con l'Academy Award per

Conversation with Sandy Powell

KRISTINA JASPERS, NILS WARNECKE

KJ-NW The current production in which you're involved, *The Wolf of Wall Street*, is the sixth time you are working together with Martin Scorsese. How has the collaboration between you developed over time?
SP Each project brings with it a different set of challenges so there is always something new to learn from the collaboration. The relationship has certainly developed in that there is a greater level of trust and understanding of each other's perspectives.
The most important thing in a collaboration is communication which obviously becomes easier the longer you have known someone.

KJ-NW How should we imagine your initial, preliminary talks with Martin Scorsese? What specifications and inspiration come from him? When he is preparing a new film, we know that Scorsese likes to screen movies (those which mean something to him and which are relevant to his current film project) with his film team. When you are at these screenings, so what do they mean to you? And has Scorsese ever mentioned other historical film costumes to you as a reference for your work?
SP Martin Scorsese has a great knowledge of and interest in clothes both contemporary and of the period so he will always suggest visual references to other historical costumes. More often than not these are from films although we have looked at the work of painters and photographers also. It is always extremely useful and crucial for me to watch the films that have been an inspiration to Marty. This is the best way to get an understanding of what his vision might be even if the reference is not absolutely specific. Sometimes it is just to get a feeling of atmosphere or the level of stylisation required or how something is worn rather than what is worn. Once he recommend-

ed I watch an entire film just to see the angle of a stripe on a shirt collar!

KJ-NW The strong colors are striking in your costume designs for *Gangs of New York*. The men are decked out like roosters in their checked trousers and with their tall, stovepipe hats. What conceptual considerations were behind this? Did you set out to counteract the usual sepia tones of historical clothing?
SP I set out to destroy the myth that clothes in the 19th century were not sepia coloured!
I suppose it has always been assumed that they are colourless as this is how they have been most represented. Obviously the first photographs were produced around the same time that *Gangs of New York* was set so this provided much of our reference. Just because the pictures are sepia or black and white doesn't mean the clothing was! I suppose we have been used to seeing films shot in the same way, drained of colour to give a 'period' feel which can often work but as a fan of colour I wanted to incorporate as much of it as possible into the world we were creating. It also helps to define character. With so many male characters it can get difficult to distinguish different individuals or groups from one another without the use of colour. This was particularly important with the depiction of the gangs especially during battle scenes.

KJ-NW You have received nine Oscar nominations to date, and you were awarded the Academy Award for Best Costume Design for *Shakespeare in Love* (John Madden, USA, 1998), *The Aviator* (Martin Scorsese, USA, 2004) and *The Young Victoria* (Jean-Marc Vallée, GB-USA, 2009). Can it be said that historical fabrics are more generous to costume design than contemporary fabrics? How important is historical research to

i Migliori Costumi per *Shakespeare in Love* (John Madden, USA, 1998), *The Aviator* (Martin Scorsese, USA, 2004) e *The Young Victoria* (Jean-Marc Vallée, GB-USA, 2009). Si può dire che nella progettazione dei costumi i tessuti d'epoca funzionino meglio rispetto ai tessuti contemporanei? Quanto è importante per lei la ricerca storica? E di solito lavora con i tessuti d'epoca?

SP Nel fare un film non c'è alcuna differenza tra i tessuti d'epoca e quelli contemporanei! In genere sono costretta a usare tessuti contemporanei in modo che sembrino d'epoca, visto che è tutto ciò che è disponibile. Questo si ottiene tramite varie tecniche, soprattutto la stampa e il trattamento dei tessuti, per farli somigliare a qualcosa di diverso da un'altra epoca. Ogni tanto uso un tessuto vintage se è abbastanza robusto e se c'è un metraggio sufficiente. Per esempio in *The Aviator* ho potuto usare stoffe originali dei tempi che stavamo ricreando. Per lo più dobbiamo selezionare tessuti moderni che si prestino a una creazione ex novo degli abiti storici. La ricerca storica è essenziale per un film in costume e molto spesso è la parte più interessante del lavoro. Anche se lo stile di un film è stilizzato e non è strettamente accurato, è importante conoscere le regole prima di poterle infrangere. Per quanto riguarda i premi dell'Academy o anche gli altri, pare certamente che siano i film d'epoca a vincere il riconoscimento per i costumi. Questo è dovuto al fatto che il pubblico apprezza di più un costume d'epoca, senza capire che altrettanti pensieri, disegni e talento sottendono alla creazione di un costume contemporaneo perfetto!

KJ-NW Che ruolo giocano l'esagerazione e la stilizzazione per lei? "Padre Vallon" viene raffigurato nel suo figurino ben piantato e con un mantello svolazzante, simile a un gangster degli anni trenta o a un supereroe. Come le è venuta quest'idea?

SP Il concetto dietro il personaggio di Padre Vallon era che non fosse davvero un prete, ma un capo cosca che veniva trattato e rispettato come fosse un prete. Dunque ho deciso che il suo abbigliamento dovesse avere un elemento ecclesiastico senza essere troppo specifico, mantenendo sempre l'aspetto autorevole e intimidatorio di un capo cosca.

Il livello di esagerazione o stilizzazione che adopero dipende dal progetto. Benché *Gangs of New York* sia basato su eventi reali è stato ambientato in un mondo inventato, permettendomi molta licenza artistica nella creazione dei personaggi.

KJ-NW Quanto è importante per i suoi disegni che gli attori siano già stati scelti? In molti dei suoi disegni lei include la fisionomia dell'attore e la tipologia corporea di un dato attore sembra giocare un ruolo di rilievo nell'effetto di un costume.

SP È essenziale per me sapere chi sia l'attore prima di disegnare il costume. Per quanto un costume sia basato su un personaggio che già esiste nella sceneggiatura, ciò non significa nulla finché non c'è un corpo dentro. Il modo in cui viene portato il costume è importante alla pari del suo aspetto.

Ciò che potrebbe funzionare con un attore potrebbe apparire totalmente sbagliato su un altro che interpreti esattamente la stessa parte. I miei disegni a volte assomigliano vagamente all'attore, dato che spesso vengono eseguiti dopo che il costume è stato creato, quando so che aspetto ha!

Anche se progetto le mie idee su carta, il costume finisce raramente col sembrare uguale al bozzetto iniziale, dato che il disegno vien fuori durante le prove di sartoria, quando c'è il tempo per cambiarlo e svilupparlo.

KJ-NW Verosimilmente, un "film d'epoca" come *The Aviator* dev'essere stato particolarmente interessante per lei, dato che c'era anche un'intera serie di ruoli femminili che necessitava di costumi, fatto piuttosto insolito per Scorsese. C'erano in gioco personaggi molto differenziati, creando un'antitesi tra Katharine Hepburn (Cate Blanchett), una bionda rossiccia atletica ed eccentrica, e Ava Gardner (Kate Beckinsale), una brunetta più sensibile. Fino a che punto la caratterizzazione di queste donne ha veramente rispecchiato un'imitazione o un'interpretazione del loro modello storico?

SP Così come in altri film d'epoca che rappresentino personaggi della vita reale, inizio con ricerche sui loro vestiti reali, ma poi ne disegno versioni mie. Non solo questo rende l'ideazione dei figurini più interessan-

you? And do you usually work with historical fabrics?

SP In making a film there is no difference between historical fabrics and contemporary ones! Usually I am forced to use contemporary fabrics to resemble historical ones as that is all that is available. This is done using various methods, mostly printing and treating a fabric to make it resemble something else from a different era. Occasionally I use a vintage fabric if it is strong enough and there is enough meterage. For example on *The Aviator* there were some original fabrics from the periods we were creating that I was able to use. Mostly we have to pick modern fabrics that lend themselves to the recreation of the historical clothes. Historical research for a period film is essential and is quite often the most interesting part of the process. Even if the look of the film is stylised and not strictly accurate it is important to know what the rules are before you can break them. As far as the Academy or any other awards are concerned it certainly seems that period films win the costume prize. This is because the public recognise a period costume as an achievement without understanding that as much thought, design and talent goes in to creating the perfect contemporary one!

KJ-NW What role does exaggeration and stylization play for you? "Priest Vallon" is shown with his legs astride and a billowing cloak, resembling a gangster from the 1930s or a superhero in your costume design. How did you come up with this idea?

SP The concept behind the character of Priest Vallon was that he was not actually a priest but a gang leader who was treated and respected as if he were a priest. Therefore I decided his clothing should have an element of the ecclesiastical about it without being specific and still maintain the authoritative and intimidating aspect of a gang leader.

The level of exaggeration or stylisation I employ will depend on the project. *Gangs of New York* although based on real events was set in an invented world allowing me a lot of artistic license with the creation of the characters.

KJ-NW How important is it to your designs that the actors have already been cast? In many of your draw-

ings you involve the physiognomy of the actor, and an actor's body type seems to play a large role in the effect of a costume.

SP It is essential for me to know who the actor is before designing the costume. Although a costume is based on a character that already exists in the script it does not mean anything until it has a body inside it. How the costume is worn is as important as what it looks like.

What could work on one actor could look totally wrong on another playing the exact same part. My drawings sometimes vaguely resemble the actor as often they are done after the costume has been made when I know what it looks like!

Although I work out my ideas on paper the costume rarely ends up looking the same as the initial sketch as its during the fittings that the design emerges where there is time to change and develop.

KJ-NW In all likelihood a "period picture," such as *The Aviator*, was particularly appealing to you, because there were also a whole range of women's roles that required costumes, which is rather unusual for Scorsese. Very different characters came into play, pitting Katharine Hepburn (Cate Blanchett), an athletic and eccentric strawberry blond, against Ava Gardner (Kate Beckinsale), a more empathic brunette. How far did the characterization of these women actually reflect an imitation or an interpretation of their historic role models?

SP As in other period films depicting real life characters I start by researching their actual clothes but then design my own versions of them. Not only does this make the design process more interesting for me but it might sometimes help in the telling of the story and development of the characters over a short time frame (i.e. the length of a film).

I would only attempt accurate replications if it were a requirement of the script or if the film was a documentary.

Most design decisions are to do with telling a story so of course there had to be a strong contrast between the two female protagonists.

KJ-NW Your costume designs for *Hugo* have some

te per me, ma a volte può aiutare nel racconto della storia e nello sviluppo dei personaggi entro un breve periodo circoscritto (ovvero la durata di un film).
Mi cimenterei con repliche accurate solamente se fosse un requisito della sceneggiatura o se il film fosse un documentario.
La maggior parte delle decisioni sul design dei costumi ha a che fare con la narrazione di una storia, quindi è naturale che dovesse esserci un contrasto forte tra le due protagoniste femminili.

KJ-NW I suoi figurini per i costumi di *Hugo Cabret* hanno qualche affinità con le illustrazioni dei libri per ragazzi. Le gambe di Hugo e della sua amica Isabelle crescono in cielo e i loro piedi sono più grandi delle loro teste. Che requisiti speciali ha dovuto affrontare, per questo film per famiglie girato in 3D? Per esempio, ci sono stati requisiti o limitazioni tecniche nella scelta della consistenza o del disegno dei tessuti?
SP Mi sono avvicinata all'ideazione dei costumi in *Hugo Cabret* come se fossero illustrazioni in un libro per ragazzi. Dovevano essere semplici, pittorici e colorati. I costumi per i personaggi secondari erano importanti, per il fatto che dovevano essere riconoscibili all'istante tra le folle alla stazione. Inoltre non ho fornito troppi cambi d'abito a nessuno dei personaggi, dato che nei libri illustrati per ragazzi i personaggi in genere restano sempre uguali. Ho scoperto che lavorare in 3D non è stato necessariamente restrittivo, tendeva a dare una profondità molto maggiore alla consistenza, al colore e al disegno dei tessuti. L'unica cosa a cui abbiamo dovuto prestare attenzione sono state le eventuali sfilacciature, che sarebbero state amplificate enormemente in 3D.

KJ-NW Una volta ha dichiarato che l'ideazione dei costumi è psicologia all'incirca per l'80 per cento e arte solo al 20 per cento. Può illustrare più nel dettaglio questo concetto?

SP Probabilmente i disegni veri e propri dei vestiti sono la parte più facile dell'ideazione dei costumi! In realtà la maggior parte del lavoro richiede allo stilista sia la capacità di riconoscere subito qualsiasi insicurezza o preoccupazione da parte di un attore sia la capacità di imparare come guadagnarsi la sua confidenza e fiducia. È nostro dovere metterlo a suo agio, sicuri nella certezza che stiamo facendo del nostro meglio per aiutarlo a trovare e a sviluppare il suo personaggio nell'ambito della storia. Questo non ha necessariamente a che fare con il rendere favoloso l'aspetto di un attore, ma più con il farlo sentire comodo nel suo ruolo. Questo non è sempre un procedimento facile, dipende dall'attore!
Detto questo, la collaborazione con l'attore è totalmente necessaria per raggiungere il risultato finale dato che dovrà avere un'opinione e una comprensione del proprio personaggio anche se non è tanto sicuro dell'aspetto che dovrebbe avere. Ecco dove interviene l'arte di essere psicologi. Non puoi imporre le tue idee o opinioni a qualcuno che è insicuro, quindi devi essere bravo nell'arte della persuasione e della manipolazione gentile!

KJ-NW Per concludere, vorremmo ritornare alla nostra domanda iniziale: lei ha collaborato diverse volte con registi come Derek Jarman, Neil Jordan, Sally Potter e Todd Haynes. Cosa c'è nel lavoro con Scorsese che è speciale per lei?
SP Sono stata estremamente fortunata ad aver lavorato con registi dalla visione ampia e ogni esperienza è stata differente e soddisfacente. Il lavoro con Martin Scorsese è speciale visto che, nonostante vi sia familiarità, non sai mai quello che avverrà da un momento all'altro.
Fin dall'inizio del progetto c'è sempre a disposizione una ricchezza di informazioni e di repertori, su cui lui si è già dato da fare, ed è sempre molto chiaro nella sua visione, ma allo stesso tempo mi lascia libertà per un'interpretazione e un contributo personali.

affinity to children's book illustrations. The legs of Hugo and his friend Isabelle grow in heaven and their feet are bigger than their heads. What special requirements did you have to face for this family film made in 3D? For instance, were there any technical limitations or requirements in the choice of textures or patterns?

SP I approached the design for the costumes in *Hugo* as if they were illustrations in a children's book. They had to be simple, graphic and colourful. The costumes for the secondary characters were important in that they had to be instantly recognisable amongst the crowds in the railway station. I also didn't provide too many changes of outfit for any of the characters as in children's illustrated books the characters usually remain the same. I found that working in 3D was not necessarily restrictive, it tended to give textures, colour and pattern a lot more depth. The only thing we had to be careful of were stray threads which would be amplified massively in 3D.

KJ-NW You once said that costume design is about 80 percent psychology and only 20 percent art. Could you expand on this in more detail?

SP The actual designing of clothes is probably the easiest bit of costume design! In reality a lot of the job requires the designer to be able to instantly recognise any insecurities or worries an actor might have and learn how to gain their confidence and trust. It is our job to put them at ease confident in the knowledge that we are doing our best to help them find and develop their character within the story. It is not necessarily about making an actor look fabulous, more to do with making them feel comfortable in their role. This is not always an easy process depending on the actor! Having said that, the collaboration with the actor is entirely necessary to achieve the end result as they will have an opinion and understanding of their character even if they are not so sure of how they should look. This is when the art of being a psychologist comes in. You cannot force your ideas or opinion on someone who is unsure, therefore you have to be clever in the art of persuasion and gentle manipulation!

KJ-NW To conclude, we would like to go back to our original question: you have collaborated quite a few times with directors such as Derek Jarman, Neil Jordan, Sally Potter, and Todd Haynes. What is it about working with Scorsese that is special to you?

SP I have been extremely fortunate to have worked with such visionary directors and each experience has been different and rewarding. Working with Martin Scorsese is special as although there is a familiarity you never know what will be next.

There is always a wealth of information and research provided at the start of a project which he has already been working on and he is always very clear in his vision but at the same time allowing me the freedom of my own interpretation and contribution.

EROI SOLITARI
LONELY HEROES

Molti personaggi di Martin Scorsese sono soli e vivono in conflitto con la società. Non rappresentano eroi solitari in senso classico, ma piuttosto antieroi: spesso ragazzi inclini alla violenza, alla ricerca di un posto nella società. L'attore Robert De Niro, compagno di viaggio e amico di lunga data di Scorsese, ha impersonato con estrema sensibilità questi personaggi. Nella sua leggendaria interpretazione nel ruolo di Travis Bickle in *Taxi Driver* (1976), una figura traumatizzata dalla guerra in Vietnam, si percepisce, oltre alla predisposizione alla violenza del protagonista, in minacciosa e allarmante ascesa, anche la sua profonda disperazione. L'eroe di Scorsese meno incline in assoluto ai compromessi è Gesù Cristo: *L'ultima tentazione di Cristo* (1988), dal romanzo di Nikos Kazantzakis, rappresentò un progetto molto significativo per il regista, che da giovane inizialmente voleva farsi prete. Dopo che la riduzione cinematografica con Aidan Quinn nel ruolo principale naufragò nel 1983 per motivi finanziari, toccò a Willem Dafoe interpretare il Salvatore del mondo pieno di incertezza. Nelle opere successive di Scorsese è stato Leonardo DiCaprio ad assumere ripetutamente il ruolo dell'eroe solitario. La sua interpretazione in *Shutter Island* (2010) del maresciallo statunitense Edward "Teddy" Daniels, segnato dalle esperienze della guerra e dai sensi di colpa, lascia il segno nella memoria dello spettatore tanto quanto i personaggi incarnati da Robert De Niro.

Many of Martin Scorsese's characters are alone and in conflict with society. They are not lonely heroes in the classical sense, but rather anti-heroes: frequently young men tending towards violence, who are searching for their place in society. Scorsese's companion and friend of many years, the actor Robert De Niro, has embodied these characters most impressively. In his legendary performance in the role of Travis Bickle in *Taxi Driver* (1976) – a figure traumatized by the Vietnam War – in addition to the protagonist's increasing and alarming propensity towards violence, his deep despair becomes equally perceptible. Scorsese's most uncompromising hero is Jesus Christ: *The Last Temptation of Christ* (1988), based on the novel by Nikos Kazantzakis, was a particularly meaningful project for the director, who as a young man initially wanted to become a priest. After the screen adaptation with Aidan Quinn in the title role failed for financial reasons in 1983, Willem Dafoe ultimately played the doubting Savior of the world. Leonardo DiCaprio has repeatedly taken on the role of the lonesome hero in Scorsese's later films. His personification of the US Marshal Edward "Teddy" Daniels in *Shutter Island* (2010), who was affected by war experiences and feelings of guilt, remains strong in viewers' memories, much like those characters played by Robert De Niro.

Robert De Niro (Jake La Motta)
Foto di scena
Toro scatenato, 1980

Robert De Niro (Jake La Motta)
Action still
Raging Bull, 1980

Deutsche Kinemathek - Fotoarchiv

Willem Dafoe (Gesù)
Foto di scena
L'ultima tentazione di Cristo, 1988

Willem Dafoe (Jesus)
Action still
The Last Temptation of Christ, 1988

Martin Scorsese Collection, New York

Tenzin Thuthob Tsarong (Dalai Lama)
Foto di scena
Kundun, 1997

Tenzin Thuthob Tsarong (Dalai Lama)
Action still
Kundun, 1997

Martin Scorsese Collection, New York

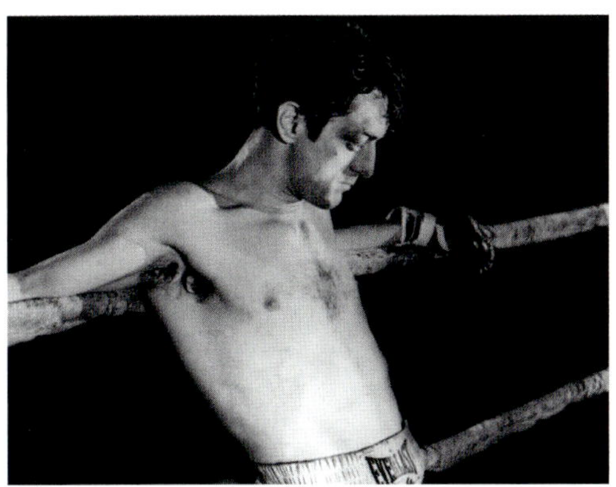

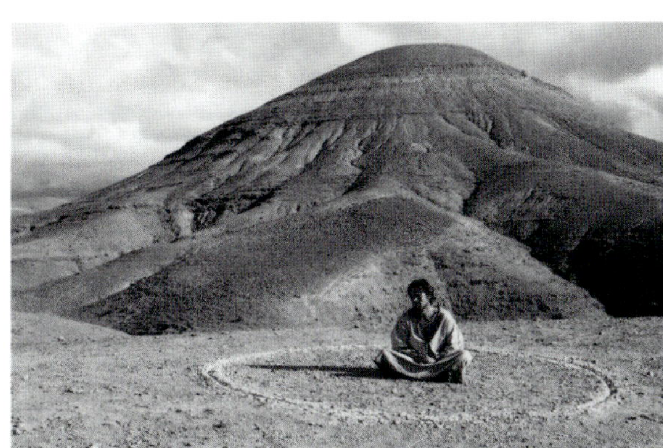

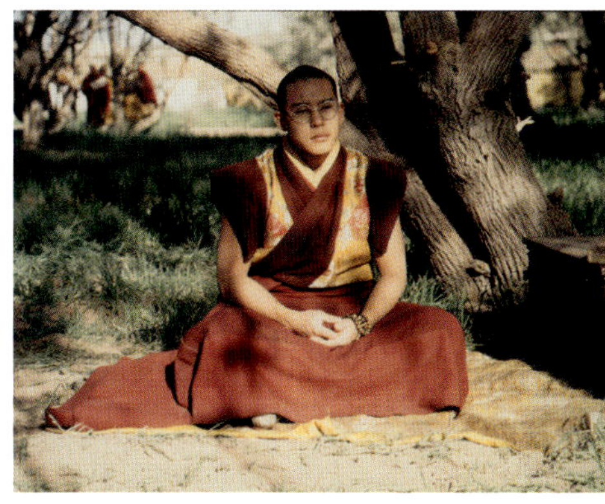

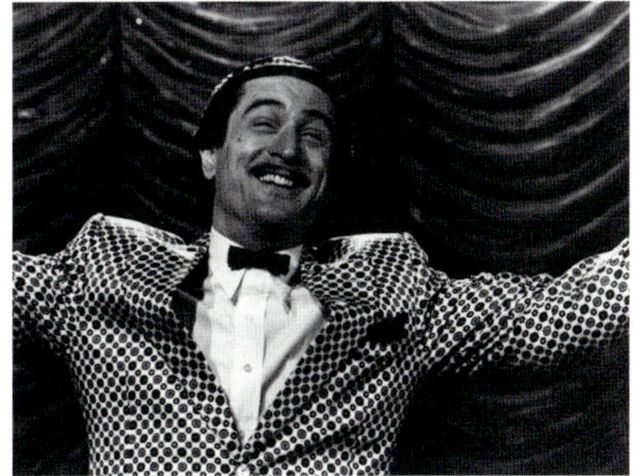

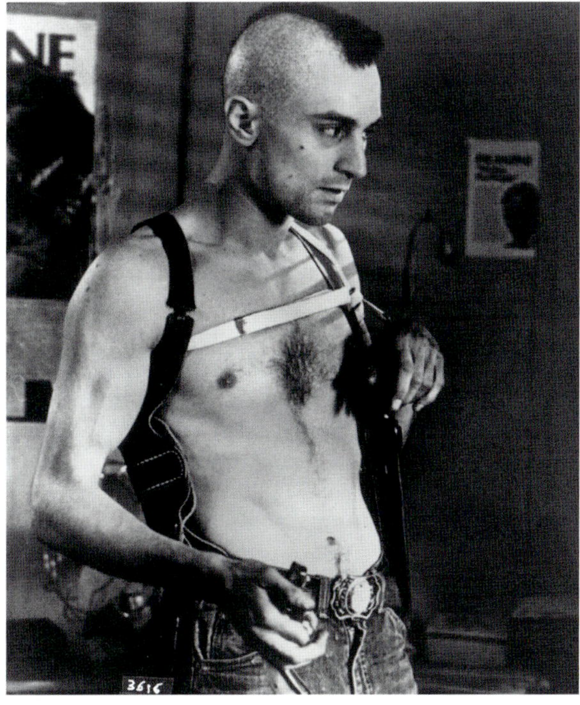

Robert De Niro (Rupert Pupkin)
Foto di scena
Re per una notte, 1983

Robert De Niro (Rupert Pupkin)
Action still
The King of Comedy, 1983

Martin Scorsese Collection, New York

Robert De Niro (Travis Bickle)
Foto di scena
Taxi Driver, 1976

Robert De Niro (Travis Bickle)
Action still
Taxi Driver, 1976

Deutsche Kinemathek - Fotoarchiv

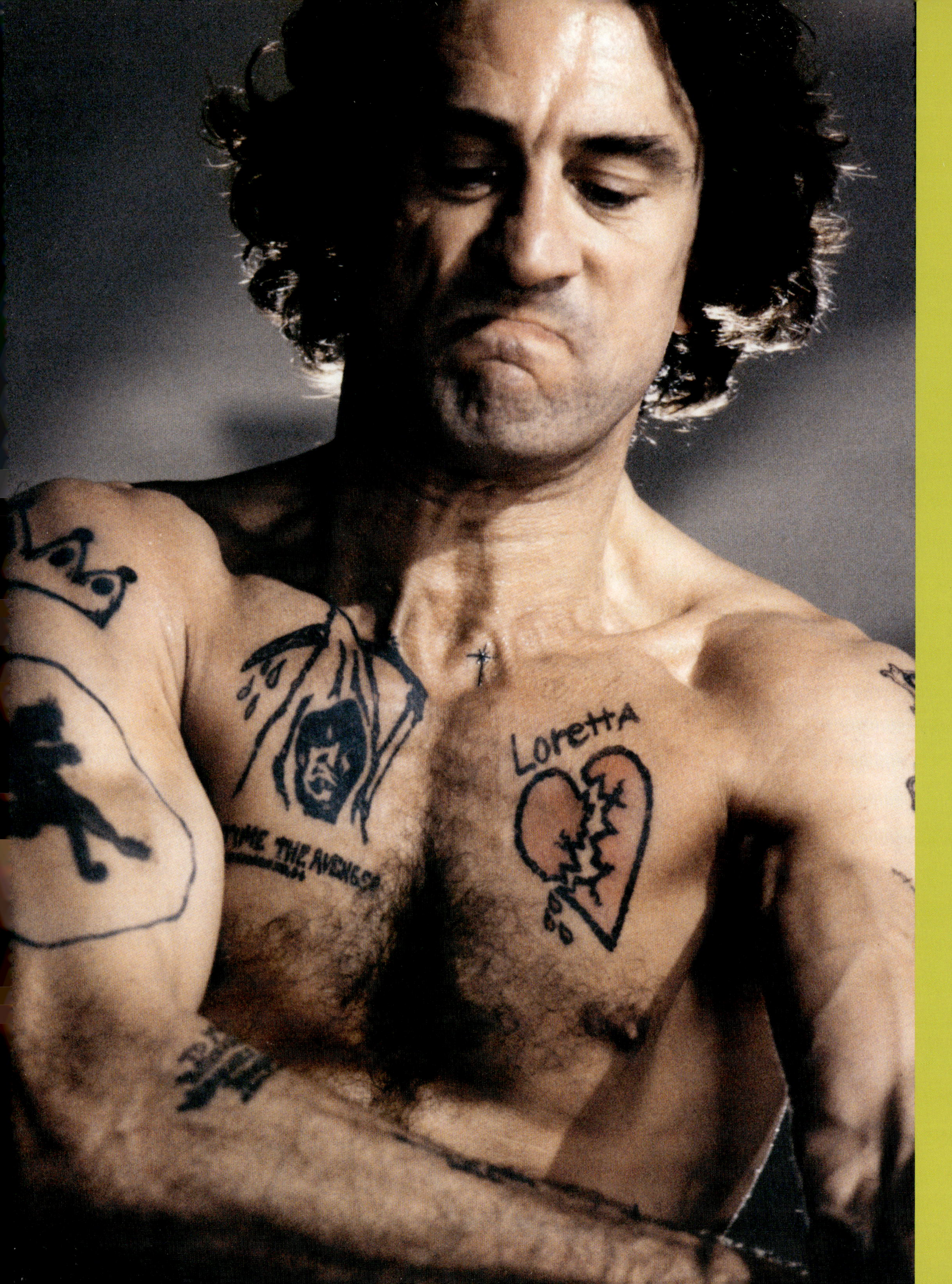

Loretta
...ME THE AVENGER

Ecco Bob De Niro nella parte
di Max Cady nel remake che
abbiamo fatto di *Cape Fear
- Il promontorio della paura*.
Bob voleva essere coperto
di tatuaggi, così ci abbiamo
lavorato un bel po'. Una cosa
interessante che noterete
nell'immagine è che c'è una
pantera sul suo braccio destro.
Quello è un tatuaggio vero. In
genere non lo mostra nei film,
ma qui in *Cape Fear* e anche
in *Mean Streets* lo ha fatto
vedere.

Here's Bob De Niro as Max
Cady in the remake we did of
Cape Fear.
Bob wanted to be covered with
tattoos so we worked a long
time on it. One interesting thing
that you'll notice in the picture
is that on his right arm is a
panther. That's a real tattoo.
He doesn't usually show it in
films – but he showed it here in
Cape Fear and in *Mean Streets*.

Martin Scorsese

Max Cady (Robert De Niro)
Foto di scena
Cape Fear - Il promontorio della paura, 1991

Max Cady (Robert De Niro)
Action still
Cape Fear, 1991

Martin Scorsese Collection, New York

Cape Fear

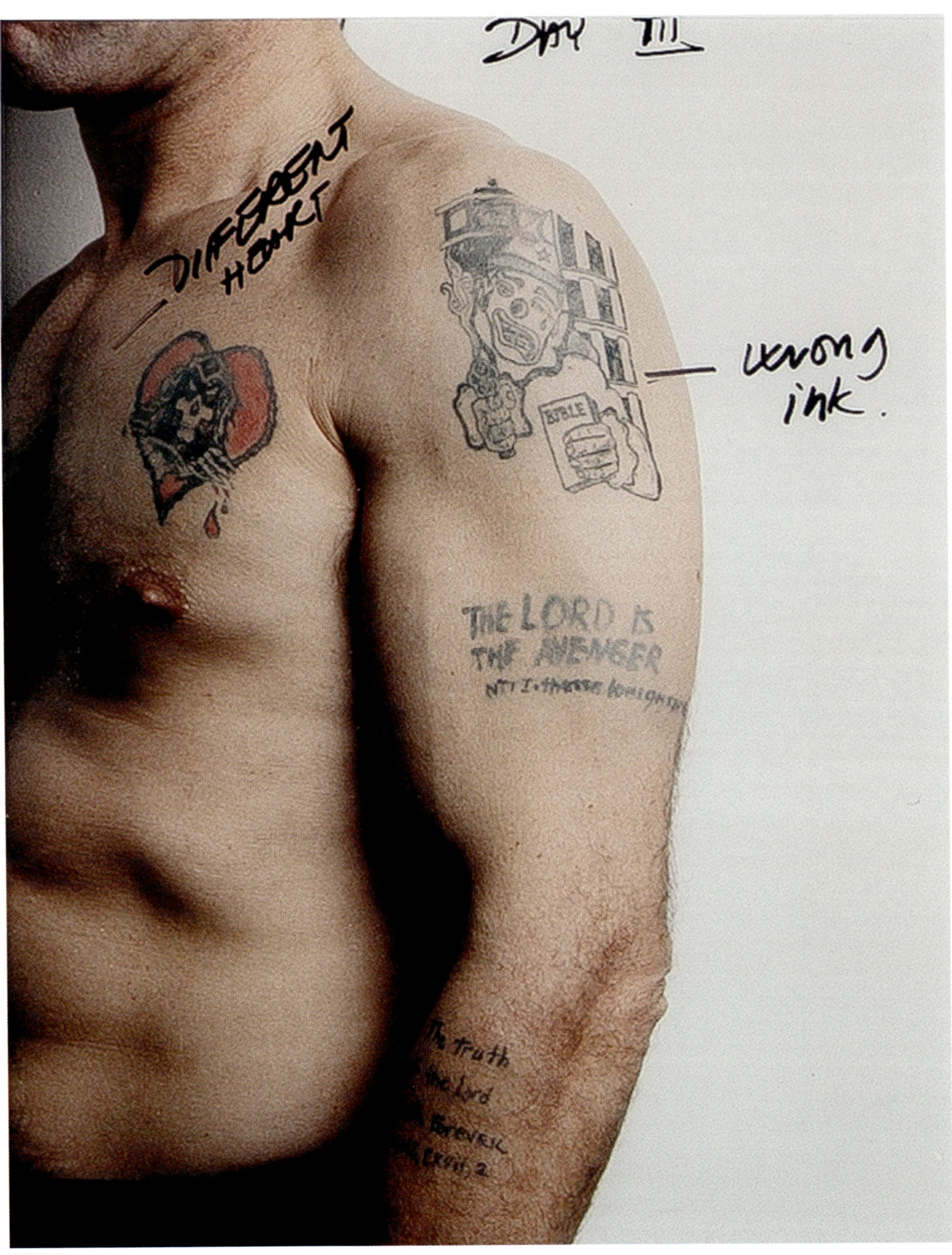

Schizzi per i tatuaggi di Max Cady (Robert De Niro)
Foto sul set
*Cape Fear - Il promontorio
della paura*, 1991

Sketches for Max Cady's tattoos (Robert De Niro)
Photo on the set
Cape Fear, 1991

Harry Ransom Center, University
of Texas at Austin - Robert De Niro
Collection

L'ultima tentazione di Cristo
The Last Temptation of Christ

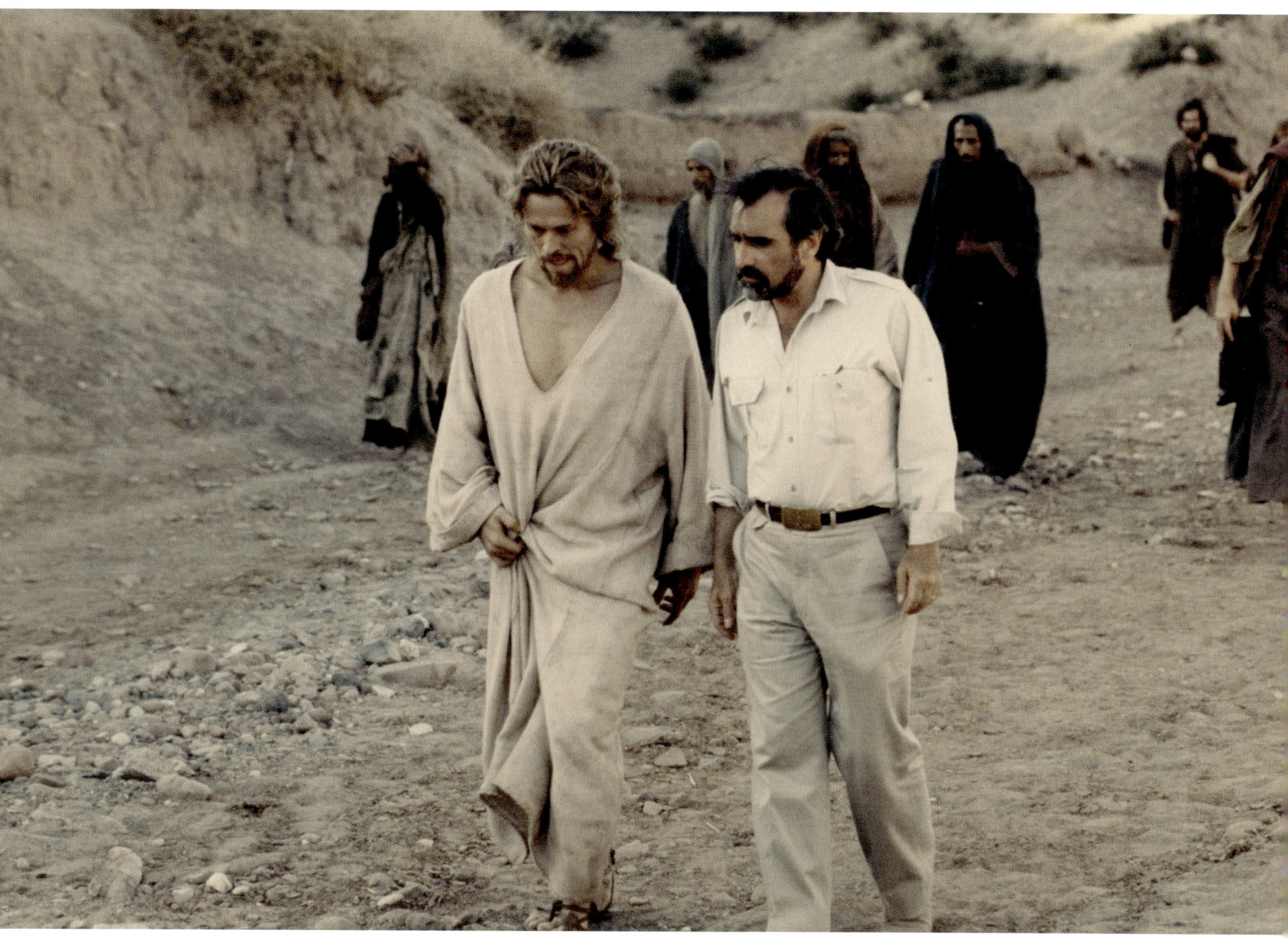

Willem Dafoe (Gesù) e Martin Scorsese
Foto sul set
L'ultima tentazione di Cristo, 1988

Willem Dafoe (Jesus) and Martin Scorsese
Photo on the set
The Last Temptation of Christ, 1988

Martin Scorsese Collection, New York

Taxi Driver

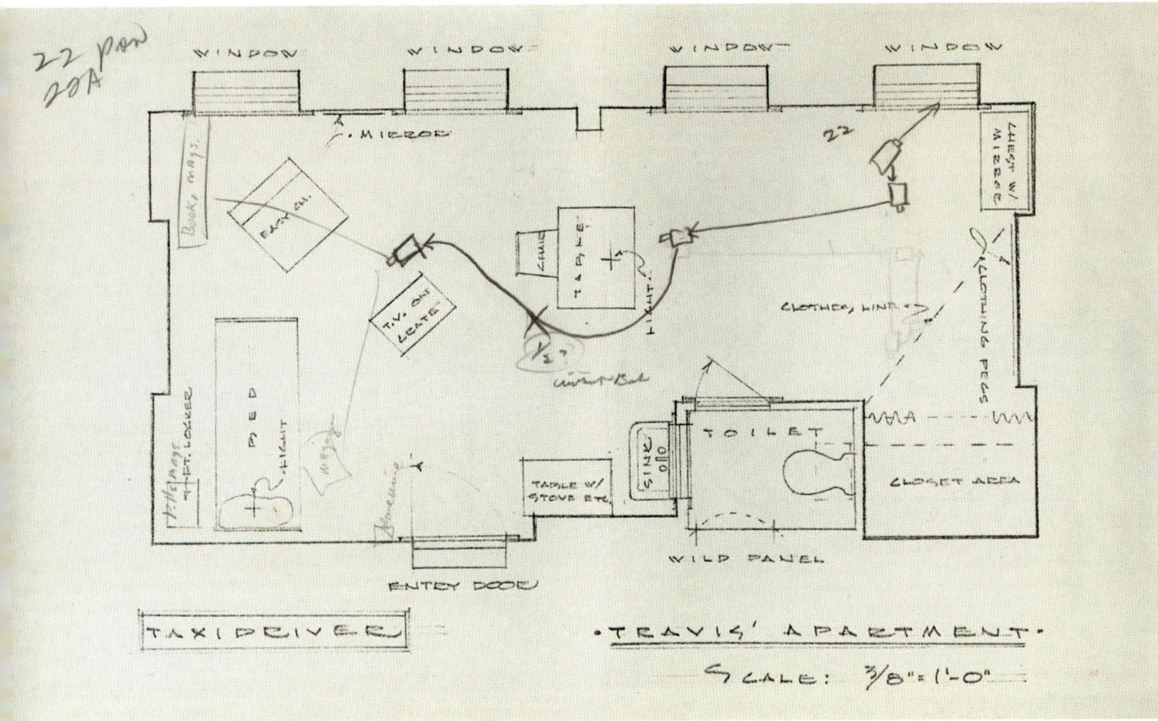

"Travis' Apartment"
Piantina
Taxi Driver, 1976

"Travis' Apartment"
Floorplan
Taxi Driver, 1976

Martin Scorsese Collection,
New York

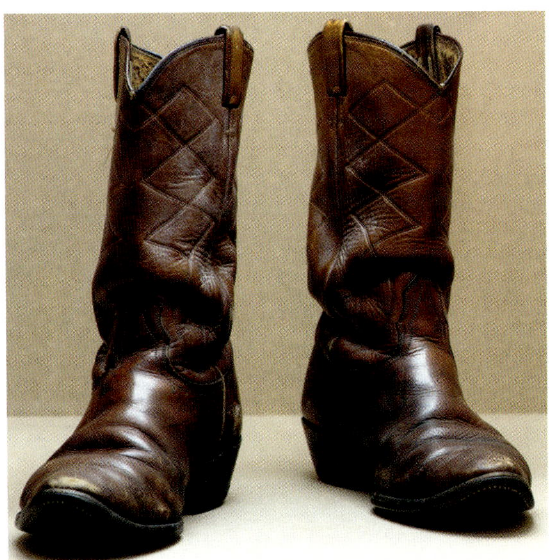

**Stivali da cowboy di Robert De Niro nel ruolo di
Travis Bickle**
Costumista: Ruth Morley
Taxi Driver, 1976

**Cowboy boots for Robert De Niro in his role as
Travis Bickle**
Costume designer: Ruth Morley
Taxi Driver, 1976

Harry Ransom Center, University of Texas at Austin -
Robert De Niro Collection

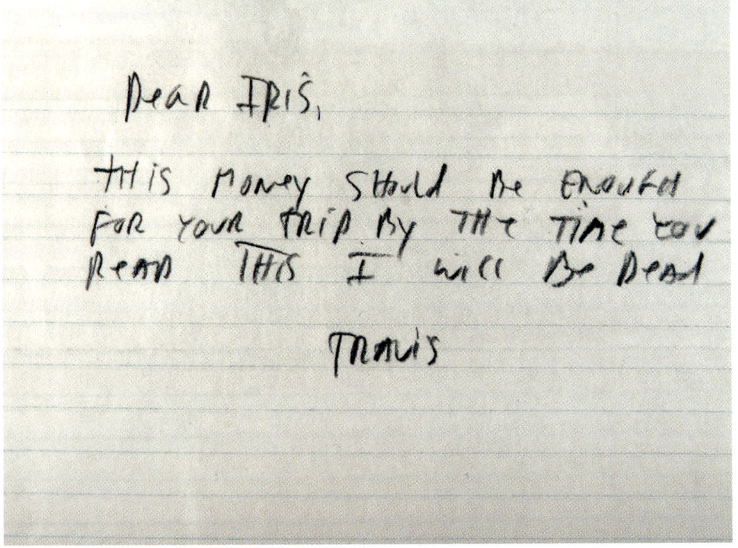

Lettera di Travis a Iris
Materiale di scena
Taxi Driver, 1976

Letter from Travis to Iris
Prop
Taxi Driver, 1976

Martin Scorsese Collection, New York

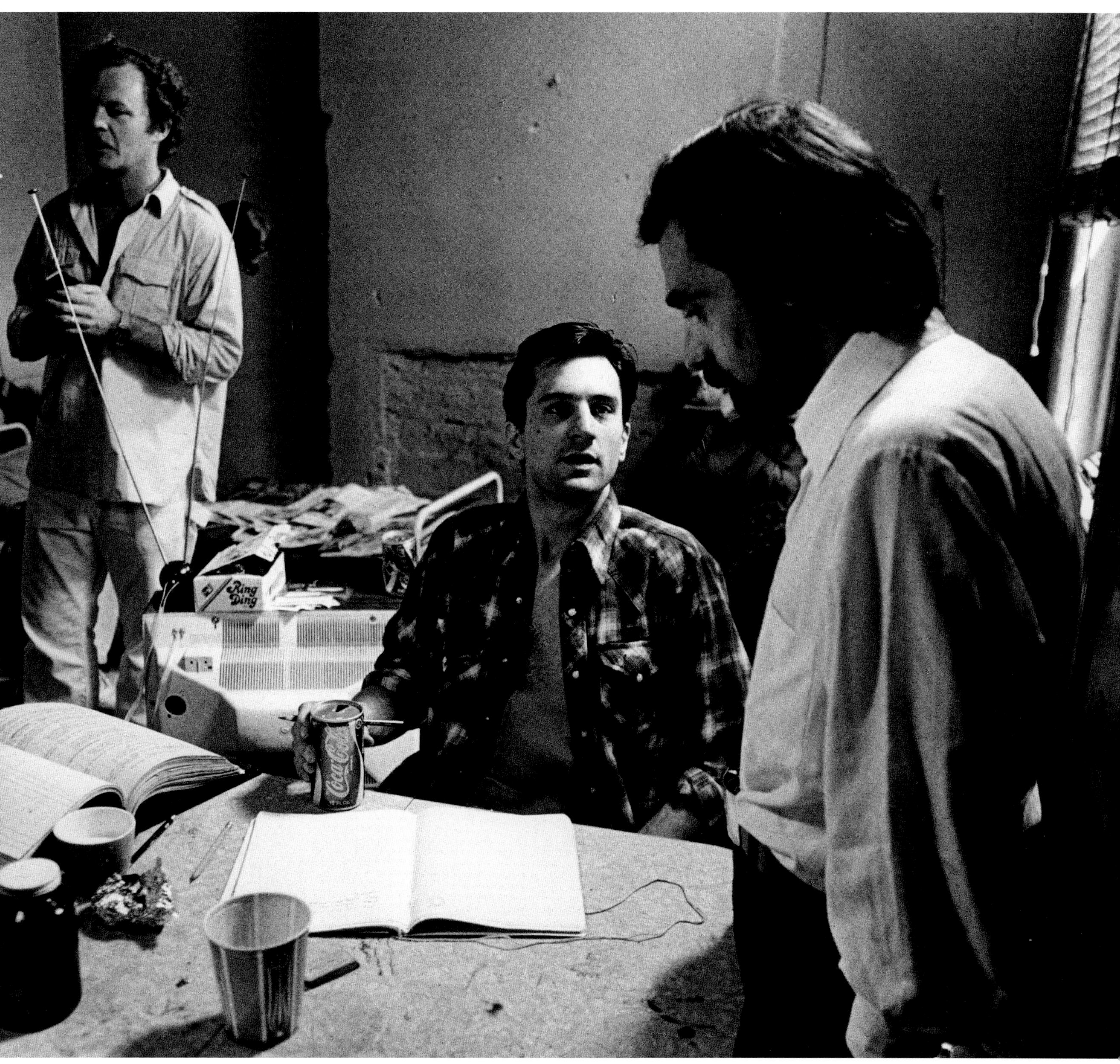

Robert De Niro (Travis Bickle) e Martin Scorsese
Foto sul set
Taxi Driver, 1976

Robert De Niro (Travis Bickle) and Martin Scorsese
Photo on the set
Taxi Driver, 1976

Martin Scorsese Collection, New York

Toro scatenato
Raging Bull

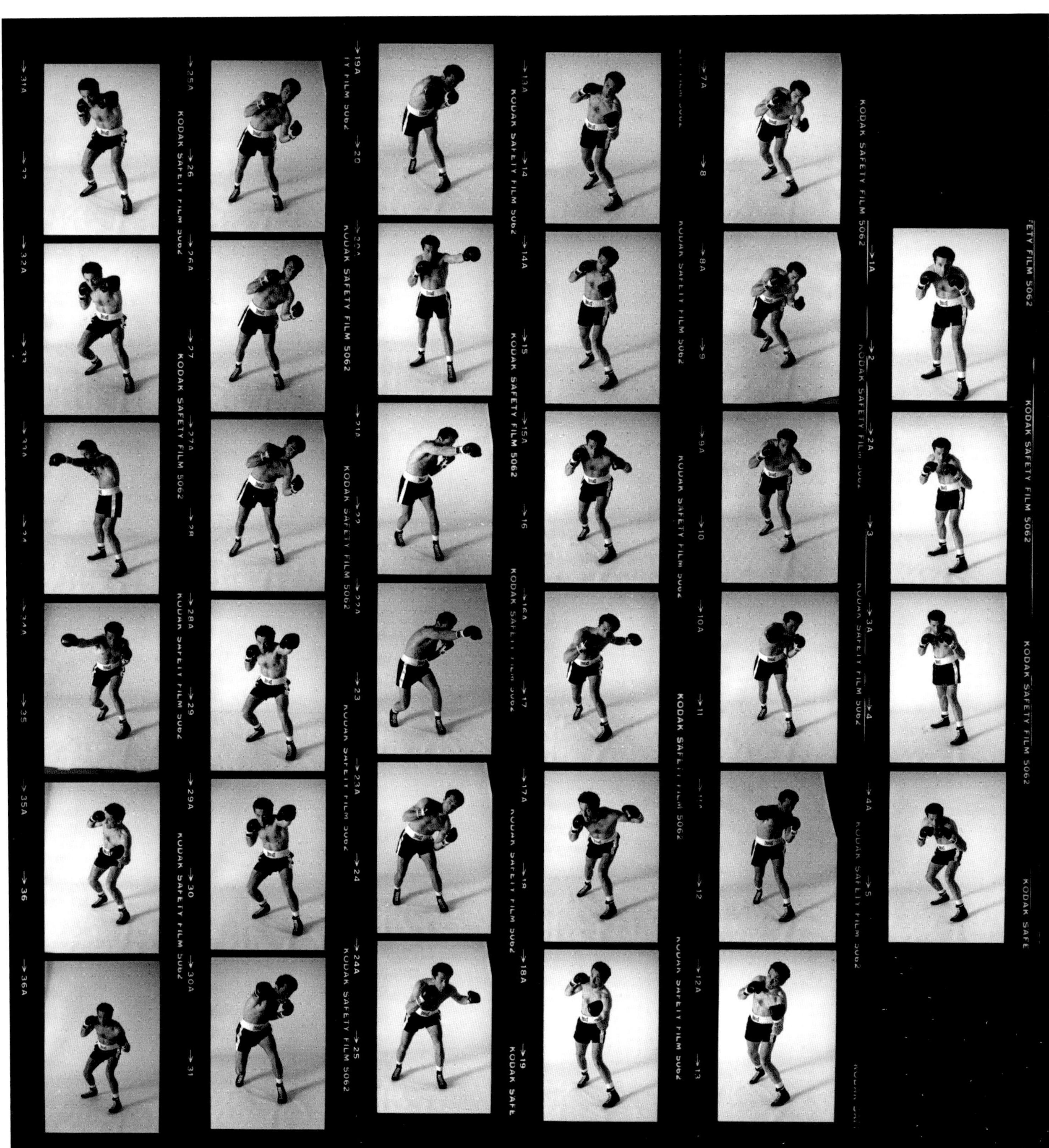

a sinistra / left
Robert De Niro (Jake La Motta)
Provini
Toro scatenato, 1980

Robert De Niro (Jake La Motta)
Tests
Raging Bull, 1980

Martin Scorsese Collection, New York

a destra / right
**Pantaloncini e guantoni da boxe
per Robert De Niro nel ruolo di
Jake La Motta**
Costume di scena di Richard Bruno
Toro scatenato, 1980

**Shorts and boxing gloves for Robert
De Niro in his role as Jake La Motta**
Set costume by Richard Bruno
Raging Bull, 1980

Harry Ransom Center, University of Texas
at Austin - Robert De Niro Collection

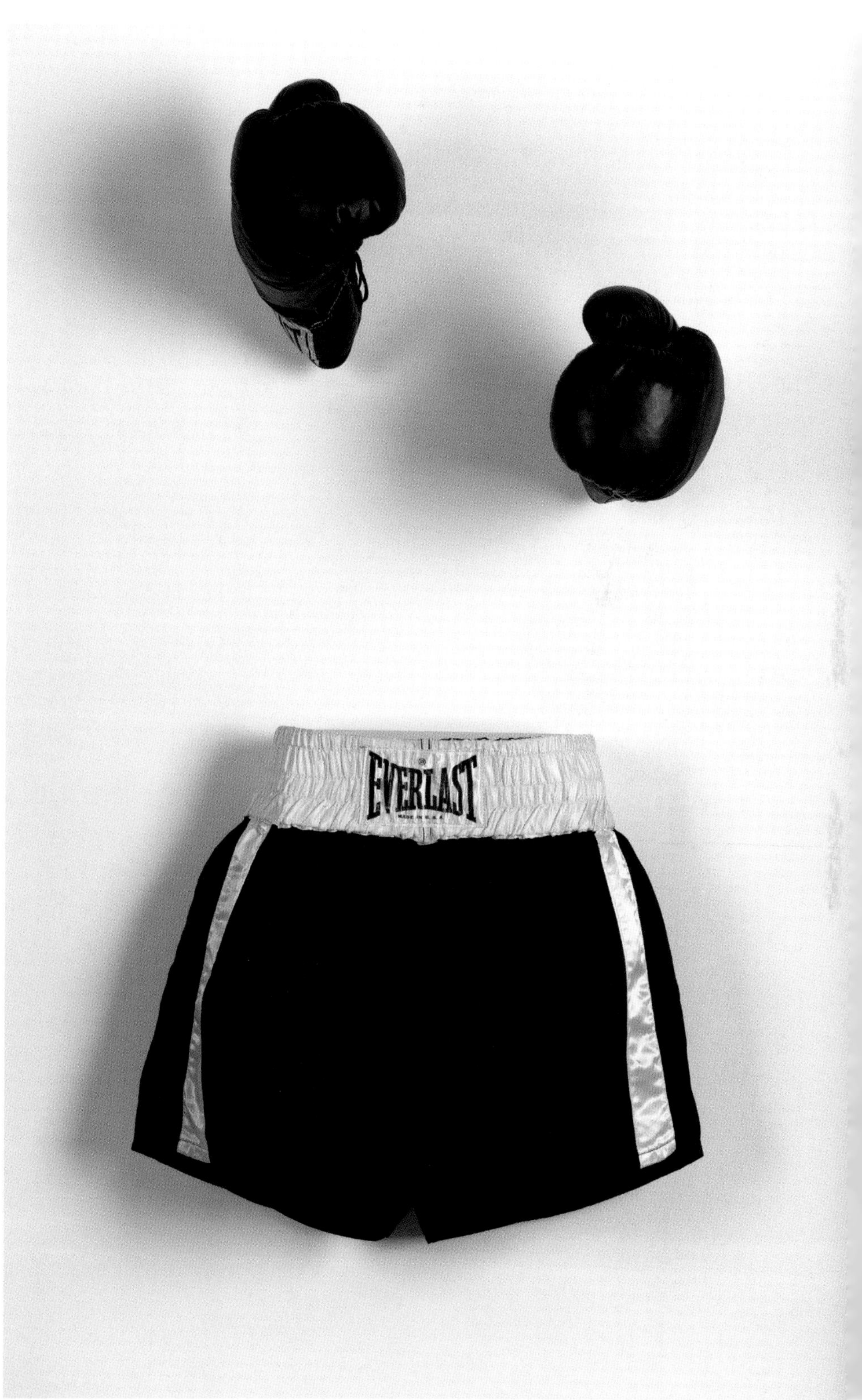

L'assoluzione non viene da Dio

KRISTINA JASPERS, NILS WARNECKE

l giovane Kundun, quattordicesimo Dalai Lama dei tibetani, viene esortato dal suo maestro Ling Rinpoche a spiegare le quattro verità del Buddha. La disputa ruota attorno alla sofferenza, alle sue cause e alla possibilità di superarla. Kundun riflette qualche istante, sprofonda nell'ascolto interiore, quindi, con grande sicurezza e pacatezza, dice che ognuno deve imparare che solitamente ci si provoca sofferenza in modo del tutto inutile, nella vita si dovrebbero cercare i motivi di tale sofferenza e si dovrebbe confidare nel suo superamento, nonché nel riconoscimento del Vero Io. In questo momento il riscatto sembra possibile. Riscatto al quale gli eroi di Scorsese anelano da sempre e che non ottengono in alcun modo. Le cause della sofferenza risiedono nelle proprie emozioni negative. Chi si perdona, può anche trovare pace in armonia con il resto dell'umanità. La remissione non arriva da Dio, ma può venire solo da se stessi. Ed è proprio questo il problema.

Con Dio se la prende già Charlie, alter ego di Martin Scorsese in *Mean Streets,* interpretato da Harvey Keitel. In un dialogo all'interno di Old St. Patrick's Cathedral, a Little Italy, rinfaccia a Dio che le dieci Ave Maria, impostegli dal prete come penitenza, non sono che parole vane. Ciò che conta è la vita che si conduce. San Francesco d'Assisi è il modello di Charlie; non le parole, ma i fatti lo devono distinguere davanti a Dio. Tuttavia egli tradisce i suoi impegni morali: cade nel peccato, viene travolto dalla brama, pecca di egoismo. Da qui scaturisce l'insoddisfazione, la rabbia che si sfoga sugli altri, ad esempio sull'amico Johnny Boy, che però è riferita a se stesso. La rabbia nei confronti della propria inadeguatezza sprona molti eroi di Scorsese. Ne ricercano i motivi nel loro ambiente che nega amore e approvazione, ma alla fine sono loro stessi che non riescono a perdonarsi. J.R. (Harvey Keitel) in

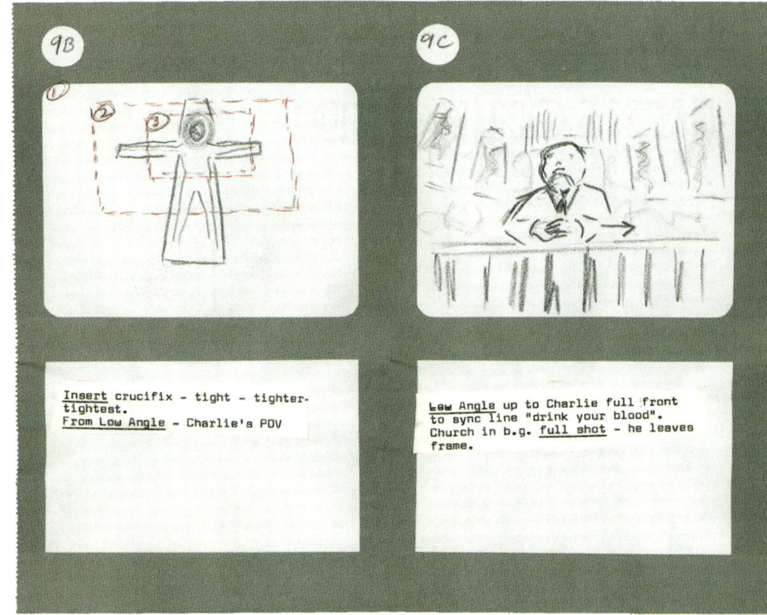

Scena 9: Harvey Keitel (Charlie) in chiesa
Storyboard di Martin Scorsese
Mean Streets - Domenica in chiesa, lunedì all'inferno,
1973

Scene 9: Harvey Keitel (Charlie) in church
Storyboard by Martin Scorsese
Mean Streets, 1973

Martin Scorsese Collection, New York

Chi sta bussando alla mia porta?, Travis Bickle (Robert De Niro) in *Taxi Driver* o Frank Pierce (Nicolas Cage) in *Al di là della vita*, tutti potrebbero essere aiutati, se ascoltassero l'insegnamento del Dalai Lama: questa è l'impressione, se li si riconsidera nell'ottica di *Kundun.*

Molto di questi personaggi ha una motivazione autobiografica. Scorsese, cresciuto in una famiglia di immigrati italiani dai valori cattolici, a soli nove anni voleva diventare prete. A quattordici frequentò il Ca-

Absolution Does Not Come from God

KRISTINA JASPERS, NILS WARNECKE

Young Kundun, the fourteenth Dalai Lama of the Tibetans, is urged by his master Ling Rinpoche to explain Buddha's four truths. The debate revolves around suffering, its causes and the possibility of overcoming it. Kundun reflects for a few moments, he sinks into inner hearkening, then, with great confidence and calm, he says that everybody must learn that usually suffering is inflicted mutually in a totally pointless manner, the reasons for such suffering ought to be researched in life and it should be necessary to confide in its resolution, as well as recognising the True Self. At this moment redemption seems possible. The redemption Scorsese's heroes have forever been craving and which they do not attain in any way. The causes of suffering reside in one's negative emotions. Those who forgive, may even find peace in harmony with the rest of mankind. Absolution does not come from God, but can only come from one's self. And this is the problem itself.

Charlie, Martin Scorsese's alter ego in *Mean Streets*, played by Harvey Keitel, has it in for God already. In a dialogue inside Old St. Patrick's Cathedral, in Little Italy, he reproaches God about the ten Hail Marys imposed on him as penitence by the priest, as they are only words in vain. What counts, is the life one leads. Saint Francis of Assisi is Charlie's model; it is not words, but facts, that are supposed to make him stand out before God. Nevertheless he betrays his moral obligations: he falls into sin, he is overcome by greed, he sins in selfishness. This is where dissatisfaction springs from, that anger vented out on other people, for example on his friend Johnny Boy, but which concerns his own self. Anger about one's inadequacy spurs on many of Scorsese's heroes. They search for reasons within their milieu which denies love and approval, but in the end they are not able to absolve their own selves. J.R. (Harvey Keitel) in *Who's That Knocking at My Door*, Travis Bickle (Robert De Niro) in *Taxi Driver* or Frank Pierce (Nicolas Cage) in *Bringing Out The Dead*, might all be helped, if they listened to the Dalai Lama's teachings: this is the impression, if they are reconsidered from the viewpoint of *Kundun.*

Much within these characters has autobiographical motivations. Brought up in a family of Italian immigrants with Catholic values, when only aged nine Scorsese wished to become a priest. When he was fourteen he attended Cathedral College, a seminary on the Upper West Side, but he was expelled after only one year, as he was absent-minded. He had fallen in love, celibacy daunted him. However, in the ensuing years he still considered studying at the Jesuit University in Fordham, his bad marks were what definitely dissuaded him. In his films he focuses in depth on existential issues. At the end of his film studies, Scorsese planned a trilogy, the first part *Jerusalem, Jerusalem*, remaining unfinished. The director would have liked to represent youths caught between "religious doubts and sexual temptation" in it, merging it all into a modern interpretation of the account of Christ's passion. The link between religious and sexual fantasies was then staged in the two following parts, *Who's That Knocking at My Door* (1967) and *Mean Streets* (1973). In any case, a good twenty years would go by before the rendering on film of the life of Jesus. And even in *The Last Temptation of Christ* (1988) the issue of life as a person – with a wife and children – is juxtaposed against a saintly life, a life dedicated to God, in which one offers oneself as a sacrificial lamb.

Scorsese had already been interested during the 1970s

thedral College, un seminario nella Upper West Side, ma già dopo un anno venne espulso, perché svagato. Si era innamorato, il celibato lo intimoriva. Tuttavia ancora negli anni successivi prese in considerazione l'idea di studiare alla Jesuit University di Fordham, furono i suoi brutti voti a dissuaderlo definitivamente. Nei suoi film approfondisce le questioni esistenziali. Al termine degli studi cinematografici, Scorsese progetta una trilogia, la cui prima parte *Jerusalem, Jerusalem* rimane incompiuta. Il regista avrebbe voluto rappresentarvi i giovani tra "dubbio religioso e tentazioni sessuali", fondendo il tutto in un'interpretazione moderna del racconto della passione di Cristo. Il legame tra fantasie religiose e sessuali viene poi messo in scena nelle due parti successive, *Chi sta bussando alla mia porta?* (1967) e *Mean Streets* (1973). Comunque, prima della trasposizione cinematografica della vita di Gesù, devono trascorrere ancora vent'anni buoni. E anche ne *L'ultima tentazione di Cristo* (1988) la questione della vita come persona – con moglie e figli – si contrappone a una vita votata alla santità, quella dedicata a Dio, cui ci si immola come agnello sacrificale. Scorsese si era occupato del romanzo *The Last Temptation of Christ* di Nikos Kazantzakis già negli anni settanta. Il tentativo dello scrittore greco di esaminare nel profondo il personaggio di Gesù come uomo e di farne emergere la contorta ambivalenza tra essere umano e figura divina aveva affascinato il regista americano che, già nei suoi primi film, si era occupato proprio di questo conflitto tra precetti religiosi e bisogni umani in contrasto con essi. Naturalmente, però, Scorsese aveva incontrato l'immagine di Gesù molti anni addietro. I lontani ricordi delle rappresentazioni di Cristo risalgono alla primissima infanzia. Le sculture e le raffigurazioni della crocifissione a Old St. Patrick's Cathedral, a Little Italy, segnarono la memoria iconografica religiosa del futuro regista. Da ragazzo, tra l'altro, fotografò in chiesa Gesù disteso, tolto dalla croce, una foto che oggi fa parte della collezione privata del regista. La prima pellicola sulla vita di Cristo la vide a undici anni, si trattava del primo film monumentale in Cinemascope, *La tunica* (1953). Scorsese, che del resto fu ispirato proprio dai film a disegnare i suoi primi *storyboard*, rielaborò le immagini viste, riproducendo graficamente la crocifissione di Gesù in

molte varianti. Questa vittima sacrificale, che secondo il regista è un topos esistente da sempre, nascosto però dalla maschera della civiltà, gli ispirò più avanti orge di violenza come la sanguinosa resa dei conti di *Taxi Driver* (1976). Se si osserva lo *storyboard* della scena, balza agli occhi che l'esecuzione del protettore "Sport", interpretato da Harvey Keitel, è immortalata come una crocifissione. La figura abbozzata in pochi tratti reca lineamenti analoghi a quelli di Cristo. Nel momento dell'uccisione spalanca le braccia e cade all'indietro, sfondando un vetro, in posizione di crocifissione. Nel film chiaramente questi istanti sono meno elaborati. Trent'anni dopo Scorsese si serve di nuovo di quest'idea di messa in scena carica di simbolismo religioso in *The Departed* (2006) e, dopo che Jack Nicholson è colpito a morte da Matt Damon, lo fa sprofondare all'indietro con le braccia spalancate in posizione di crocifissione, mostrandocelo con una lunga ripresa dall'alto. Comunque già nei film degli esordi, ambientati a Little Italy, il Gesù crocifisso influisce profondamente su una rappresentazione carica di valori simbolici. In una lunga scena di sesso di *Chi sta bussando alla mia porta?* (1967) si vede Harvey Keitel sdraiato sul letto in posizione di crocifissione con le braccia aperte distese, lo stesso motivo si ripete in *Mean Streets* (1973). Sono entrambi momenti di simbolismo molto intenso: il peccatore, mosso dai piaceri della carne, assume l'atteggiamento della vittima sacrificale, mentre sta ancora consumando il peccato. Non stupisce quindi che Scorsese già allora fosse affascinato dal romanzo di Kazantzakis. Nelle scene che si svolgono in chiesa trova posto, in entrambi i film, l'iconografia completa di Old St. Patrick's Cathedral, su cui si basa il chiaro riferimento autobiografico. Prima che Scorsese nel 1987 filmasse in Marocco la sua versione della crocifissione del Salvatore con le riprese de *L'ultima tentazione di Cristo* (1988), aveva già fatto crocifiggere a un vagone ferroviario il furfante e ribelle Big Bill Shelley (David Carradine) nel 1972 in *America 1929: sterminateli senza pietà*. Trent'anni dopo, in *Gangs of New York* (2002), Scorsese sembra quasi abbondare nell'uso di quest'immagine, incatenando più volte ai lampioni a gas, in posizione di crocifissione, protagonisti torturati o uccisi, oppure infilzandoli su recinzioni in ferro battuto. Per la scena

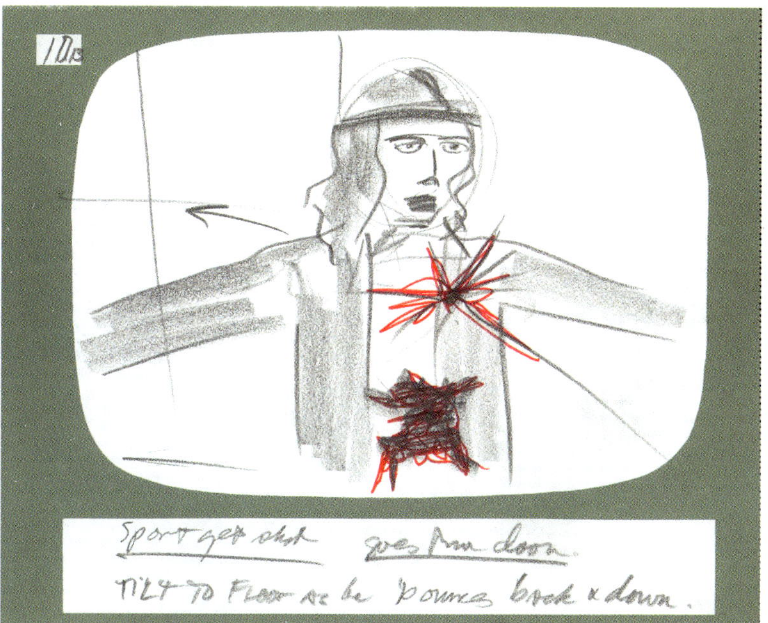

Harvey Keitel (Sport)
Storyboard di Martin Scorsese
Taxi Driver, 1976
Martin Scorsese Collection, New York

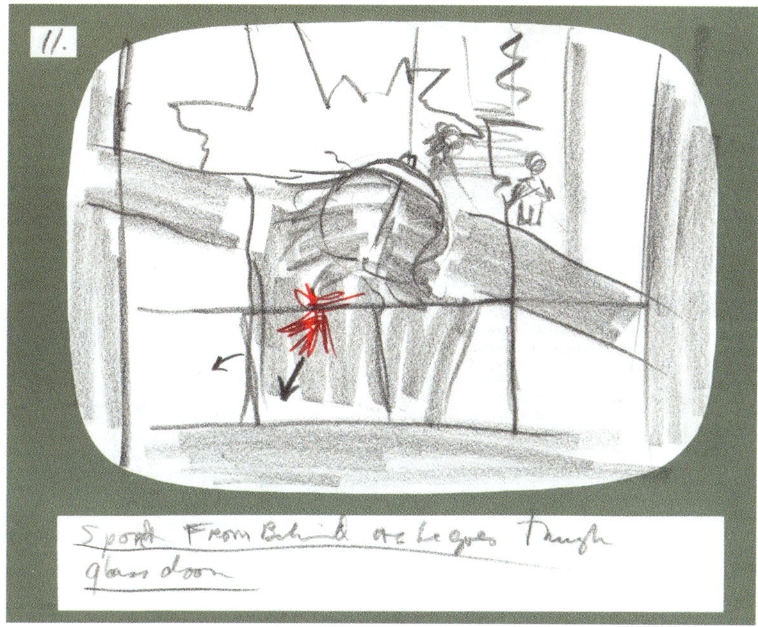

Harvey Keitel (Sport)
Storyboard by Martin Scorsese
Taxi Driver, 1976
Martin Scorsese Collection, New York

in the novel *The Last Temptation of Christ* by Nikos Kazantzakis. The Greek writer's effort to examine the character of Jesus in depth as a man and make the contorted ambivalence between the human being and the divine figure emerge had fascinated the American filmmaker, who had already dealt in his first films exactly with this conflict between religious precepts and the human needs in contrast with them. Naturally, though, Scorsese had been acquainted with the figure of Jesus many years before then. His remote memories of depictions of the Christ go back to very early childhood. The sculptures and representations of the crucifixion at Old St. Patrick's Cathedral, in Little Italy, left their mark on the visual memory of the future director. Among other things, he photographed Jesus lying down in church, off his cross, when he was a boy, a photo now part of the director's private collection. The first film on the life of Christ he saw at the age of eleven, was the first monumental film in Cinemascope, *The Robe* (1953). Scorsese, who had actually been inspired by the film to draw his first storyboards, re-elaborated the pictures he saw, reproducing Jesus' crucifixion graphically with many vari-

ations. This sacrificial victim, who is a topic that has always existed according to the director, albeit hidden by the mask of civilization, inspired him later on with orgies of violence such as the bloody reckoning in *Taxi Driver* (1976). If the storyboard of this scene is observed, it is evident that the execution of "Sport" the pimp, played by Harvey Keitel, has been immortalised as a crucifixion. The figure sketched with a few strokes shows features similar to Christ's. At the moment of his murder, he opens his arms and falls backwards, crashing into glass, in a crucifixion position. Such instants are clearly less elaborated in the film. Thirty years later Scorsese would again use this mise-en-scène idea charged with symbolism in *The Departed* (2006), and after Jack Nicholson is struck to death by Matt Damon, he makes him sink backwards with his arms wide open in a crucifixion position, showing him to us with a long shot from above. However, crucified Jesus has a strong influence on a depiction charged with symbolic values already in his debut films, set in Little Italy. In a long sex scene in *Who's That Knocking at My Door* (1967) Harvey Keitel may be seen lying in bed in a crucifixion position with

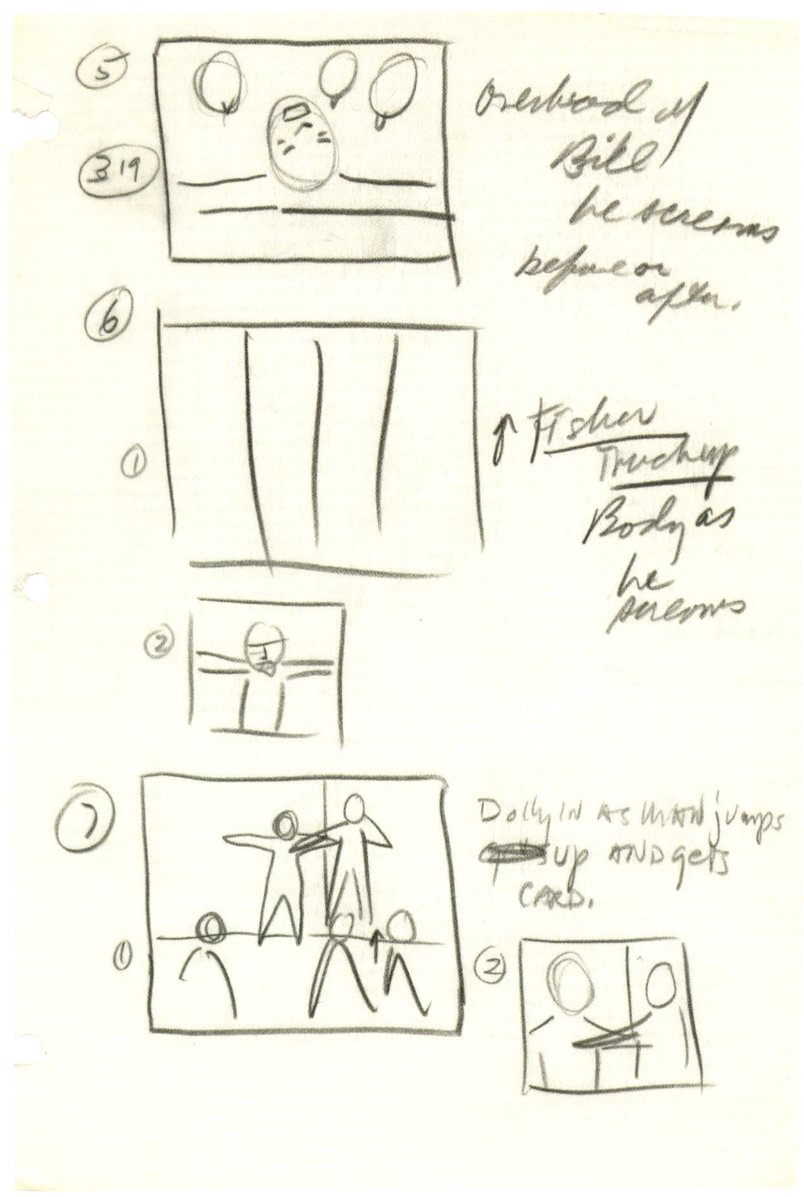

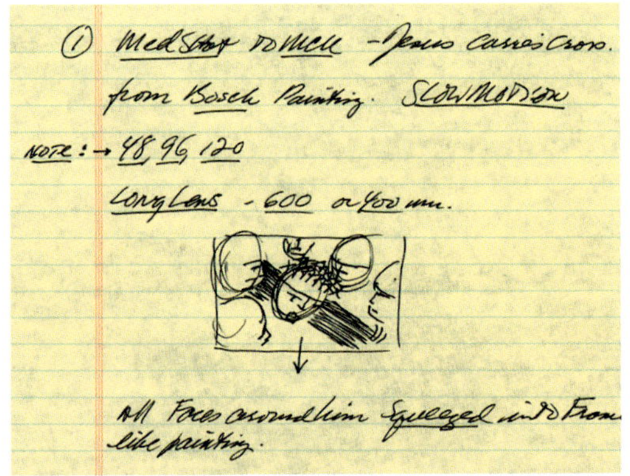

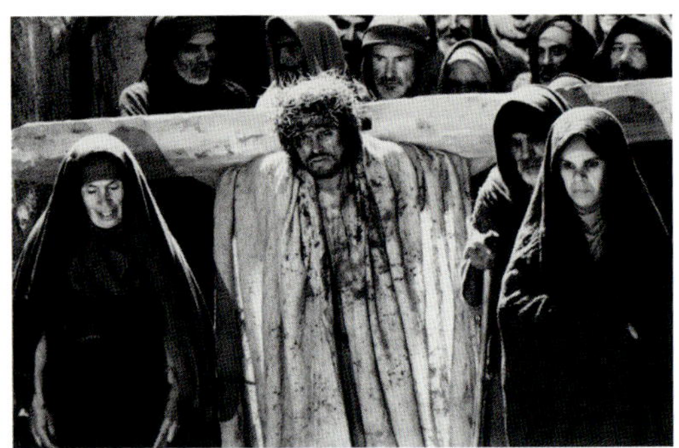

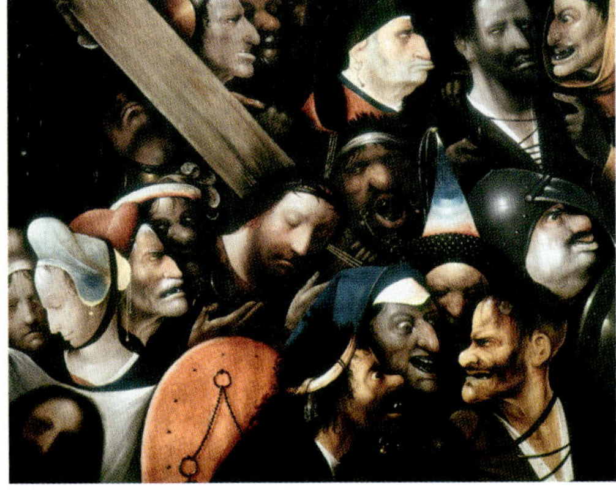

Scena della crocifissione
Storyboard di Martin Scorsese
America 1929: sterminateli senza pietà, 1972

Crucifixion scene
Storyboard by Martin Scorsese
Boxcar Bertha, 1972

Martin Scorsese Collection, New York

Scena 68: Gesù porta la croce
Note di ripresa di Martin Scorsese
L'ultima tentazione di Cristo, 1988
Per questa inquadratura Martin Scorsese si è ispirato
al dipinto di Hieronymus Bosch "Salita al Calvario"
(1515-1516).

Scene 68: Jesus bearing the cross
Shooting notes by Martin Scorsese
The Last Temptation of Christ, 1988
For this frame Martin Scorsese was inspired by Hie-
ronymus Bosch's "Christ carrying the Cross" (1515-16).

Martin Scorsese Collection, New York

his arms lying open, the same motif is repeated in *Mean Streets* (1973). They are both moments of very intense symbolism: moved by carnal pleasures, the sinner assumes a sacrificial victim's attitude, while he is still consuming his sin. So it is not surprising that Scorsese was already fascinated, even then, by Kazantsakis' novel. In the scenes taking place in church the complete imagery of Old St. Patrick's Cathedral, on which clear autobiographical references are based, has its place in both films. Before Scorsese filmed his version of the Saviour's crucifixion in Morocco in 1987 with his shots for *The Last Temptation of Christ* (1988), he had already had the rogue and rebel Big Bill Shelley (David Carradine) crucified to a train carriage in 1972 in *Boxcar Bertha*. Thirty years later, in *Gangs of New York* (2002), Scorsese would almost overwork this image, often chaining tortured or murdered characters to the gas lanterns in a crucifixion position, or impaling them on iron spiked fencing. For the actual crucifixion scene, in which Willem Dafoe in *The Last Temptation of Christ* dies after a long and bloody martyrdom, Scorsese traces a vast system of historic, cultural and artistic references. For the Way of the Cross, he uses the "Christ carrying the Cross" of Ghent by Hieronymus Bosch as a visual model. In an emphasized slow-motion, filmed with a medium long shot, Jesus is bent down by the wooden cross and finds himself surrounded by a group of thugs with evil eyes. Finally, obsessed by authenticity, the director readapts the crucifixion following a true reconstruction based on archaeological research and datable to the time before Christ's birth. This is why Dafoe is seen hanging on the cross completely naked with his legs bent and why, for this same reason, small blocks of wood are placed on his wrists, before hammering in the long nails. Scorsese varies the classic frontal vision of the man on the cross, putting Dafoe sideways in a medium long shot and rotating the camera by 90°.

This moment creates uncertainty in the spectator and makes him reflect on previous film recreations from the Bible and on the Italo-American filmmaker's effort to steer consciously within this genealogy.

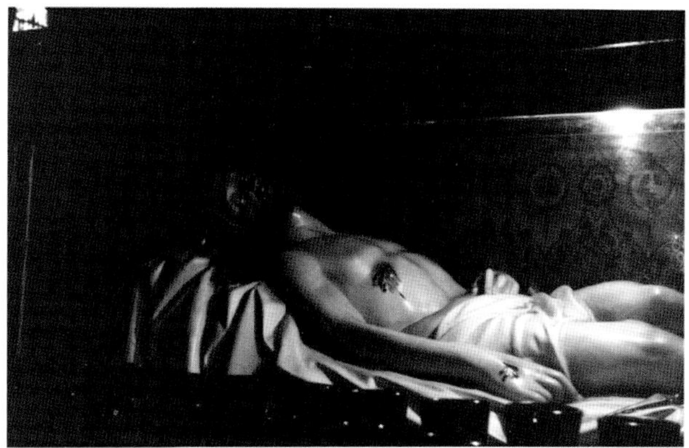

Il corpo di Cristo
Old St. Patrick's Cathedral
Foto privata realizzata da Martin Scorsese, 1961 ca.

The corps of Christ
Old St. Patrick's Cathedral
Private photo taken by Martin Scorsese, ca. 1961

Martin Scorsese Collection, New York

In order to better understand Scorsese, this enthusiast of cinema, he must be heard talking about other directors. He, who has studied his colleagues' works like nobody else did, always shows his perspective on the world and on art in his descriptions. In 1992, in an eulogy about Michelangelo Antonioni, he described him as a "poet of our changing world, a painter of our emotional labyrinth." Antonioni's vision is spiritual and existential. After seeing *L'avventura* (1960) by Antonioni, he felt "the hand of a great, contemporary artist leading me on a journey through emotional landscapes, portraying the moral vacuum of our times." Scorsese's films are supported by an analogous awareness, he would like to offer a direction in the moral vacuum of our times. A religious and spiritual quest is something which may be felt even in his more violent work.

This essay was first published in German in the magazine *film-dienst*, no. 07/2013.

della crocifissione vera e propria, in cui Willem Dafoe ne *L'ultima tentazione di Cristo* muore dopo un lungo e sanguinoso martirio, Scorsese delinea un vasto sistema di riferimenti storico-culturali e artistici. Per la Via Crucis si serve come modello iconografico della "Salita al Calvario" di Hieronymus Bosch di Gand. In un rallenty accentuato Gesù piegato dal legno della croce, ripreso in campo medio, si trova circondato da un gruppo di ceffi dagli sguardi malvagi. Infine, il regista, ossessionato dall'autenticità, riadatta la crocifissione a una ricostruzione autentica basata su indagini archeologiche e riconducibile ai tempi antecedenti alla nascita di Cristo. Per questo si vede Dafoe appeso alla croce completamente nudo con le gambe flesse e per lo stesso motivo sui polsi vengono messi dei piccoli pezzi di legno, prima di configgervi i lunghi chiodi. Scorsese varia la classica visione frontale dell'uomo sulla croce, mettendo Dafoe di lato in campo medio e ruotando la cinepresa di 90°.

Questo momento crea incertezza nello spettatore e lo fa riflettere sui precedenti rifacimenti basati sulla Bibbia e sullo sforzo del cineasta italoamericano di orientarsi in modo consapevole in questa genealogia.

Per capire più da vicino Scorsese, questo entusiasta di cinema, lo si deve sentir parlare di altri registi. Lui, che ha studiato le opere dei colleghi come nessun altro, nelle sue descrizioni palesa sempre anche la sua prospettiva sul mondo e sull'arte. Nel 1992, in un discorso di encomio su Michelangelo Antonioni, lo descrisse come "un poeta del nostro mondo in mutamento, un pittore del nostro labirinto emotivo". La visione di Antonioni è spirituale ed esistenziale. Dopo aver visto *L'avventura* (1960) di Antonioni, sentì "la mano di un grande artista contemporaneo, che mi guidava in un viaggio attraverso paesaggi emotivi, ritraendo il vuoto morale dei nostri tempi". I film di Scorsese sono sostenuti da una consapevolezza analoga, egli vorrebbe offrire un orientamento nel vuoto morale dei nostri tempi. La ricerca religiosa e spirituale è ciò che si avverte anche nelle sue opere più violente.

Questo saggio è stato pubblicato per la prima volta in tedesco nella rivista *film-dienst*, n. 07/2013.

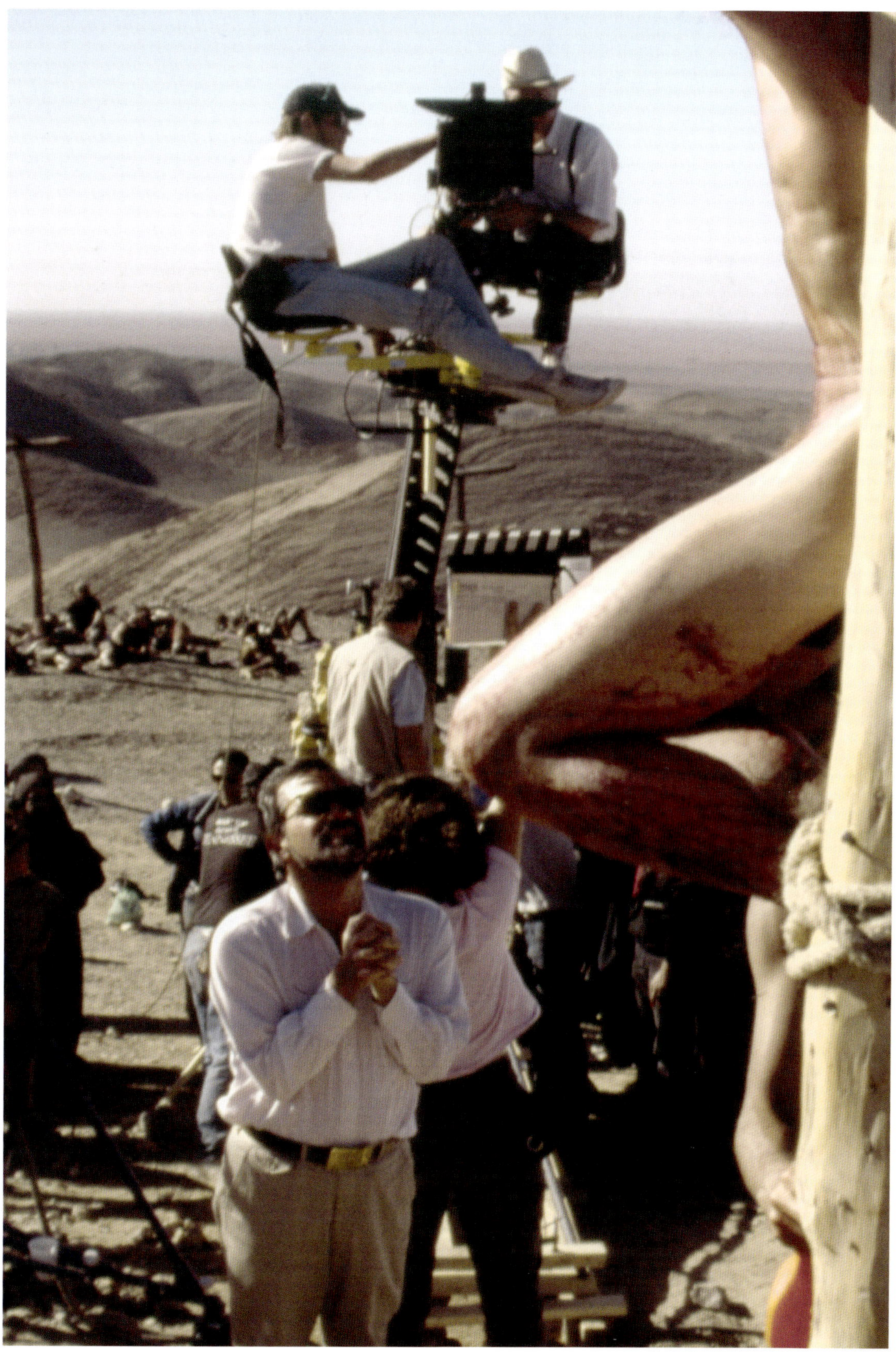

**Martin Scorsese,
Michael Ballhaus e
Willem Dafoe in
Marocco**
Foto sul set
*L'ultima tentazione
di Cristo*, 1988

**Martin Scorsese,
Michael Ballhaus and
Willem Dafoe in
Morocco**
Photo on the set
*The Last Temptation
of Christ*, 1988

Martin Scorsese Collection,
New York

ABSOLUTION DOES NOT COME FROM GOD

NEW YORK

Nel 1950 la famiglia Scorsese si trasferisce dal Queens a Little Italy, in Elizabeth Street 253. Martin, affetto da asma, trascorre molto tempo in casa, seguendo la vita della strada dalla finestra. È così che si interessa molto precocemente all'intreccio conflittuale fra i valori morali della chiesa cattolica e le leggi del mondo malavitoso di New York. Nel 1960 intraprende un corso di studi cinematografici nel vicino Washington Square College (successivamente New York University), dove il suo insegnante, Haig Manoogian, gli consiglia di ambientare i suoi film proprio in quel contesto. E infatti l'opera di esordio di Scorsese, *Chi sta bussando alla mia porta?* (1967), si svolge attorno a Elizabeth Street. Solo di rado il regista punta l'obiettivo della cinepresa oltre la città – ad esempio per riprese spettacolari di skyline – solitamente la macchina da presa si muove invece con i protagonisti nelle strade e negli interni del quartiere. *Taxi Driver* (1976), il film più famoso di Scorsese ambientato a New York, mostra, attraverso gli occhi dell'eroe Travis Bickle (Robert De Niro), le zone intorno a Times Square, al centro di Manhattan, ancora infestate all'epoca da droga e prostituzione. In produzioni successive, come *L'età dell'innocenza* (1993) o *Gangs of New York* (2002), Scorsese si concentra sulla storia della città nel XIX secolo, ricreando la New York storica con grandiose ricostruzioni in studio o in location dal sapore autentico al di fuori di Manhattan. Insieme a Woody Allen, Scorsese, di cui anche l'ultimo film *Il lupo di Wall Street* si svolge nella metropoli, è diventato in questi decenni uno dei cronisti principali di New York.

The Scorsese family moved from Queens to 253 Elizabeth Street in Little Italy in 1950. Martin, suffering from an asthma condition, spent much time at home; he followed life on the street from the window. He soon recognized and concerned himself with the conflict between the moral values of the Roman Catholic Church and rules and codes of the local gangsters or crime families. In 1960, he took up film studies at the neighboring Washington Square College (later New York University), where his teacher Haig Manoogian advised him to ground his films precisely in this environment. Scorsese's graduation film, *Who's That Knocking at My Door* (1967), was made around Elizabeth Street as a result. The director rarely turns the view of the camera towards the rest of the city outside – to spectacular images of the skyline, for example – instead, it mostly moves along with the protagonists through the streets and the interiors in the neighborhood. Through the eyes of the hero Travis Bickle (Robert De Niro), Scorsese's most famous New York film, *Taxi Driver* (1976), shows the area around Times Square in Midtown Manhattan, still characterized by drugs and prostitution at that time. In later films, such as *The Age of Innocence* (1993) and *Gangs of New York* (2002), Scorsese turned to the city's history in the 19th century, recreating the historical New York with extensive studio buildings or at authentic-looking locations outside Manhattan. Alongside Woody Allen, Scorsese – whose current film *The Wolf of Wall Street* is also set in the metropolis – has become one of the most important chroniclers of New York over the past decades.

L'età dell'innocenza
The Age of Innocence

Salone dell'alta borghesia
Foto del set
Scenografo: Dante Ferretti
L'età dell'innocenza, 1993

Upper-class salon
Photos of the set
Production Design: Dante Ferretti
The Age of Innocence, 1993

Martin Scorsese Collection,
New York

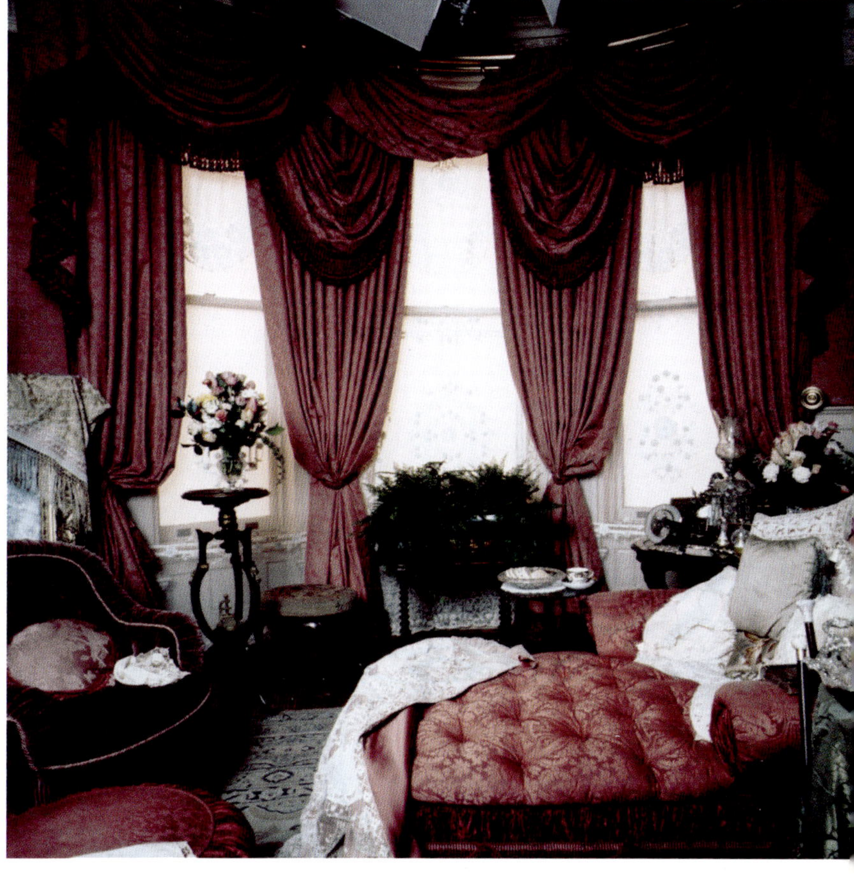

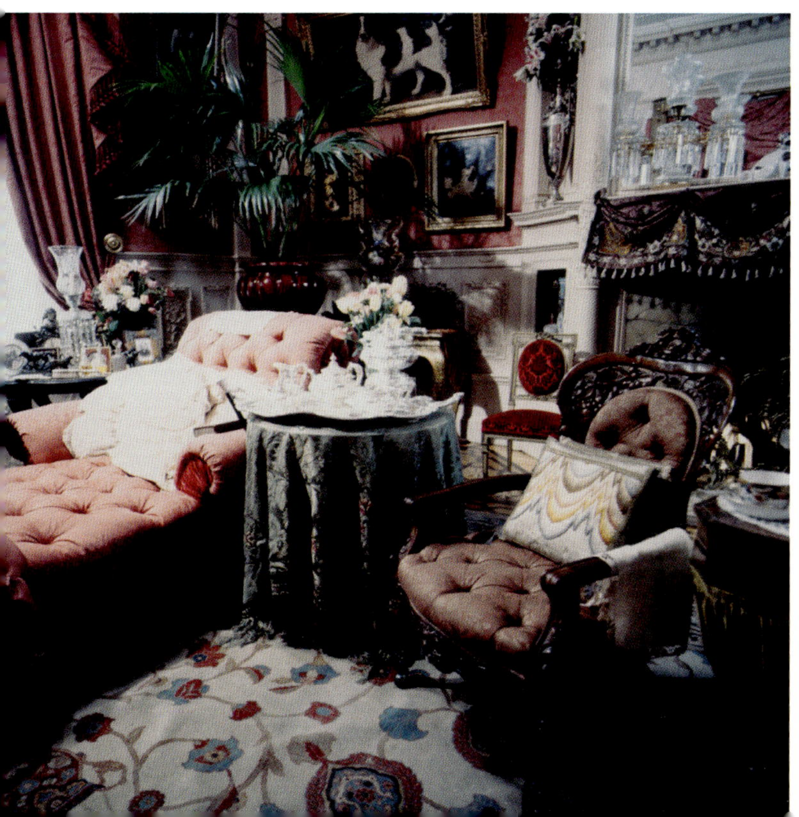

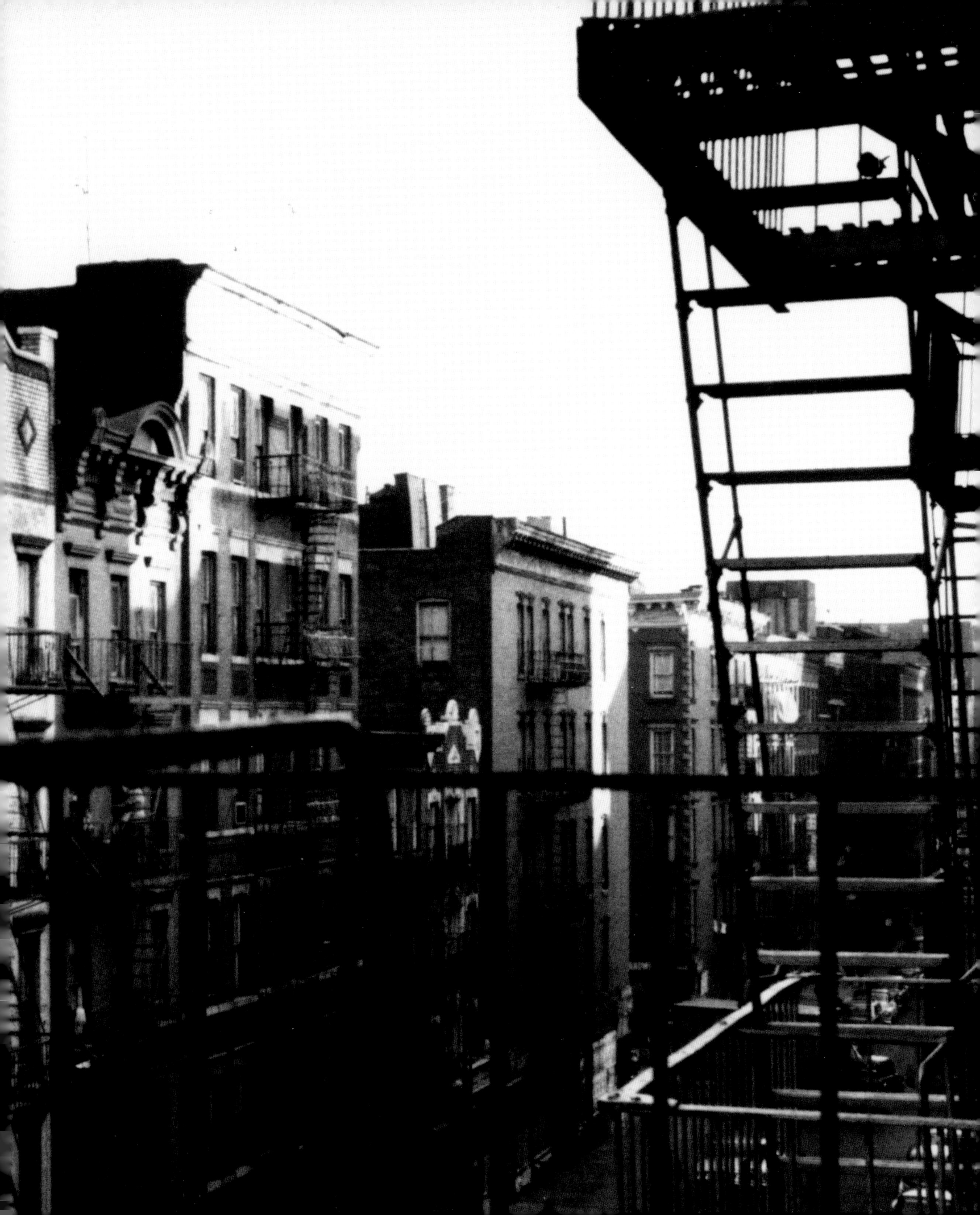

A un certo punto ho deciso che avrei cercato di diventare un
fotografo e di scattare delle immagini. Non ero molto in gamba.
E tuttora non sono molto bravo con la luce, perché crescendo
non ne ho vista molta nel nostro appartamento. La mia famiglia
viveva al terzo piano nella parte anteriore dell'edificio. Mi rendevo
giusto conto di quand'era giorno. Ed ero in grado di capire quando
pioveva. Tutto qua.
In ogni caso, le prime fotografie che ho scattato erano fatte dal
mio punto di osservazione al terzo piano di fronte alla scala
anti-incendio. Ne ho viste un bel po' da quella scala anti-incendio.
A volte ci abbiamo anche dormito quando faceva caldo, d'estate,
quando si tenevano festival in strada e quel genere di cose.

At some point I decided I would try to become a photographer and
take some pictures. I wasn't very good. And I'm still not very good
with light because growing up I didn't see very much light in our
apartment. My family lived on the third floor in the front of the
building. I could tell when it was day. And I could tell when it was
raining. That's it.
In any event, the first pictures I took were from my vantage point
from the third floor front fire escape. I saw a lot from that fire
escape. We even slept on it sometimes in the heat, during the
summer when they had street festivals and that sort of thing.

Martin Scorsese

Little Italy, New York
Elizabeth Street
Foto privata realizzata da Martin Scorsese, 1961 ca.

Little Italy, New York
Elizabeth Street
Private photo taken by Martin Scorsese, ca. 1961

Martin Scorsese Collection, New York

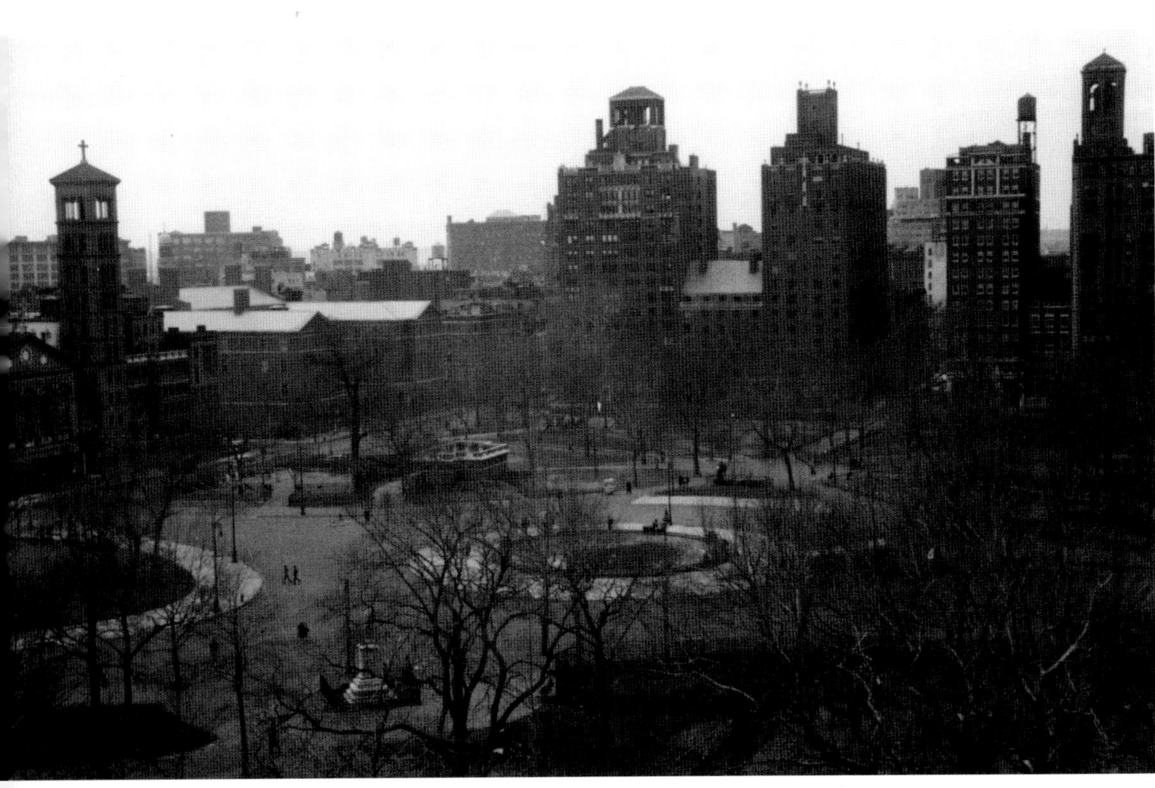

Greenwich Village, New York
Washington Square Park
Foto privata realizzata da Martin
Scorsese, 1961 ca.

Greenwich Village, New York
Washington Square Park
Private photo taken by Martin Scorsese,
ca. 1961

Martin Scorsese Collection, New York

Little Italy, New York
Cimitero di Old St. Patrick's Cathedral,
Mulberry Street
Foto privata realizzata da Martin
Scorsese, 1961 ca.

Little Italy, New York
Old St. Patrick's Cathedral Cemetery,
Mulberry Street
Private photo taken by Martin Scorsese,
ca. 1961

Martin Scorsese Collection, New York

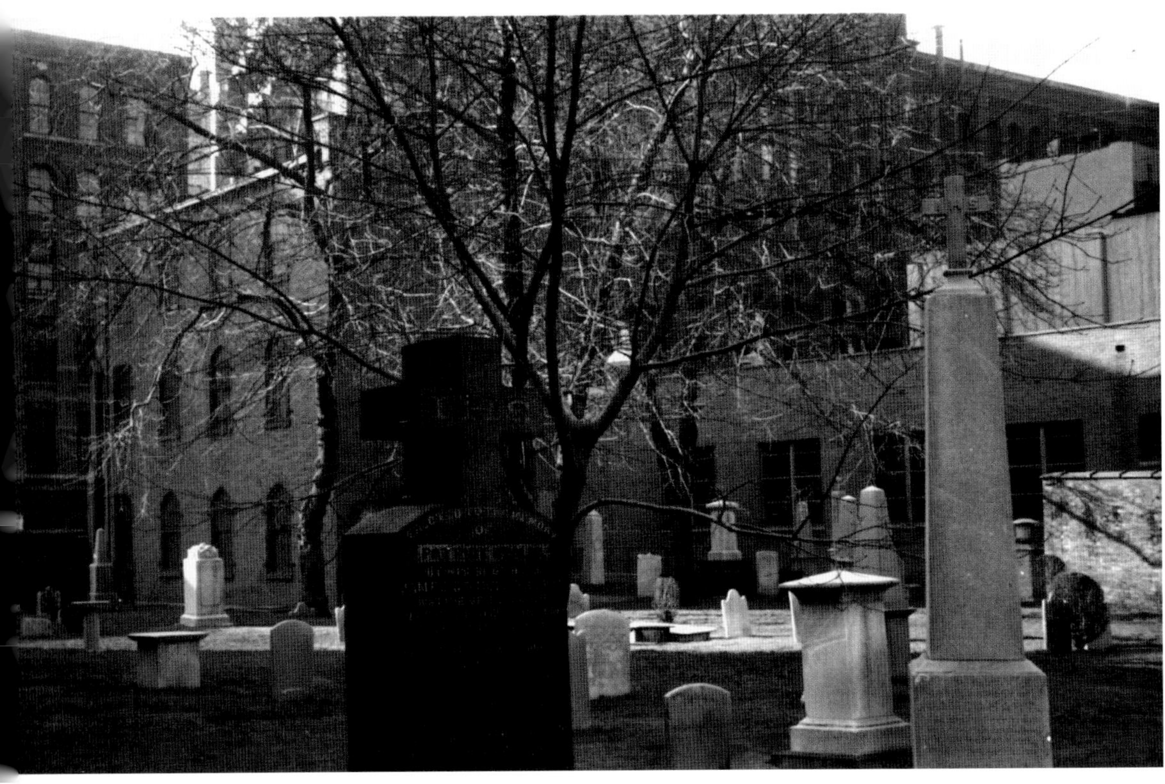

Little Italy, New York
Elizabeth Street
Foto privata realizzata da Martin
Scorsese, 1961 ca.

Little Italy, New York
Elizabeth Street
Private photo taken by Martin Scorsese,
ca. 1961

Martin Scorsese Collection, New York

Little Italy, New York
East Houston Street in direzione ovest
Foto privata realizzata da Martin
Scorsese, 1961 ca.

Little Italy, New York
East Houston Street looking West
Private photo taken by Martin Scorsese,
ca. 1961

Martin Scorsese Collection, New York

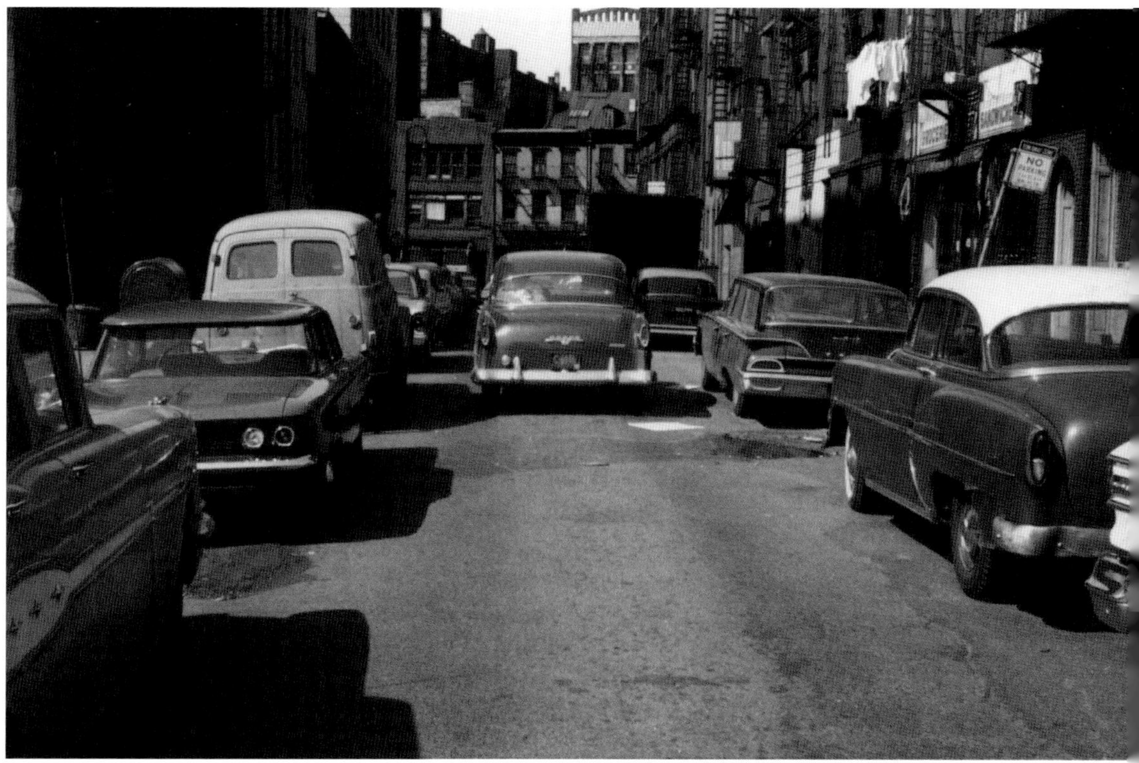

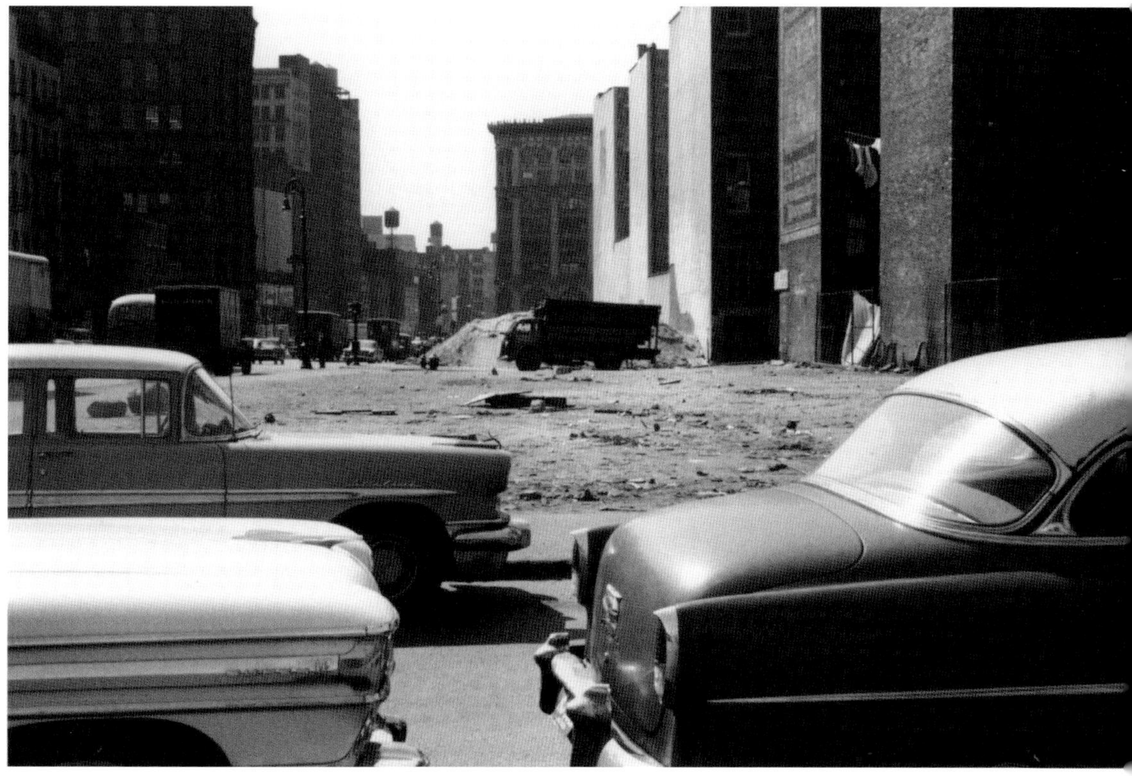

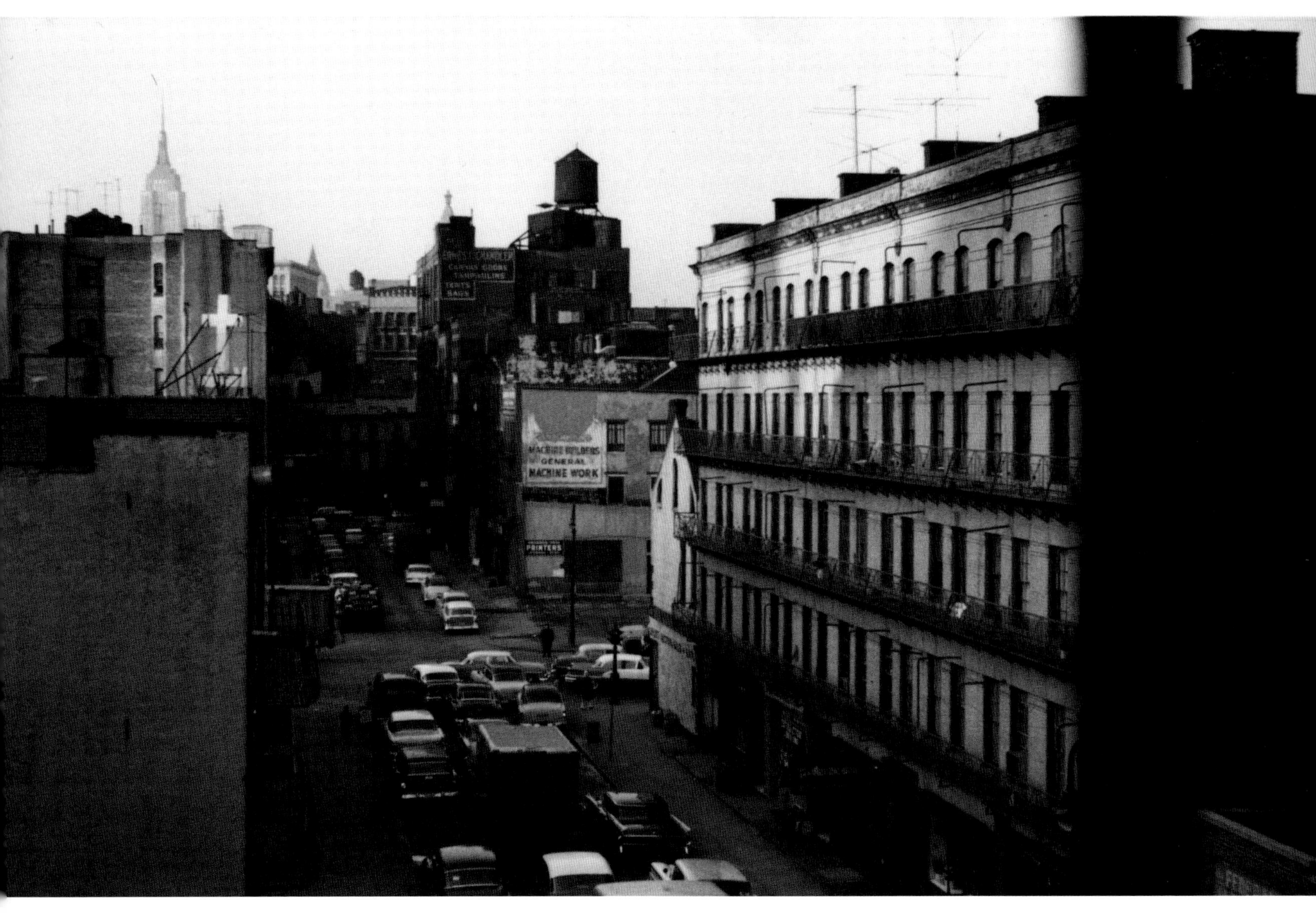

Little Italy, New York
Elizabeth Street
Foto privata realizzata da Martin Scorsese,
1961 ca.

Little Italy, New York
Elizabeth Street
Private photo taken by Martin Scorsese,
ca. 1961

Martin Scorsese Collection, New York

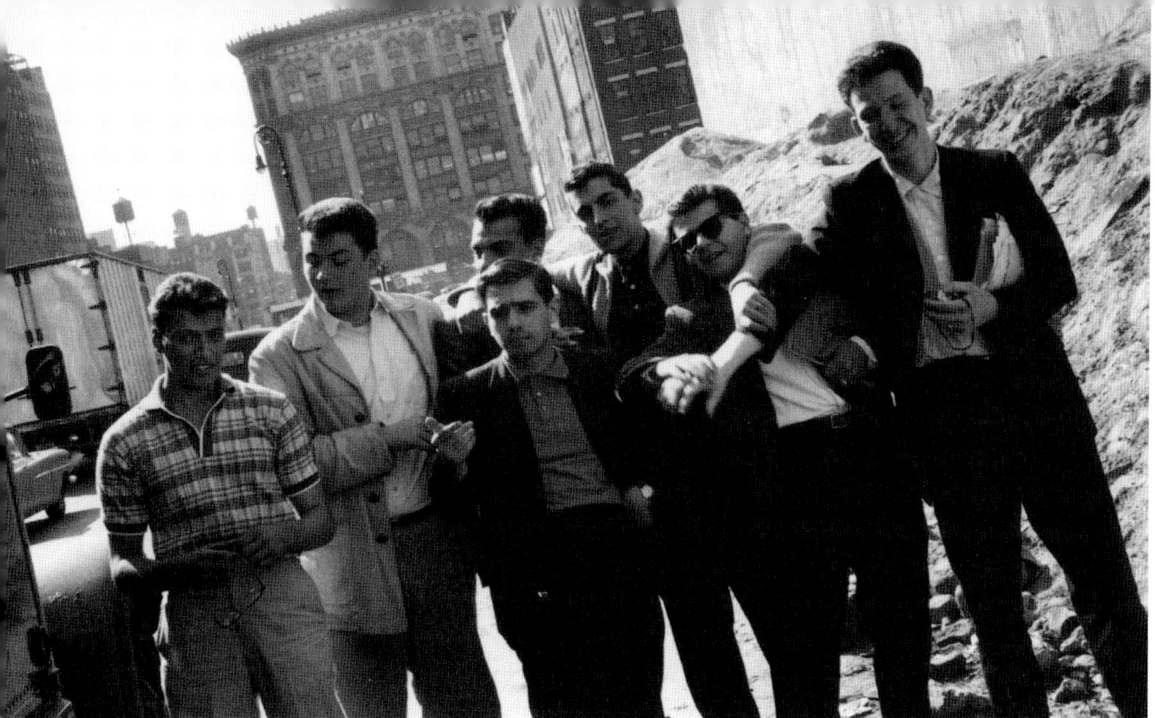

Little Italy, New York
Martin Scorsese con amici
Foto privata, 1961 ca.

Little Italy, New York
Martin Scorsese with friends
Private photo, ca. 1961

Martin Scorsese Collection, New York

Little Italy, New York
Elizabeth Street
Foto privata realizzata da Martin Scorsese,
1961 ca.

Little Italy, New York
Elizabeth Street
Private photo taken by Martin Scorsese,
ca. 1961

Martin Scorsese Collection, New York

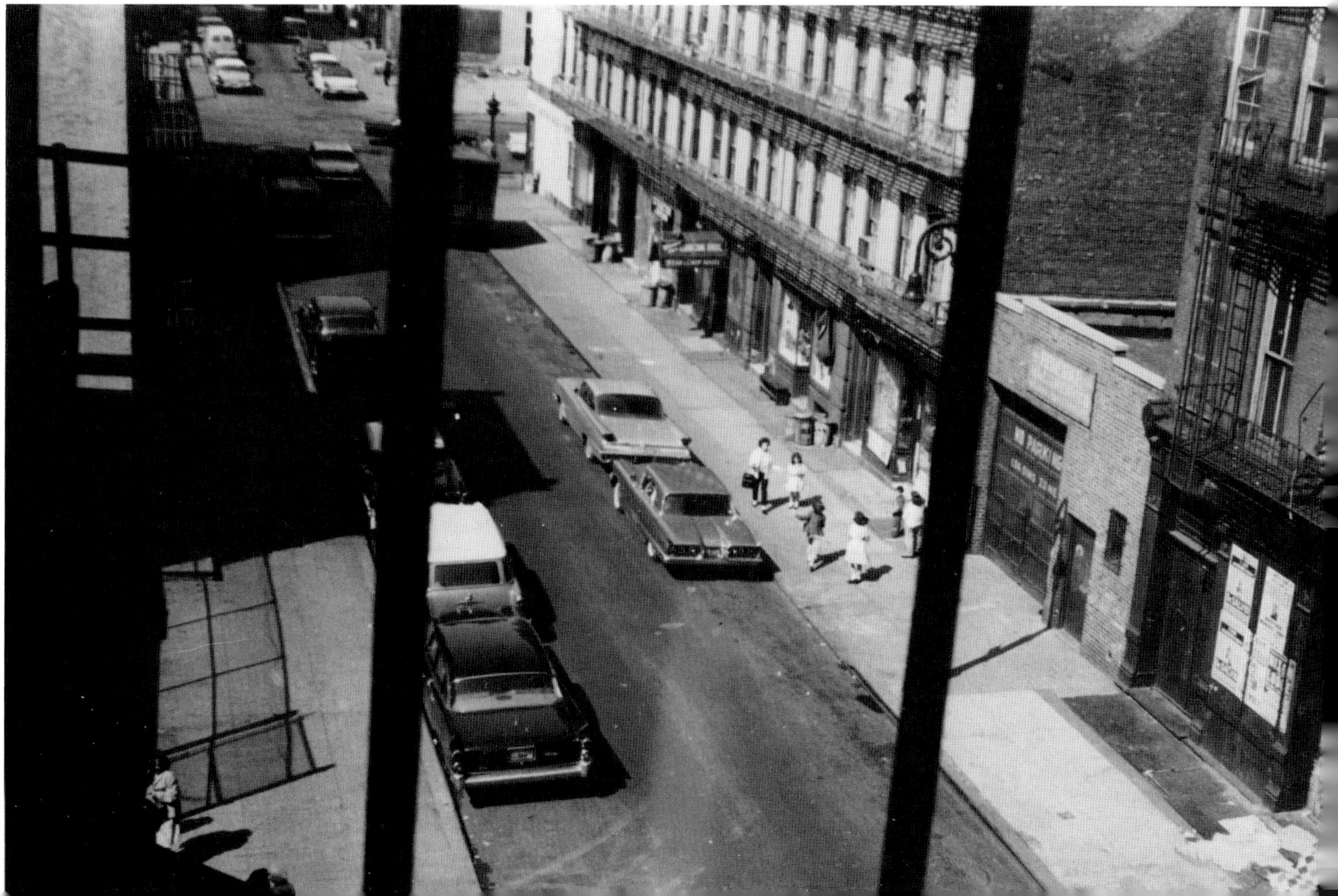

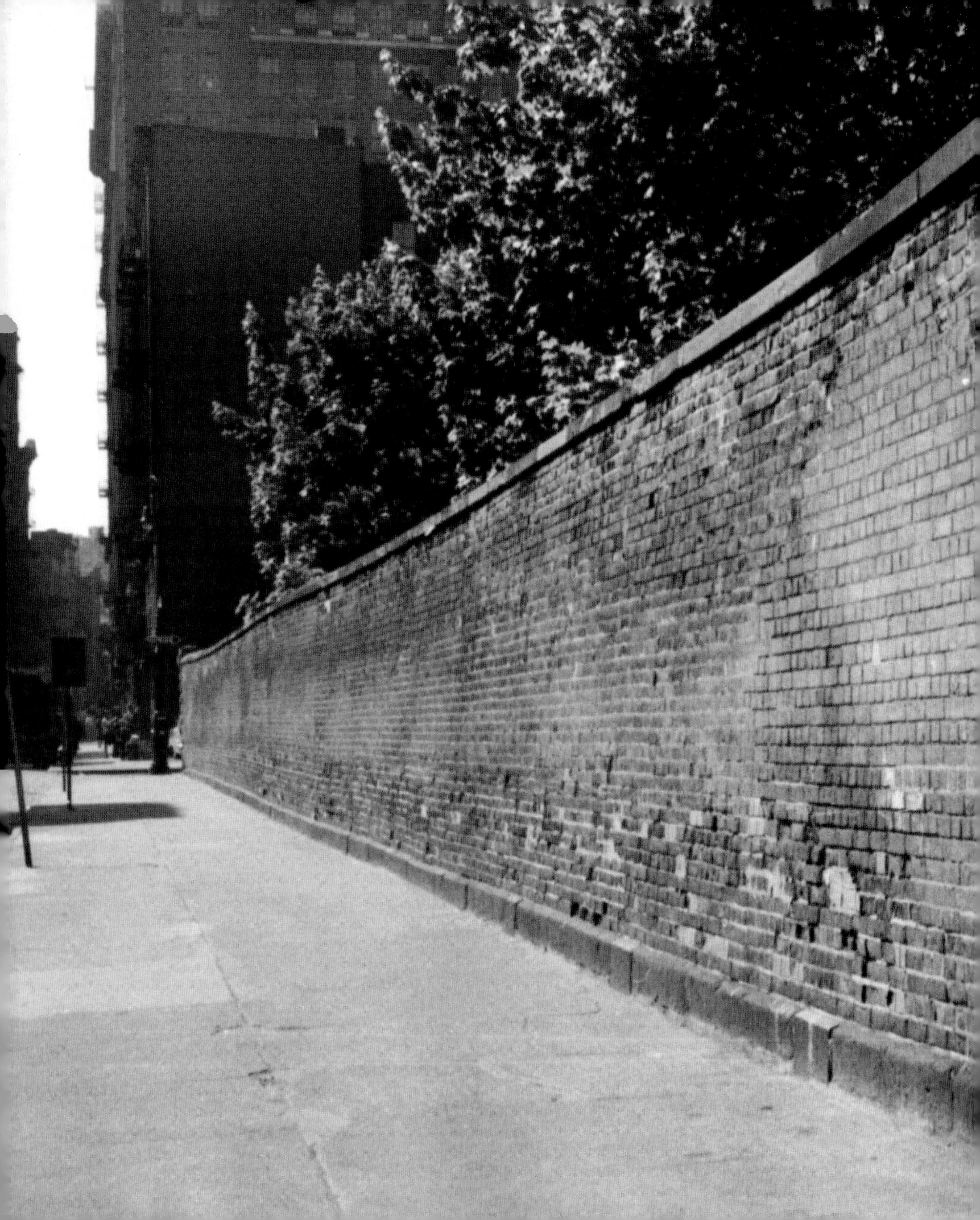

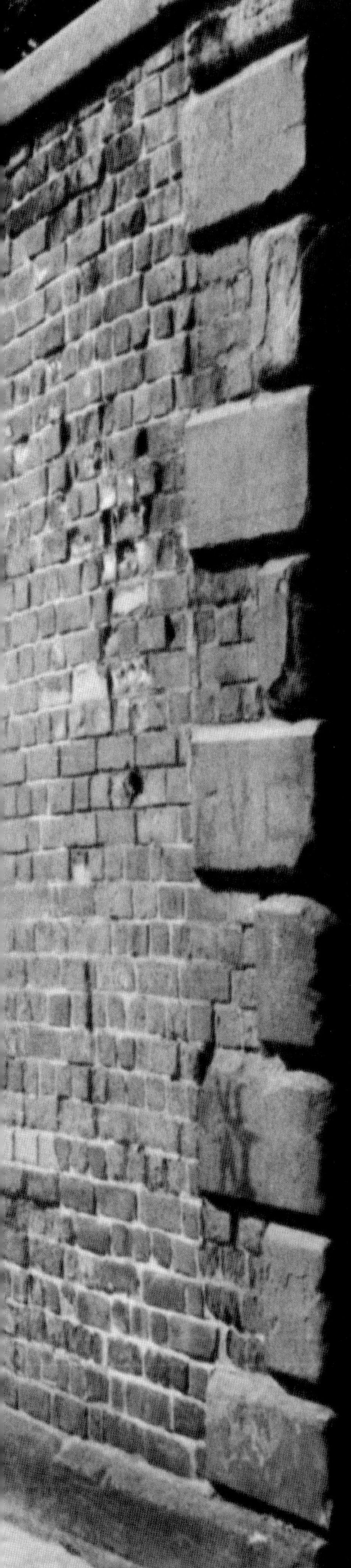

Il muro che circonda il cimitero di Old St. Patrick's Cathedral all'angolo tra Prince Street e Mulberry Street è così straordinario per me. Da bambino, crescendo là vicino, ho imparato che è il muro dal quale i cattolici irlandesi hanno combattuto contro i Know Nothing (una fazione politica di fede protestante) nel 1844, quando i Know Nothing hanno attaccato la chiesa cattolica. Facciamo riferimento a quella resistenza in *Gangs of New York*.

The wall that surrounds the graveyard of Old St. Patrick's Cathedral on the corner of Prince and Mulberry Streets is so extraordinary to me. As a child growing up nearby, I learned that it is the wall from which the Irish Catholics fought against the Know Nothings (a Protestant political faction) in 1844 when the Know Nothings attacked the Catholic Church. We do a reference to that stand off in *Gangs of New York*.

Martin Scorsese

Little Italy, New York
Muro del cimitero di Old St. Patrick's Cathedral
Foto privata di Martin Scorsese, 1961 ca.

Little Italy, New York
Old St. Patrick's Cathedral Cemetery wall
Private photo taken by Martin Scorsese, ca. 1961

Martin Scorsese Collection, New York

Chi sta bussando alla mia porta?
Who's That Knocking at My Door

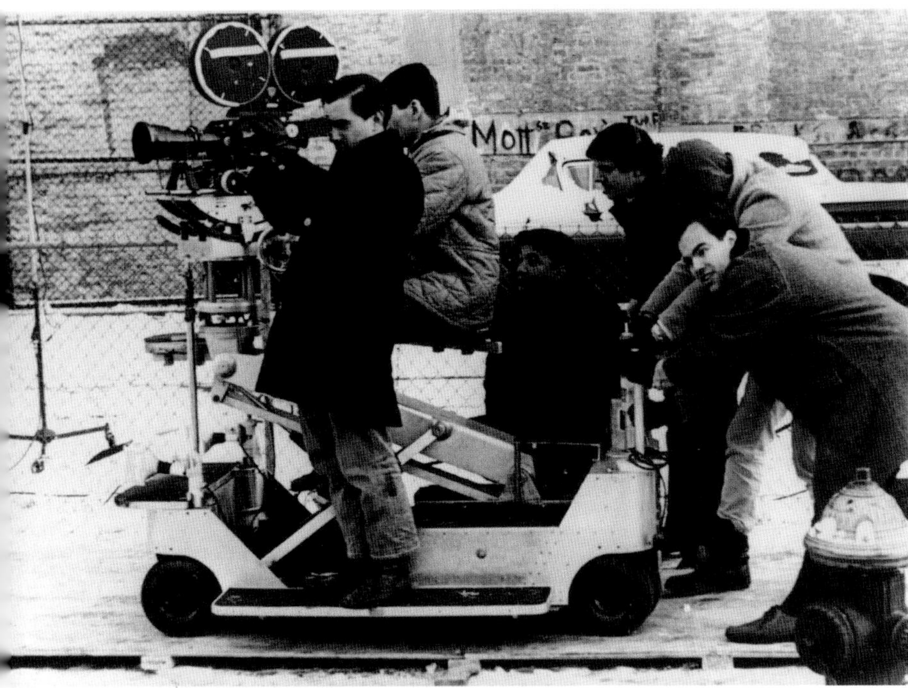

Martin Scorsese
e il suo direttore della fotografia
Richard H. Coll
Foto sul set
Chi sta bussando alla mia porta?, 1967

Martin Scorsese
and his cinematographer
Richard H. Coll
Photos on the set
Who's That Knocking at My Door, 1967

Martin Scorsese Collection, New York

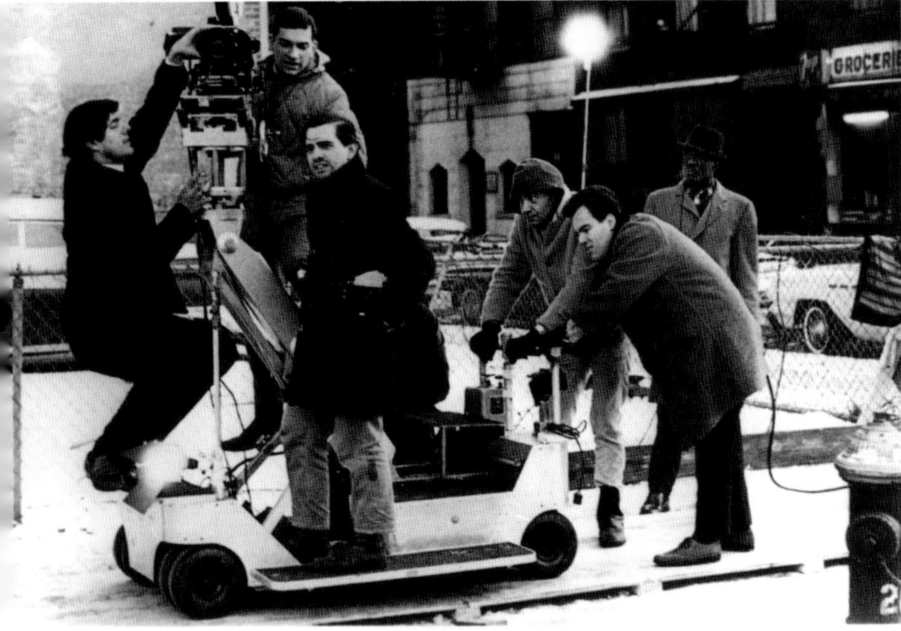

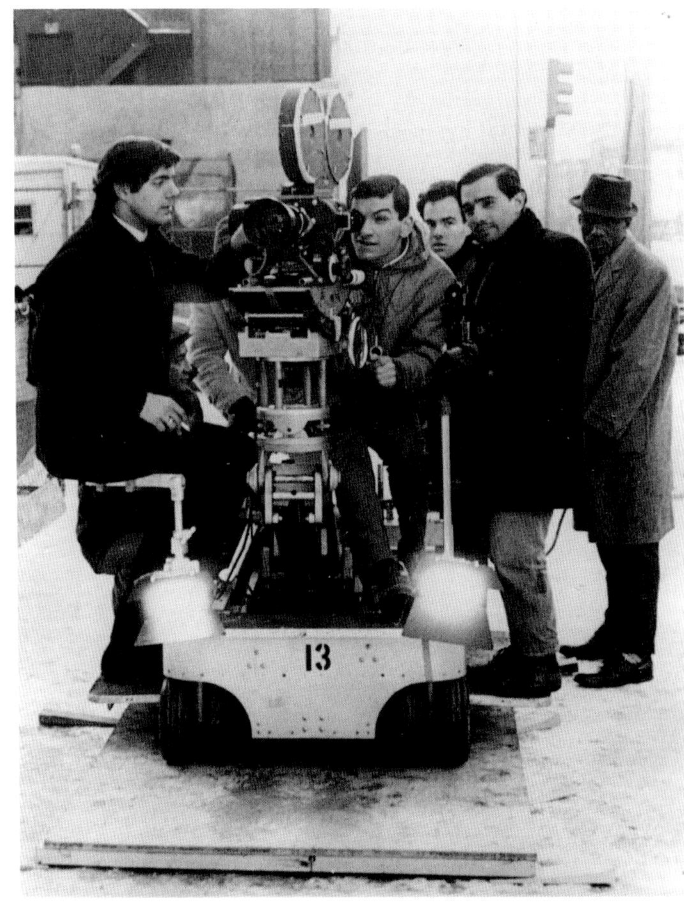

Taxi Driver

Martin Scorsese e Robert De Niro (Travis Bickle)
Foto sul set
Taxi Driver, 1976

Martin Scorsese and Robert De Niro (Travis Bickle)
Photo on the set
Taxi Driver, 1976

Martin Scorsese Collection, New York

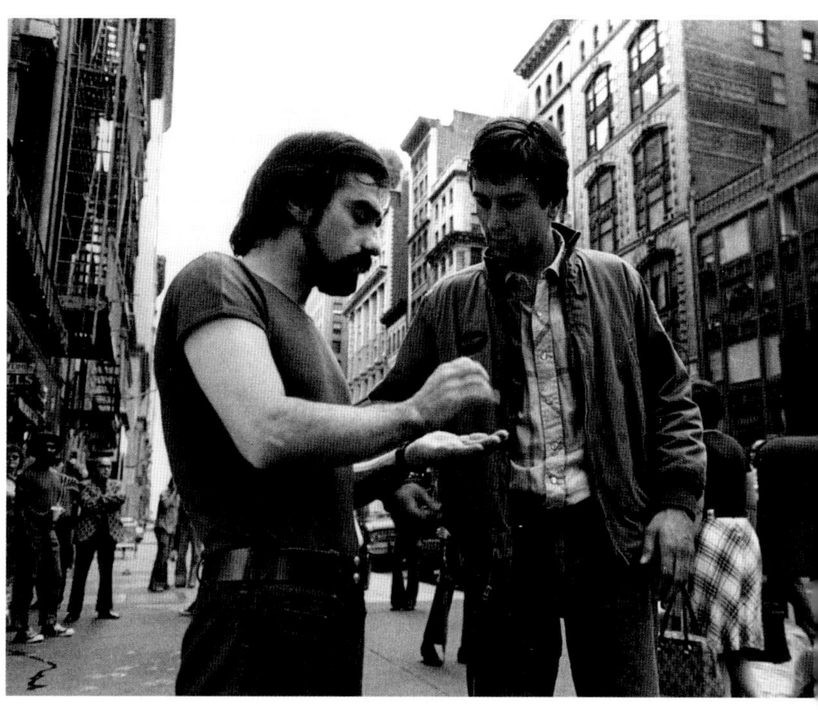

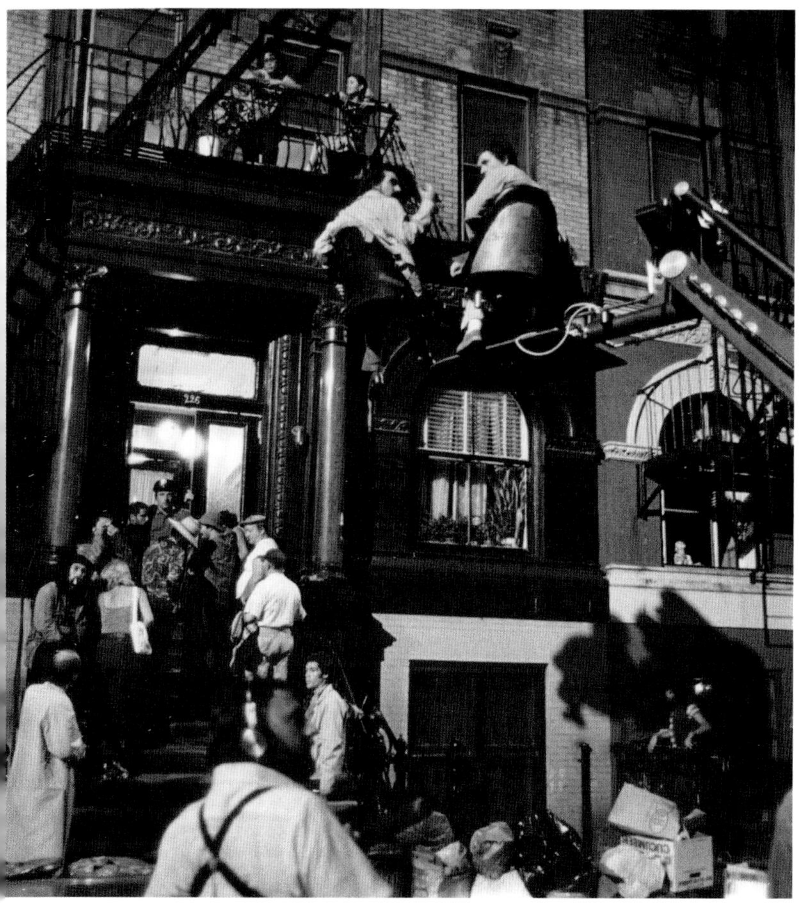

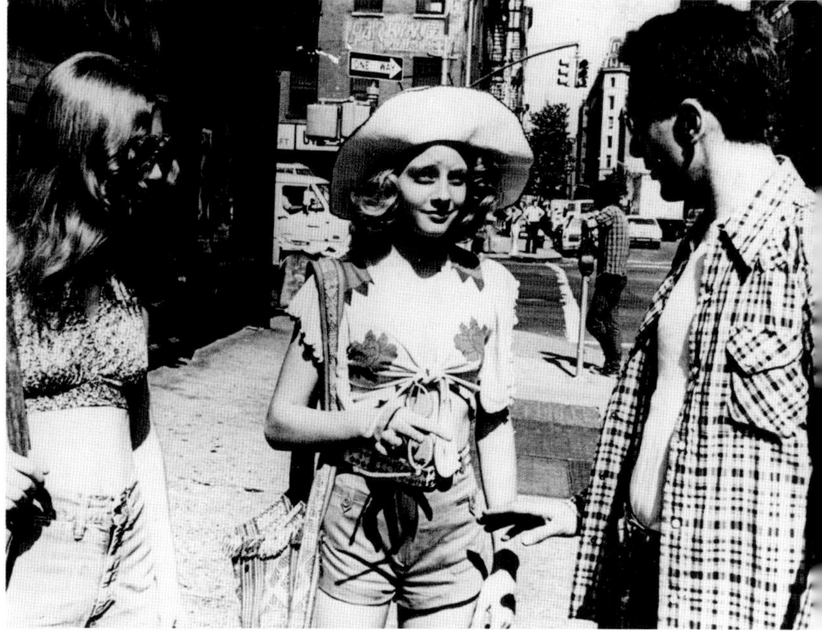

Martin Scorsese e il suo direttore della fotografia Michael Chapman, East 13th St., New York
Foto sul set
Taxi Driver, 1976

Martin Scorsese and Michael Chapman, his director of photography, East 13th St., New York
Photo on the set
Taxi Driver, 1976

Martin Scorsese Collection, New York

Jodie Foster (Iris) e Robert De Niro (Travis Bickle)
Foto di scena
Taxi Driver, 1976

Jodie Foster (Iris) and Robert De Niro (Travis Bickle)
Action still
Taxi Driver, 1976

Deutsche Kinemathek - Fotoarchiv

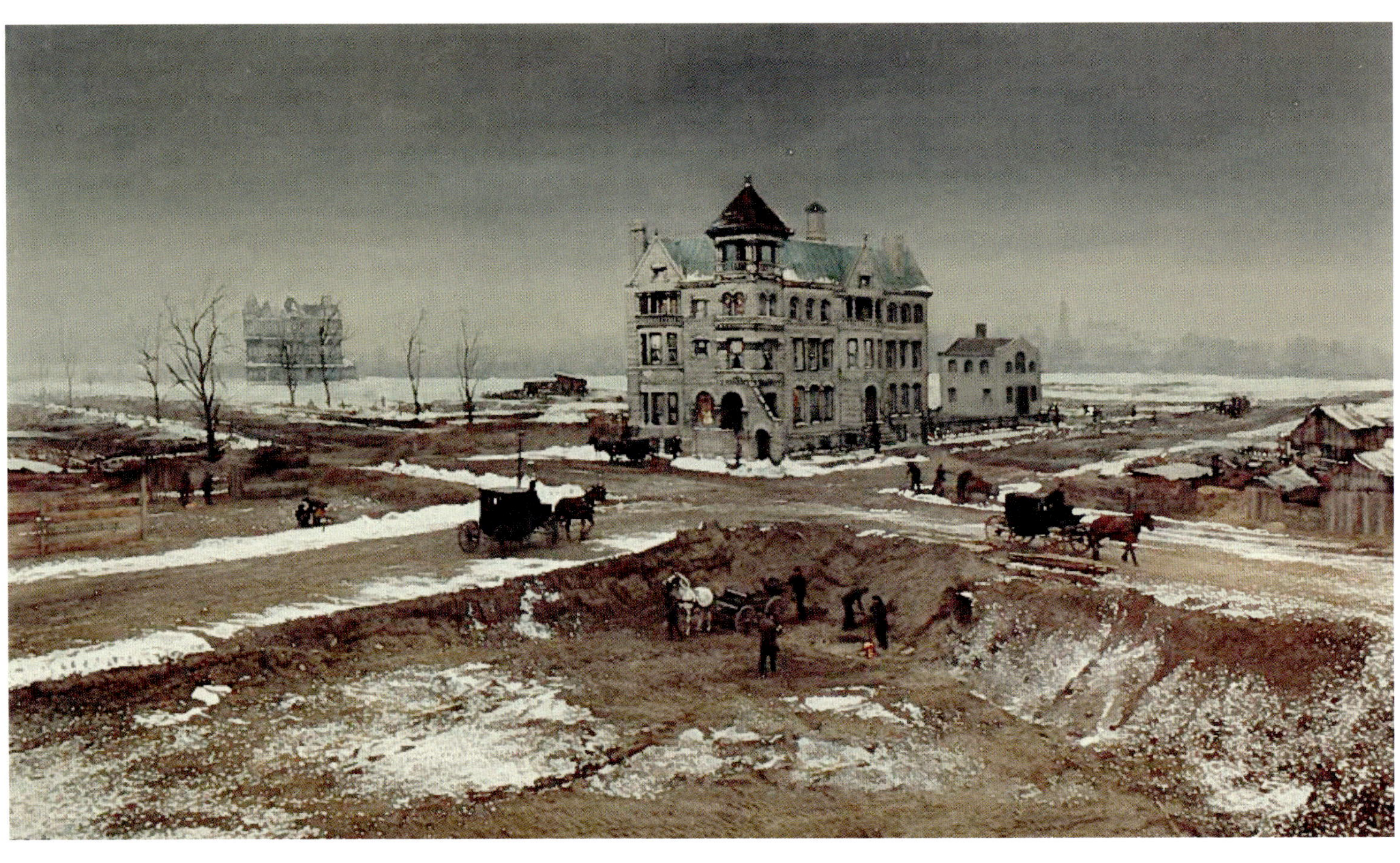

La casa di Mrs. Mingott ne *L'età dell'innocenza* mi incuriosisce, perché sono affascinato dalla storia della città di New York. Una delle cose che mi interessavano era in che modo la città fosse stata messa insieme. Mi piaceva l'idea di quale aspetto potesse aver avuto New York mentre stava appena iniziando a diventare una metropoli – con quest'unica magione nel bel mezzo di un vuoto.

Mrs. Mingott's house in *The Age of Innocence* intrigues me because I'm fascinated by the history of the city of New York. One of the things that interested me was how the city was put together. I liked the idea of what New York must have looked like as it was just beginning to grow into a metropolis – with this one mansion in the middle of nowhere.

Martin Scorsese

Mingott House
Bozzetto per scenografia di Dante Ferretti
L'età dell'innocenza, 1993

Mingott House
Set design sketch by Dante Ferretti
The Age of Innocence, 1993

Martin Scorsese Collection, New York

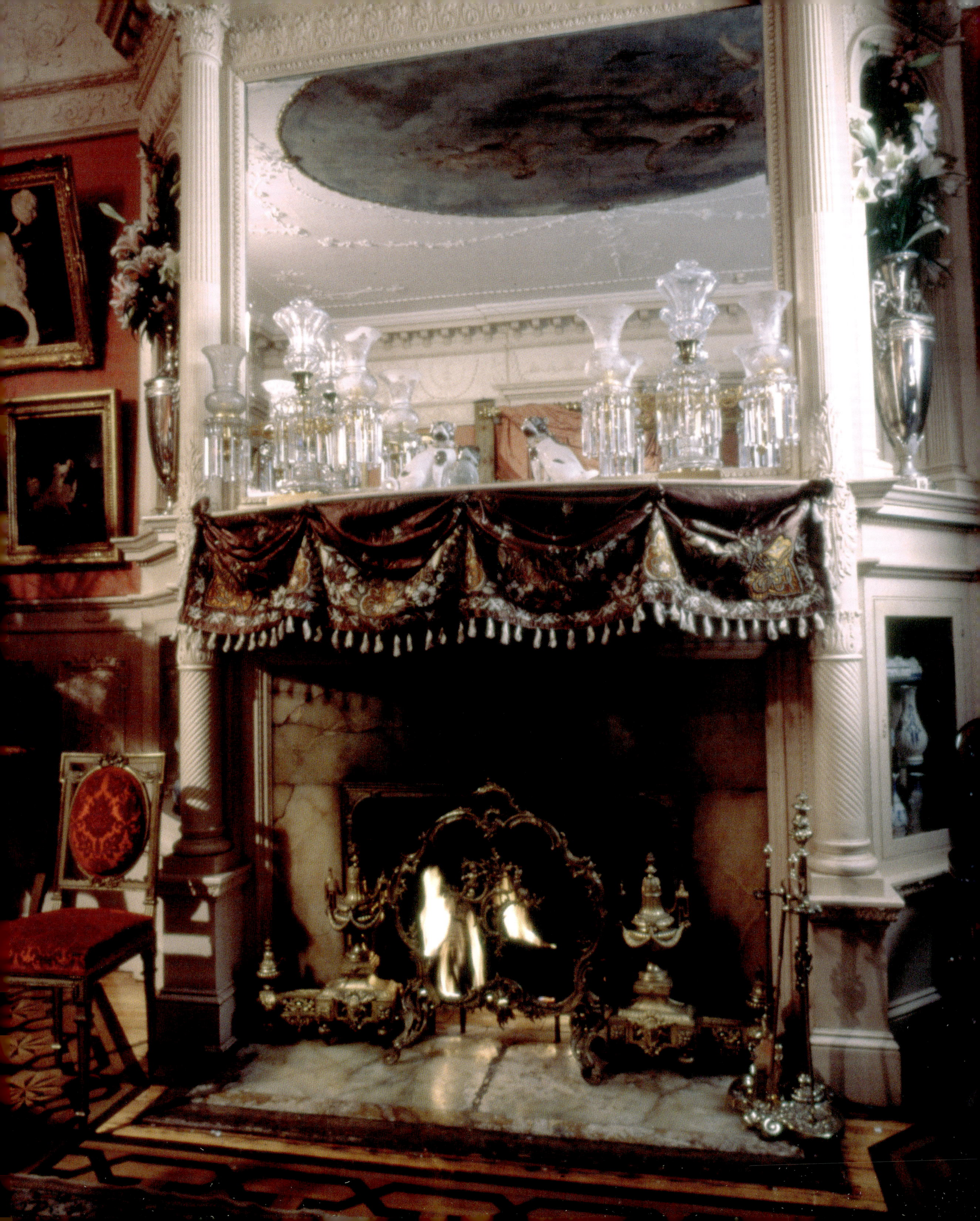

Ho incontrato Dante Ferretti a casa di Sergio Leone a Roma quando
ho vissuto là nella seconda metà degli anni settanta. Non abbiamo
avuto l'occasione di lavorare insieme fino a *L'età dell'innocenza*.
Sapevo che gli arredi erano molto importanti per la storia – non
necessariamente perché si trattava di ciò che viene chiamato un
"film d'epoca" – ma perché tutta l'opulenza, alla fin fine, è una gabbia.
Diventa una prigione per i personaggi principali. Dante l'ha capito
immediatamente e ci ha lavorato con me e mi ha dato esattamente
ciò che volevo. Dante mi ha sempre dato qualcosa di assolutamente
impagabile in ogni film che abbiamo fatto insieme. È un mondo che
prende vita. Quando vedi una stanza creata da lui, è una stanza
vissuta, che è stata attraversata molte volte. A ogni finestra si è
affacciato qualcuno. Ogni oggetto è usato. Ogni oggetto ha una storia.
Viene ricordato.

I met Dante Ferretti at Sergio Leone's house in Rome when I was living
there in the late '70s. We didn't get to work together until *The Age
of Innocence*. I knew the décor was very important to the story – not
necessarily because it was what they call a "period picture" – but
because all the opulence, ultimately, is a prison. It becomes a prison
house for the principal characters. Dante understood this immediately
and worked with me and gave me exactly what I wanted. In every
picture that Dante and I have made together he's always given me
something quite invaluable. It's a world that's alive. When you see a
room that he puts together, it's a room that's been lived in, that's
been crossed many times. Every window has been looked out of. Every
object is used. Every object has a history. It's remembered.

Martin Scorsese

Salone dell'alta borghesia
Foto del set
Scenografo: Dante Ferretti
L'età dell'innocenza, 1993

Upper-class salon
Photo of the set
Production Design: Dante Ferretti
The Age of Innocence, 1993

Martin Scorsese Collection,
New York

Al di là della vita
Bringing Out the Dead

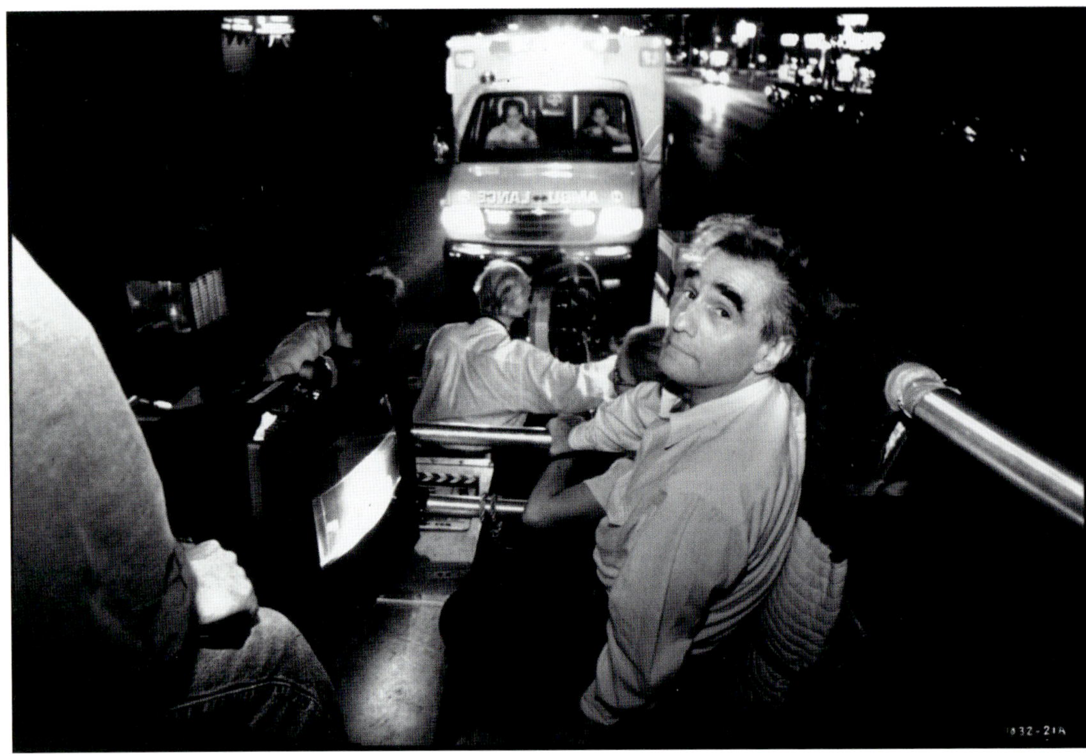

Martin Scorsese
Foto sul set
Al di là della vita, 1999

Martin Scorsese
Photo on the set
Bringing Out the Dead, 1999

Martin Scorsese Collection,
New York

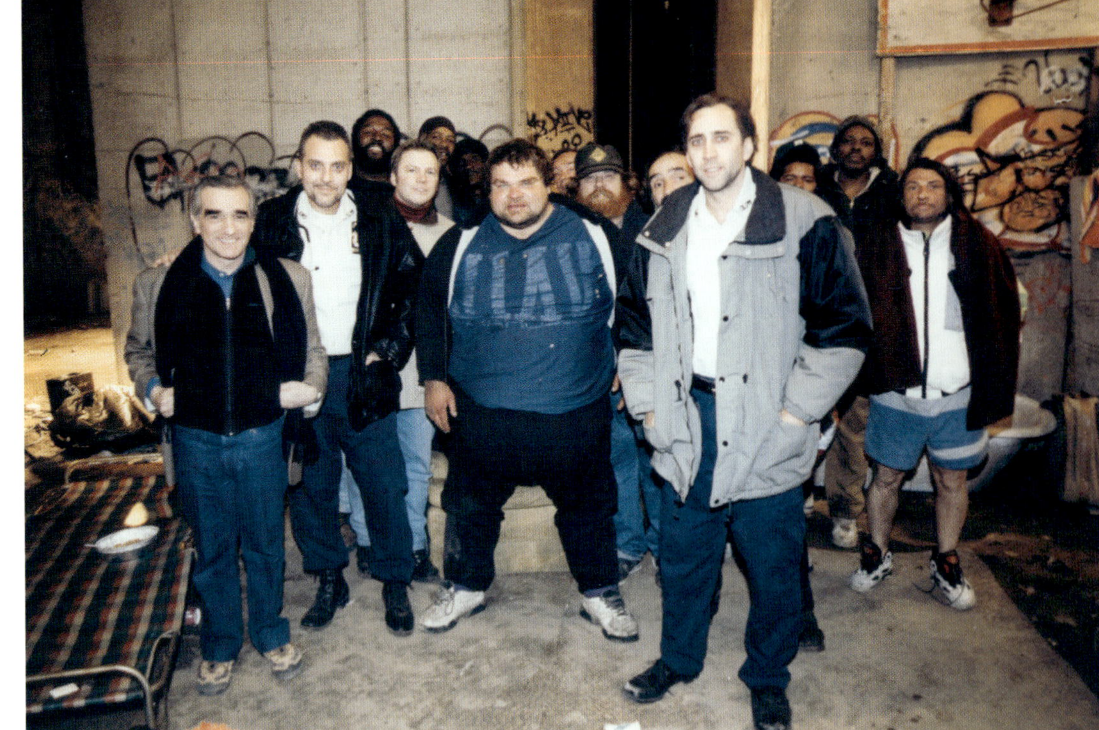

**Martin Scorsese, Nicolas Cage
(Frank Pierce) e altri membri della troupe**
Foto sul set
Al di là della vita, 1999

**Martin Scorsese, Nicolas Cage
(Frank Pierce) and other troupe members**
Photo on the set
Bringing Out the Dead, 1999

Martin Scorsese Collection, New York

Gangs of New York

Gli studi di Cinecittà, Roma
Foto del set
Scenografo: Dante Ferretti
Gangs of New York, 2002

Cinecittà Studios, Rome
Photos of the set
Production designer: Dante Ferretti
Gangs of New York, 2002

Martin Scorsese Collection, New York

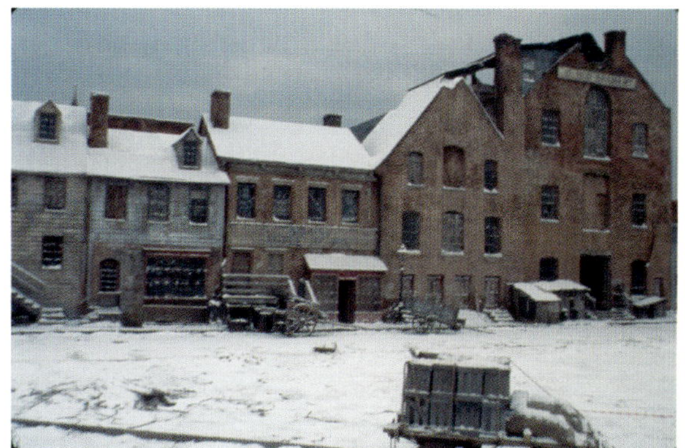

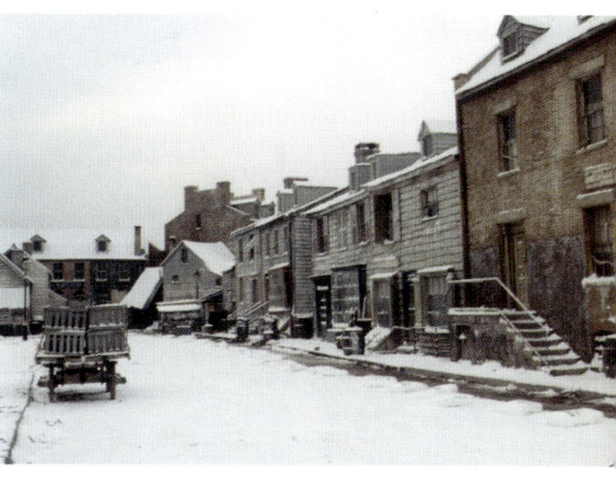

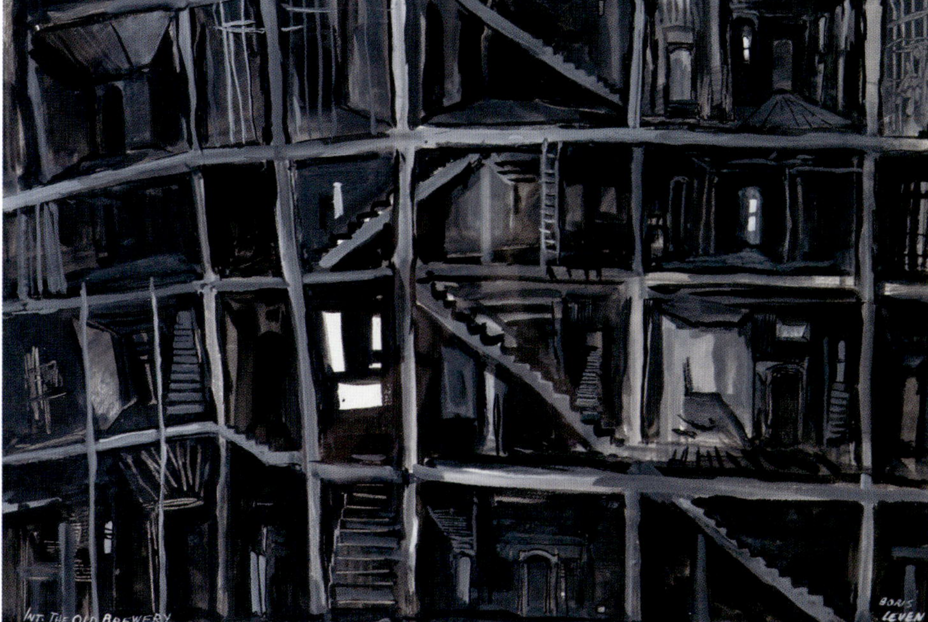

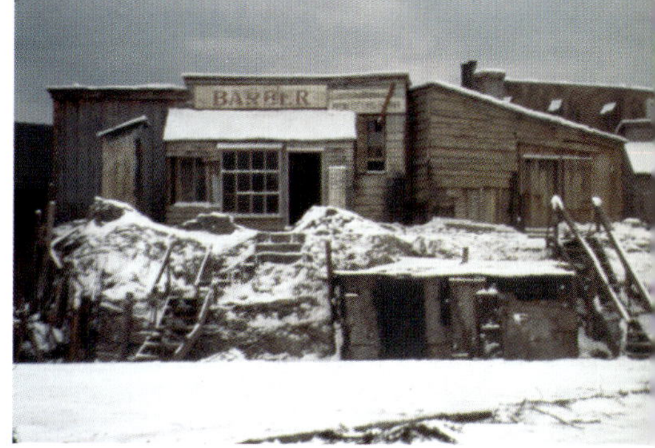

"Int. The Old Brewery"
Bozzetto per scenografia di Boris Leven
circa 1980, durante il primo tentativo di
realizzare il fim

"Int. The Old Brewery"
Set design sketch by Boris Leven
circa 1980, during the first attempt
to get the movie made

Martin Scorsese Collection, New York

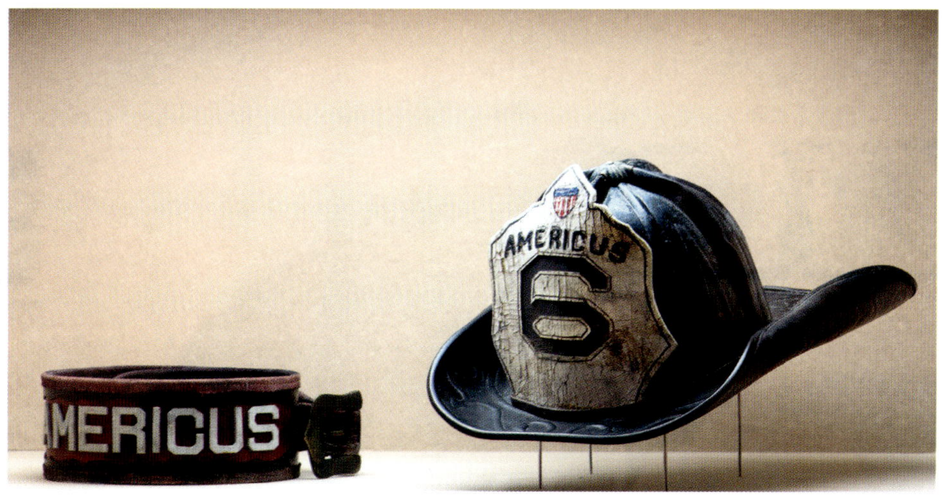

**Caschetto e cintura dei vigili
del fuoco**
Costumista: Sandy Powell
Gangs of New York, 2002

Fireman's helmet and belt
Costume designer: Sandy Powell
Gangs of New York, 2002

Martin Scorsese Collection, New York

CINEMA

Le prime immagini cinematografiche di cui Martin Scorsese abbia memoria, risalgono a un western con Roy Rogers e il suo cavallo Trigger. I primi film italiani li vede su un televisore in bianco e nero da 16 pollici che i genitori acquistano nel 1948. Negli anni successivi il padre lo porta spesso al cinema, dove il ragazzo rimane affascinato dai grandi classici hollywoodiani. L'estetica di *The Big Shave* (1967), il commento di Martin Scorsese sulla guerra in Vietnam, si può leggere anche come un suo rimando giovanile ad Alfred Hitchcock. L'invito a partecipare con questa pellicola al Festival del cinema sperimentale di Knokke, in Belgio, gli vale il primo riconoscimento internazionale.

Scorsese dispone di conoscenze sconfinate sulla storia del cinema che spesso inserisce nei suoi film come citazioni. Le citazioni, però, non sono mai fini a se stesse; il regista riesce piuttosto a ricontestualizzarle, mai a discapito della loro riconoscibilità. Collabora anche ripetutamente con rappresentanti affermati del cinema classico di Hollywood; tra gli altri, Elaine e Saul Bass progettano i titoli di testa di parecchi dei suoi film, tra cui anche *Cape Fear - Il promontorio della paura* (1991), remake di un thriller di J. Lee Thompson del 1962, *Il promontorio della paura*.

Quando alla fine degli anni settanta Scorsese si rende conto del problema della difficile conservazione delle copie di pellicole a colori, insieme ad alcuni colleghi rivolge un appello al gruppo Eastman Kodak, in cui esige che in futuro si sviluppi materiale inalterabile e indelebile. Nel 1990, con altri registi del calibro di Steven Spielberg, Francis Ford Coppola e Stanley Kubrick, fonda a New York The Film Foundation, dedita alla salvaguardia del patrimonio cinematografico internazionale. Per il centenario del cinema, nel 1995, Scorsese realizza il film documentario *Un secolo di cinema - Viaggio nel cinema americano di Martin Scorsese* e nel 2001, con *Il mio viaggio in Italia*, aggiunge il suo contributo sul cinema italiano. Con l'impegno profuso a favore del patrimonio cinematografico e il suo costante lavoro artistico, Martin Scorsese getta a suo modo un ponte tra il passato e il futuro del cinema internazionale.

The first images Martin Scorsese remembers seeing on a cinema screen were from a Western starring Roy Rogers and his horse Trigger. Later he saw his first Italian films on a 16-inch, black-and-white television set, which his parents bought in 1948. His father took him to the movies, where the big Hollywood classics fascinated the boy. The aesthetics of *The Big Shave* (1967), Martin Scorsese's comment on the Vietnam War, can also be read as an early connection to Alfred Hitchcock. An invitation to present the film at the Knokke Experimental Film Festival in Belgium gave the director his first international attention. Scorsese possesses an immense knowledge of film history, which he frequently allows to flow into his films as references. However, the quotations never become an end in themselves; rather, Scorsese always succeeds in re-contextualising them without their having to forfeit recognisability. He has repeatedly collaborated with established representatives of classic Hollywood cinema: Elaine and Saul Bass, for example, designed the titles for several of his films, including *Cape Fear* (1991), the remake of the 1962 homonymous thriller by J. Lee Thompson. When Martin Scorsese became aware of the problem of the rapid decay of color film copies at the end of the 1970s, he and his colleagues jointly addressed an appeal to the Eastman Kodak company so that they might develop color-fast and durable film. In 1990, together with famous colleagues, including Steven Spielberg, Francis Ford Coppola and Stanley Kubrick, he established The Film Foundation, which is dedicated to the preservation of international film heritage. Scorsese made the documentary *A Personal Journey with Martin Scorsese through American Movies* for the 100th birthday of film in 1995. In 2001, he added his view of Italian cinema with *My Voyage to Italy*. Through his deep commitment to film heritage and his continuous output of artistic work, Martin Scorsese has built a unique bridge between the past and the future of international film.

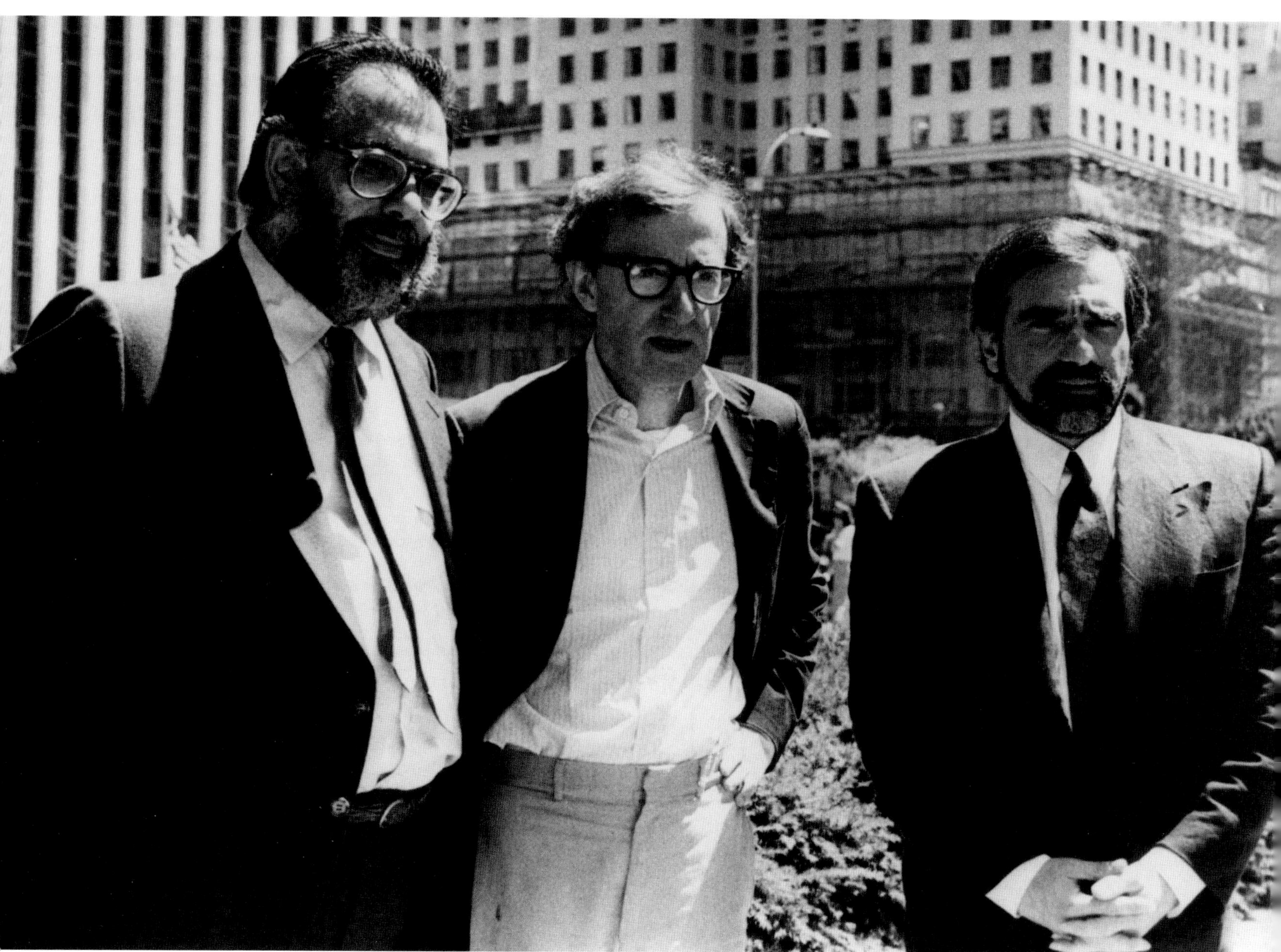

**Francis Ford Coppola, Woody Allen,
Martin Scorsese**
Foto pubblicitaria
New York Stories, 1989

**Francis Ford Coppola, Woody Allen,
Martin Scorsese**
Press photo
New York Stories, 1989

Martin Scorsese Collection, New York

Il primo storyboard
The First Storyboard

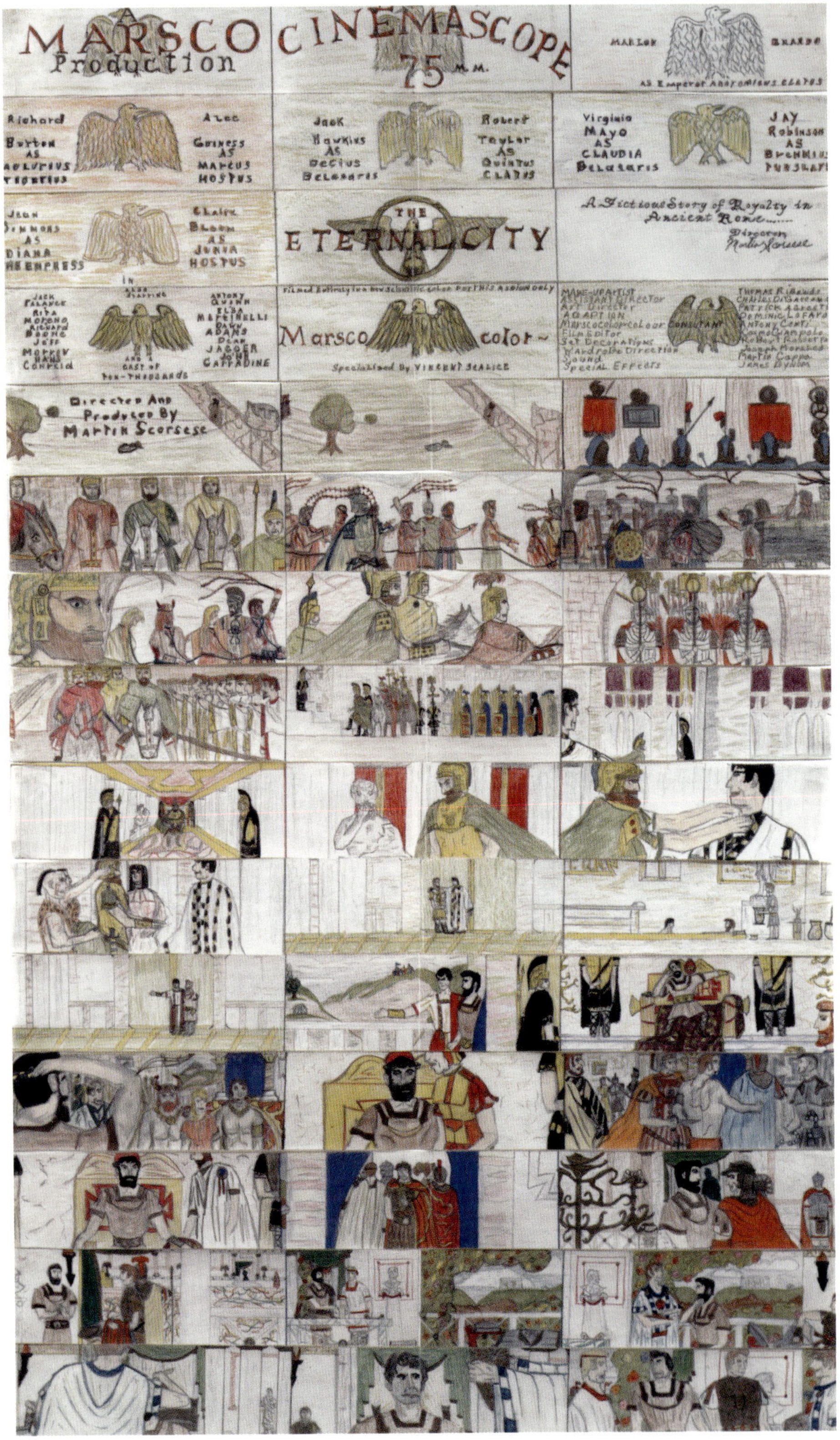

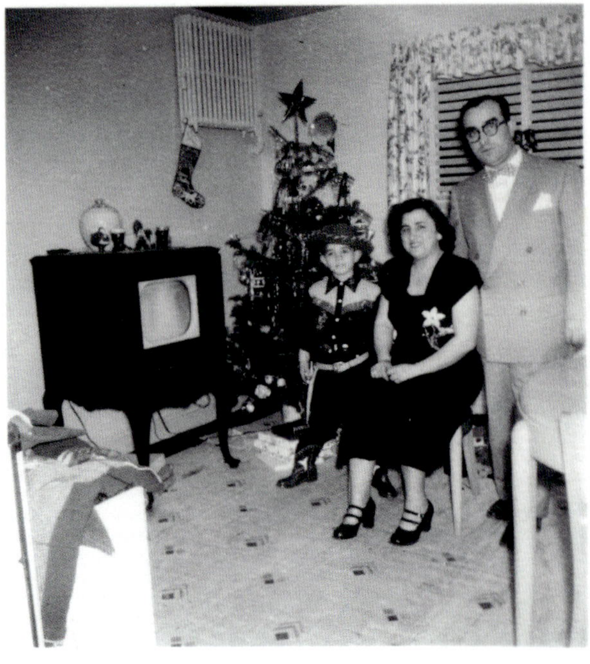

sopra
**Martin Scorsese con i genitori
a Corona, Queens, New York**
Foto privata, ca. 1948-1849

above
**Martin Scorsese with his parents at Corona,
Queens, New York**
Private photo, ca. 1948-49

Martin Scorsese Collection, New York

a sinistra
"The Eternal City"
Storyboard di Martin Scorsese
Martin Scorsese disegnò questo storyboard all'età di 11 anni.

left
"The Eternal City"
Storyboard by Martin Scorsese
Martin Scorsese drew this storyboard at the age of 11.

Martin Scorsese Collection, New York

La mia famiglia traslocò in una
località di nome Corona, nel
Queens, vicino a Flushing, dove
si trovava la vecchia World's
Fair del 1939. Sono nato
nell'Ospedale di Flushing e per
i primi 6-7 anni della mia vita,
Corona è stata il mio mondo.
Qui vedete la cucina con un
albero di Natale e un bene
ambìto, il televisore RCA Victor
a 16 pollici. Credo che sia il
1948 o 1949.

My family moved to a place
called Corona, Queens, near
Flushing, where the old 1939
World's Fair was. I was born in
Flushing Hospital and for the
first 6-7 years of my life, my
world was Corona.
Here you see the kitchen with a
Christmas tree and the prized
possession, the 16" screen
RCA Victor television. I think it's
1948 or 1949.

Martin Scorsese

  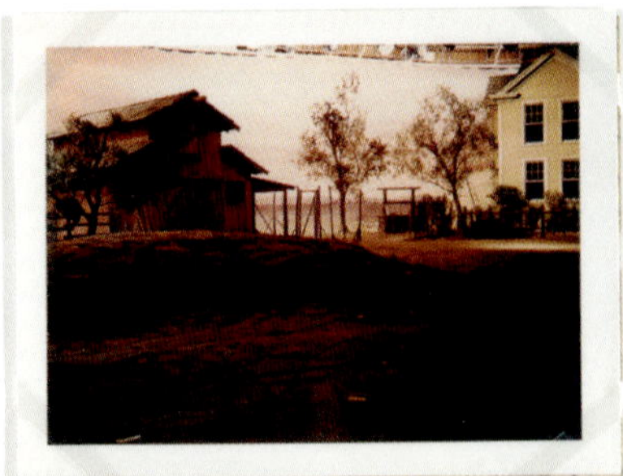

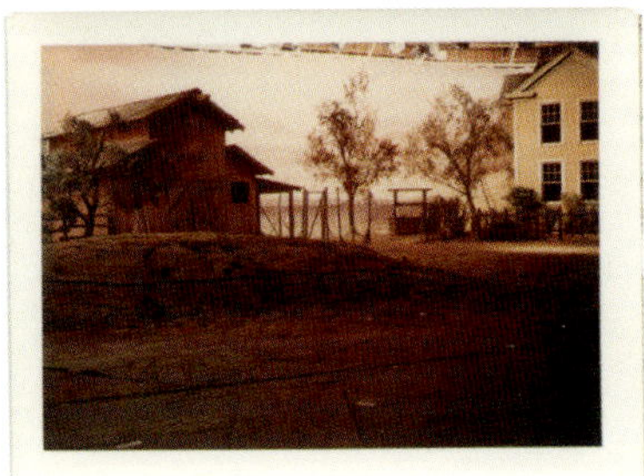 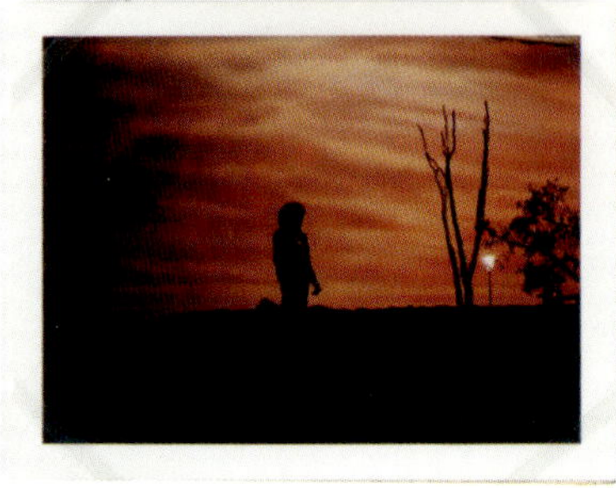 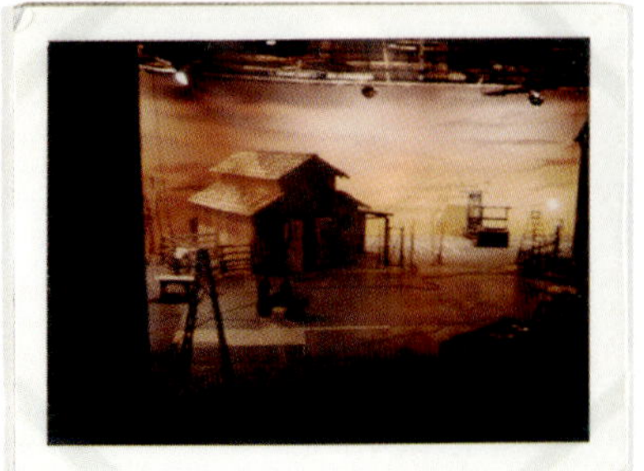

Prologo
Foto sul set
Alice non abita più qui, 1974

Prologue
Photos on the set
Alice Doesn't Live Here Anymore,
1974

Martin Scorsese Collection,
New York

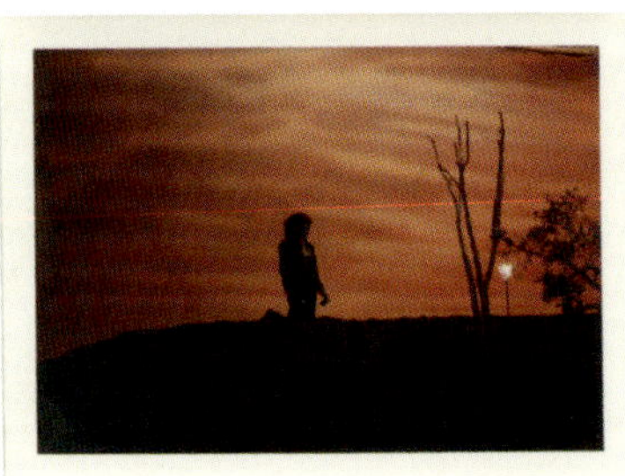
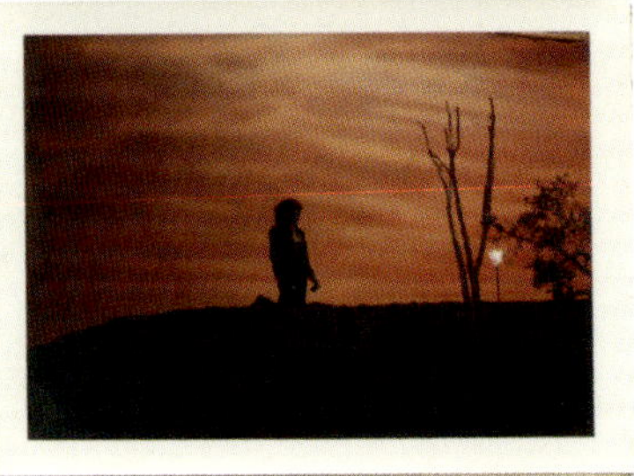

**Jay Cocks,
Martin Scorsese,
John Cassavetes,
Verna Bloom, Sam Shaw**
Questa foto è appesa
nell'ufficio di Martin
Scorsese. Risale al 1970-1971
dopo la proiezione del film
*Chi sta bussando alla mia
porta?* a New York. Il regista
John Cassavetes incoraggiò
Scorsese a realizzare soggetti
indipendenti dal mercato.
Jay Cocks, allora critico del
Time Magazine, fu incaricato
successivamente di scrivere
le sceneggiature de *L'età
dell'innocenza* (1993) e
Gangs of New York (2002).
L'attrice Verna Bloom recitò
in *Fuori orario* (1985) e
L'ultima tentazione di Cristo
(1988).

**Jay Cocks,
Martin Scorsese,
John Cassavetes,
Verna Bloom, Sam Shaw**
This photo hangs in Martin
Scorsese's office. It dates
back to 1970-71, after the
film screening of *Who's
That Knocking at My Door*
in New York. Director John
Cassavetes encouraged
Scorsese to create stories
independently from the
market. Jay Cocks, then the
Time Magazine critic, was
subsequently asked to write
the screenplays of *The Age of
Innocence* (1993) and *Gangs
of New York* (2002). Actress
Verna Bloom acted in *After
Hours* (1985) and *The Last
Temptation of Christ* (1988).

Martin Scorsese Collection,
New York

Hugo Cabret
Hugo

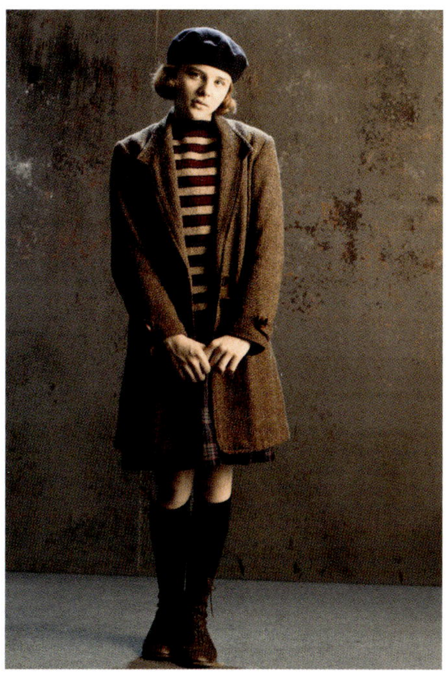

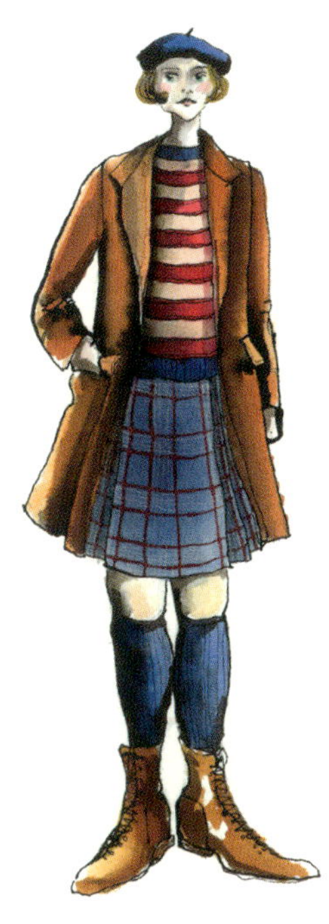

Chloë Grace Moretz (Isabelle)
Foto in costume di scena
Hugo Cabret, 2011

Chloë Grace Moretz (Isabelle)
Photo in set costume
Hugo, 2011

Martin Scorsese Collection, New York

"Isabelle"
Figurino di Sandy Powell
Hugo Cabret, 2011

"Isabelle"
Costume sketch by Sandy Powell
Hugo, 2011

Sandy Powell, London

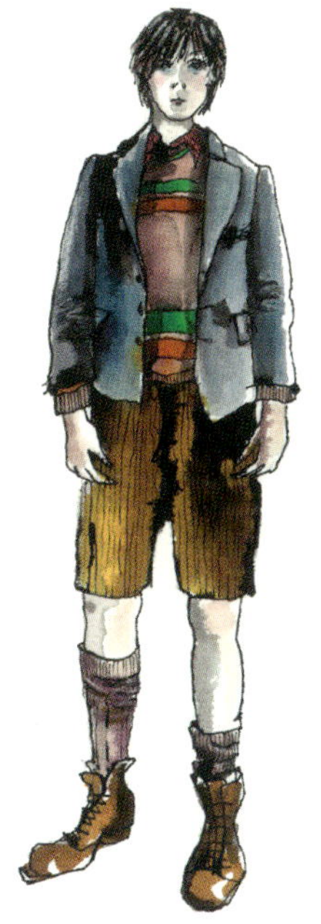

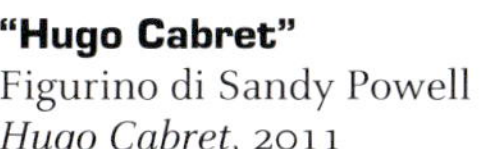

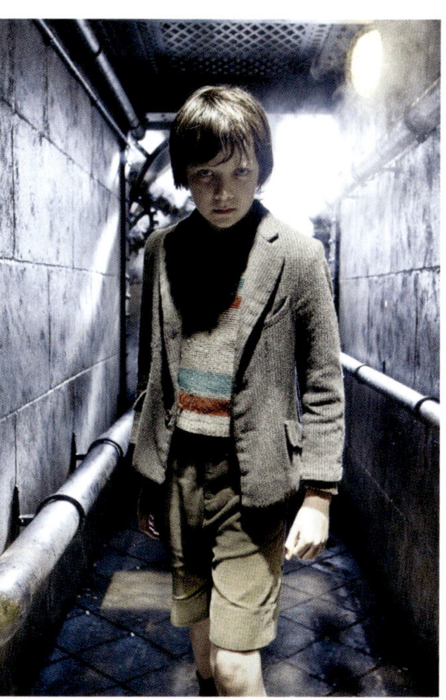

Automa
Modello
preparatorio,
prima versione
Hugo Cabret, 2011

Automaton
Preparatory model,
first version
Hugo, 2011

Martin Scorsese
Collection, New York

**Asa Butterfield
(Hugo Cabret) e
Martin Scorsese**
Foto sul set
Hugo Cabret, 2011

**Asa Butterfield
(Hugo Cabret)
and Martin
Scorsese**
Photo on the set
Hugo, 2011

Martin Scorsese
Collection, New York

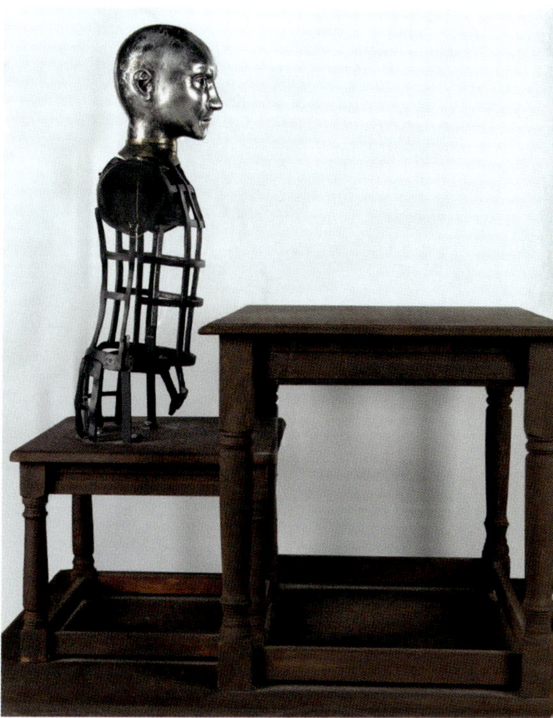

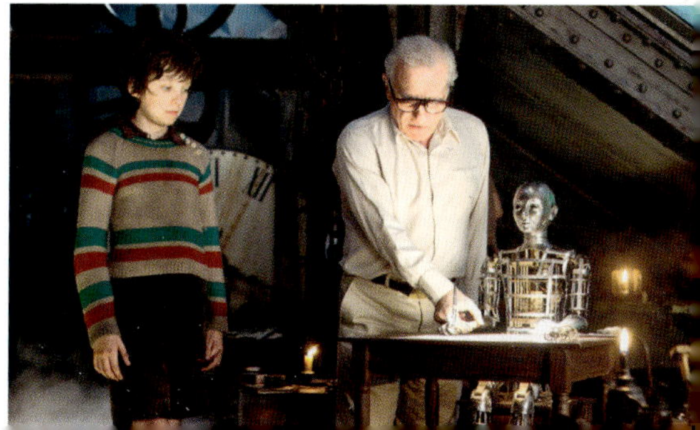

"Hugo Cabret"
Figurino di Sandy Powell
Hugo Cabret, 2011

"Hugo Cabret"
Costume sketch by Sandy Powell
Hugo, 2011

Sandy Powell, London

Asa Butterfield (Hugo Cabret)
Foto in costume di scena
Hugo Cabret, 2011

Asa Butterfield (Hugo Cabret)
Photo in set costume
Hugo, 2011

Martin Scorsese Collection, New York

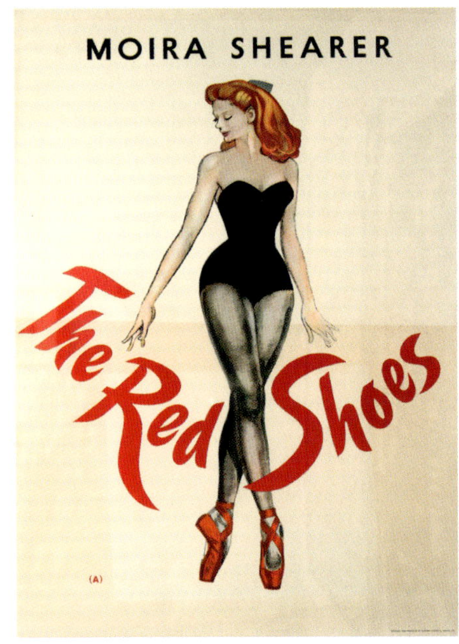

THE RED SHOES
Manifesto per il film
Scarpette rosse
Regia: Michael Powell ed Emeric
Pressburger, Gran Bretagna
1948

THE RED SHOES
Poster
Directors: Michael Powell and
Emeric Pressburger, Great Britain
1948

8½
Manifesto
Regia: Federico Fellini,
Italia /Francia 1963

8½
Poster
Director: Federico Fellini,
Italy /France 1963

Martin Scorsese Collection,
New York

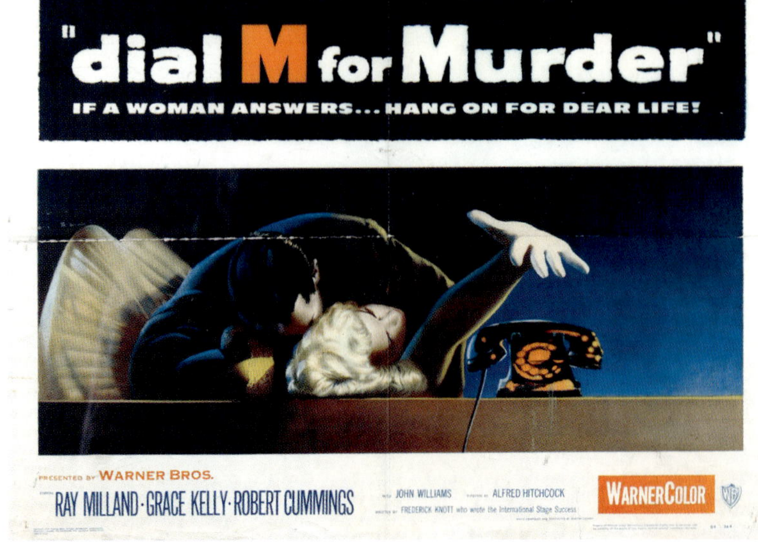

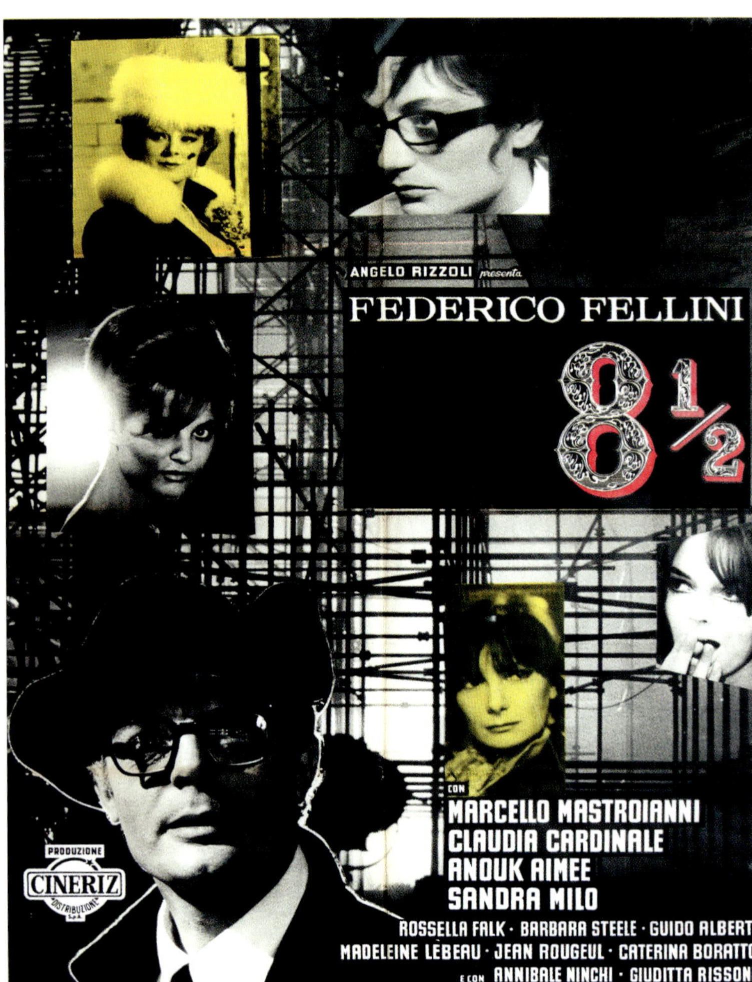

DIAL M FOR MURDER
Manifesto per il film
Il delitto perfetto
Regia: Alfred Hitchcock,
USA 1954
Martin Scorsese ha tributato
la propria reverenza ad Alfred
Hitchcock in molti suoi film.

DIAL M FOR MURDER
Poster
Director: Alfred Hitchcock,
USA 1954
Martin Scorsese has tributed
his reverence for Alfred
Hitchcock in many of his own
films.

HELL'S ANGELS
Manifesto per il film
Gli angeli dell'inferno
Regia: Howard Hughes,
USA 1930
In *The Aviator* (2004) Martin
Scorsese ricostruisce la storia
delle origini del capolavoro
di Howard Hughes degli anni
trenta.

HELL'S ANGELS
Poster
Director: Howard Hughes,
USA 1930
In *The Aviator* (2004) Martin
Scorsese retraces the history
of the origins of Howard
Hughes' 1930s masterpiece.

Martin Scorsese Collection,
New York

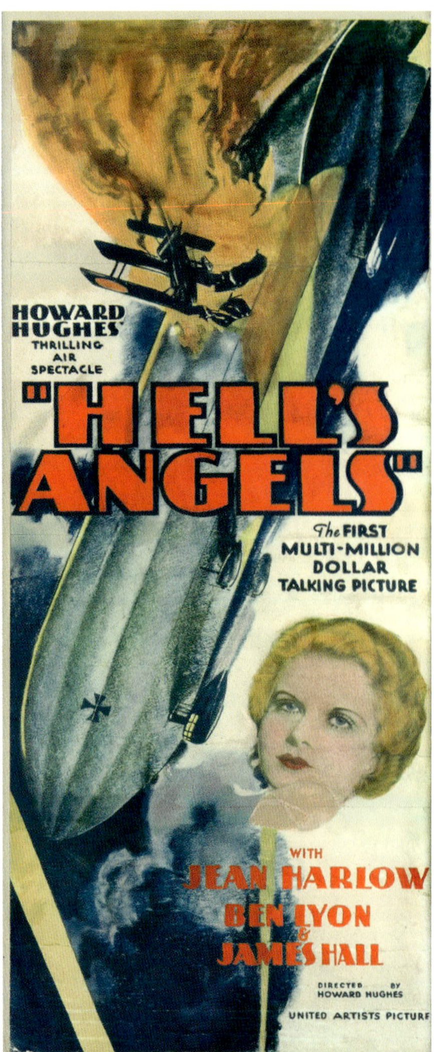

LES "VITELLONI"
Manifesto francese
per il film *I vitelloni*
Regia: Federico Fellini,
Italia / Francia 1953
Nel suo film documentario
Il mio viaggio in Italia
Scorsese descrive quanto
sia stato influenzato da
questo film da ragazzo.
La situazione dei giovani
protagonisti gli sembrava
familiare. Alla fin fine la
pellicola divenne fonte
d'ispirazione per i suoi
primi film, come *Chi sta
bussando alla mia porta?*
e *Mean Streets.*

LES "VITELLONI"
French poster for the film
I vitelloni
Director: Federico Fellini,
Italy / France 1953
In his documentary
film *My Voyage to Italy*
Scorsese describes how
influenced he was by this
film in his youth. The
situation of the young
protagonists seemed
familiar to him. All said,
the film became a source
of inspiration for his
first films, like *Who's That
Knocking at My Door* and
Mean Streets.

Martin Scorsese Collection,
New York

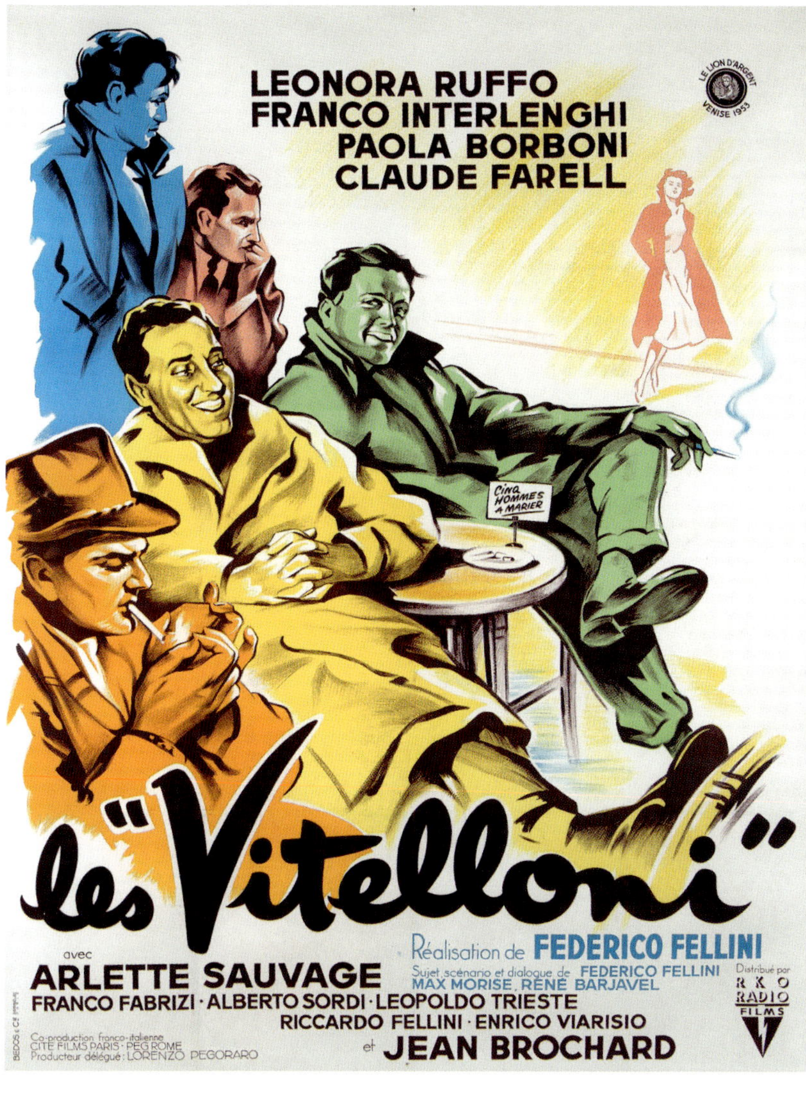

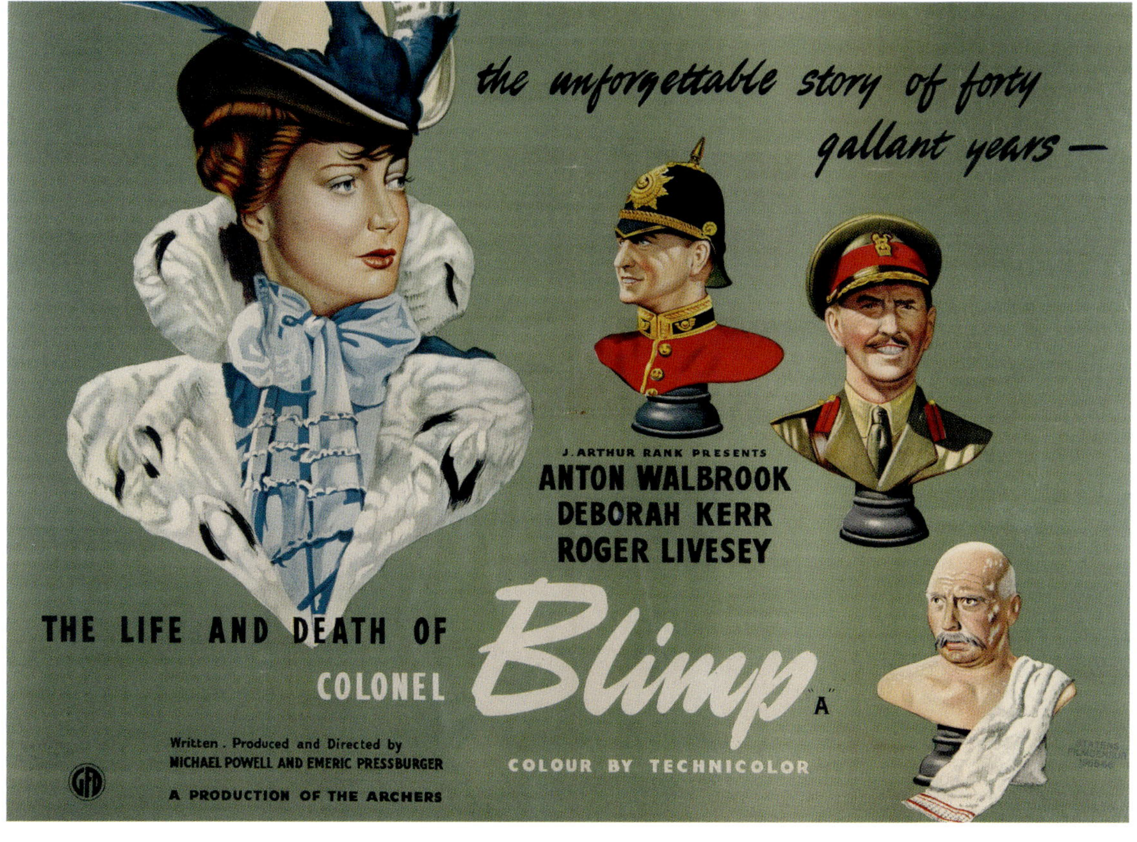

THE LIFE AND DEATH OF COLONEL BLIMP
Manifesto per il film *Duello a Berlino*
Regia: Michael Powell ed Emeric
Pressburger, Gran Bretagna 1943

THE LIFE AND DEATH OF COLONEL BLIMP
Poster
Directors: Michael Powell and Emeric
Pressburger, Great Britain 1943

Martin Scorsese Collection, New York

Il colore dei soldi
The Color of Money

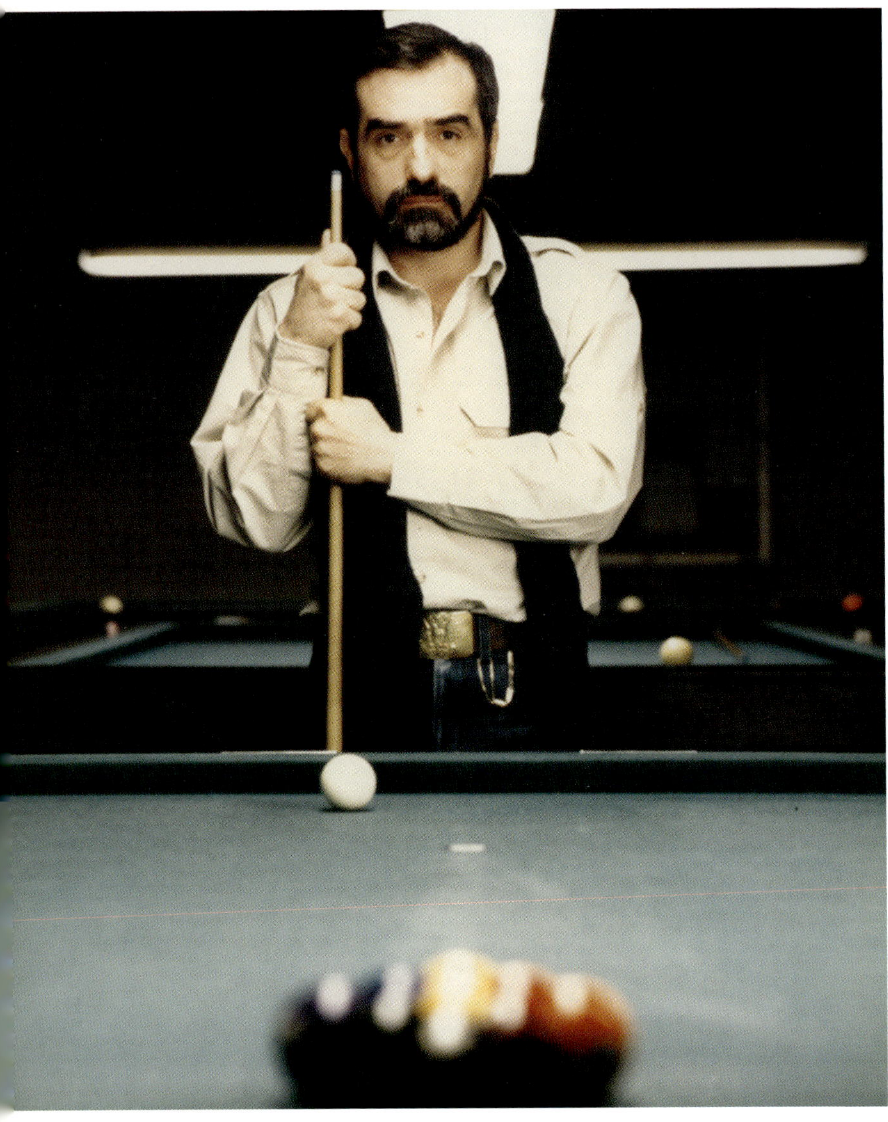

Martin Scorsese
Foto pubblicitaria
Il colore dei soldi, 1986

Martin Scorsese
Press photo
The Color of Money, 1986

Martin Scorsese Collection,
New York

**Eddie Felson
(Paul Newman)**
Foto di scena
Lo spaccone
Regia: Robert Rossen, USA 1961

**Eddie Felson
(Paul Newman)**
Action still
The Hustler
Director: Robert Rossen, USA 1961

Deutsche Kinemathek - Fotoarchiv

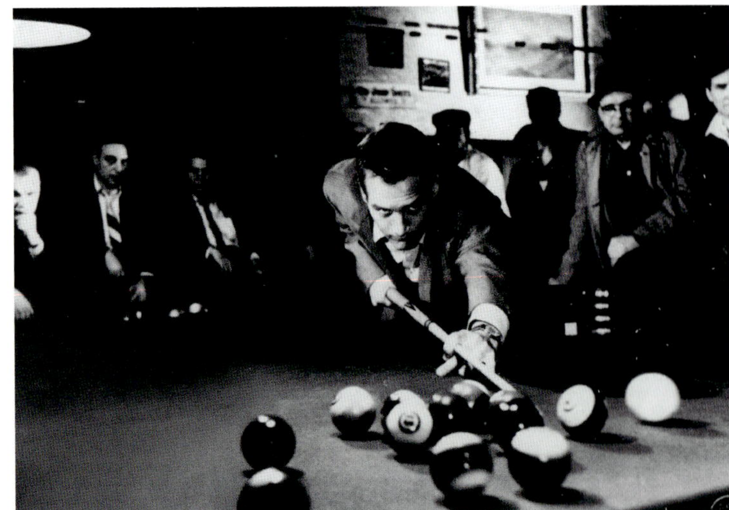

**Fast Eddie Felson
(Paul Newman)**
Foto di scena
Il colore dei soldi, 1986

**Fast Eddie Felson
(Paul Newman)**
Action still
The Color of Money, 1986

Deutsche Kinemathek - Fotoarchiv

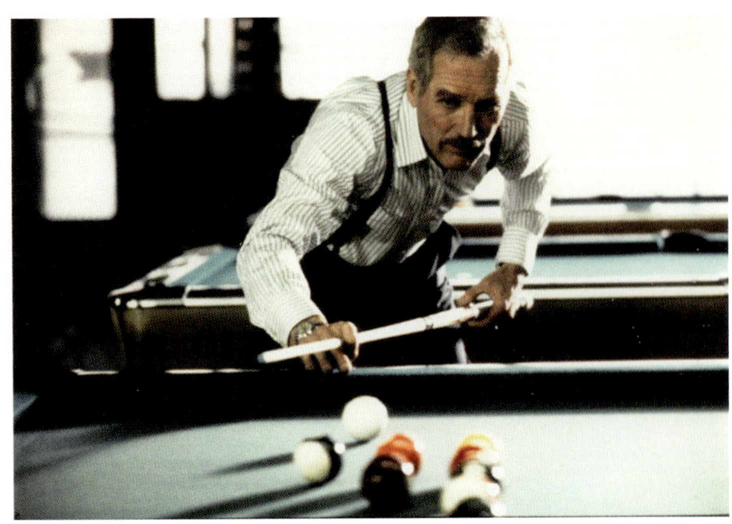

Cape Fear

Nick Nolte (Sam Bowden), Robert Mitchum (tenente Elgart), Martin Scorsese, Robert De Niro (Max Cady)
Foto pubblicitaria
Cape Fear - Il promontorio della paura,
1991
Robert Mitchum interpretava Max Cady nella prima versione del 1962, *Il promontorio della paura.* Nel remake del 1991 riveste il ruolo di un poliziotto.

Nick Nolte (Sam Bowden), Robert Mitchum (Lieutenant Elgart), Martin Scorsese, Robert De Niro (Max Cady)
Press photo
Cape Fear, 1991
Robert Mitchum played Max Cady in the original movie *Cape Fear* in 1962. In the 1991 remake he played the role of a policeman.

Martin Scorsese Collection, New York

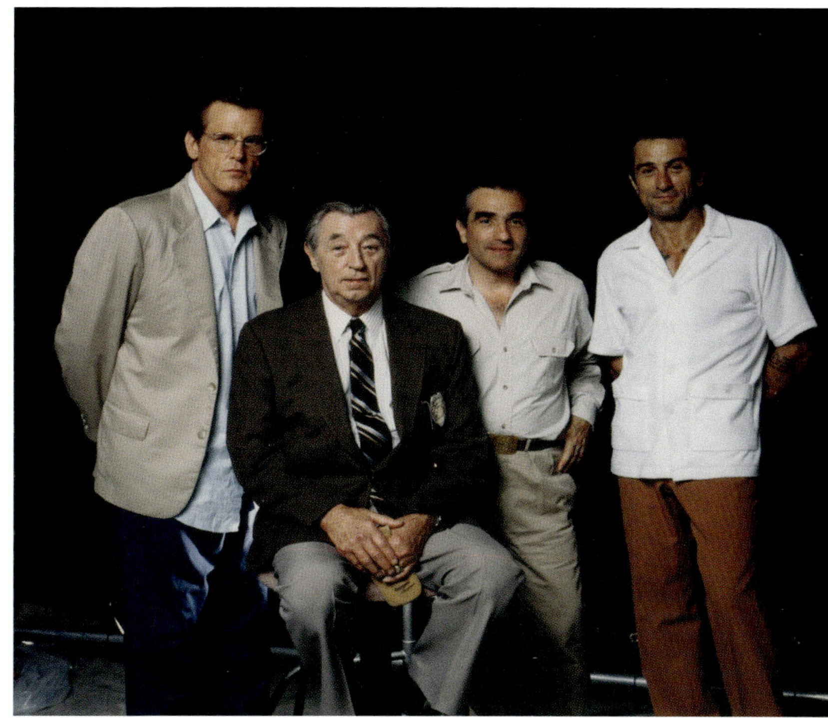

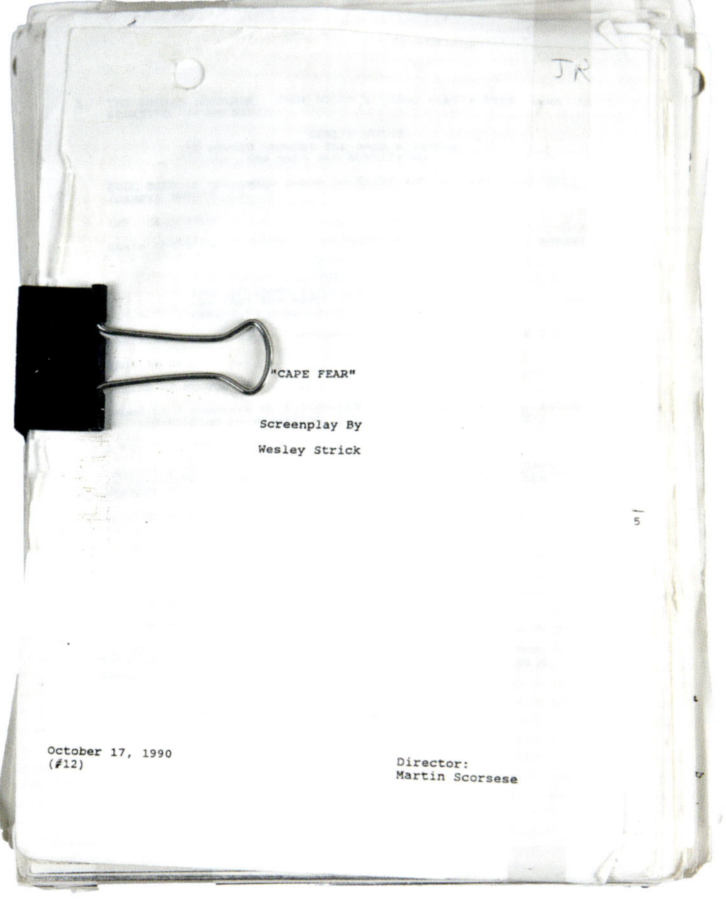

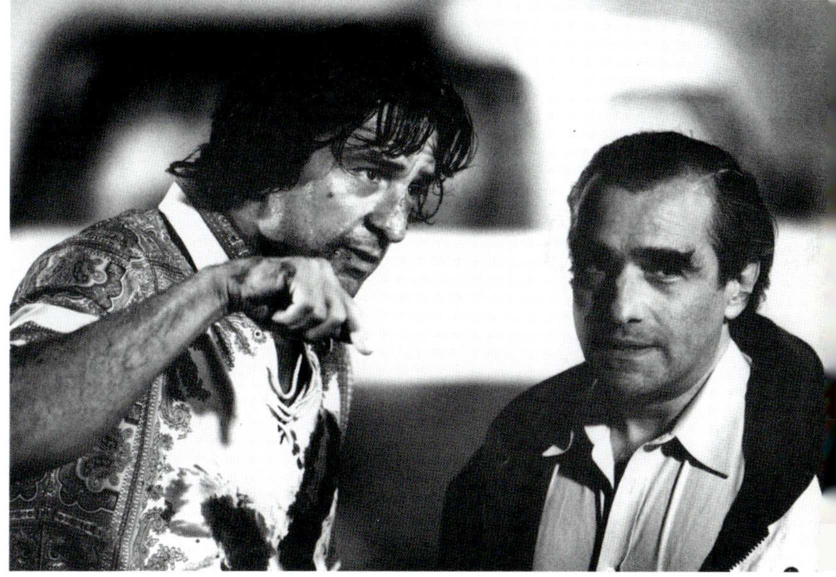

Sceneggiatura
Stesura n. 12, 17.10.1990
di Wesley Strick
Cape Fear - Il promontorio della paura, 1991

Screenplay
Draft no. 12, 17.10.1990
by Wesley Strick
Cape Fear, 1991

Martin Scorsese Collection,
New York

Robert De Niro (Max Cady) e Martin Scorsese
Foto sul set
Cape Fear - Il promontorio della paura, 1991

Robert De Niro (Max Cady) and Martin Scorsese
Photo on the set
Cape Fear, 1991

Martin Scorsese Collection,
New York

Martin Scorsese, Saul e/and Elaine Bass

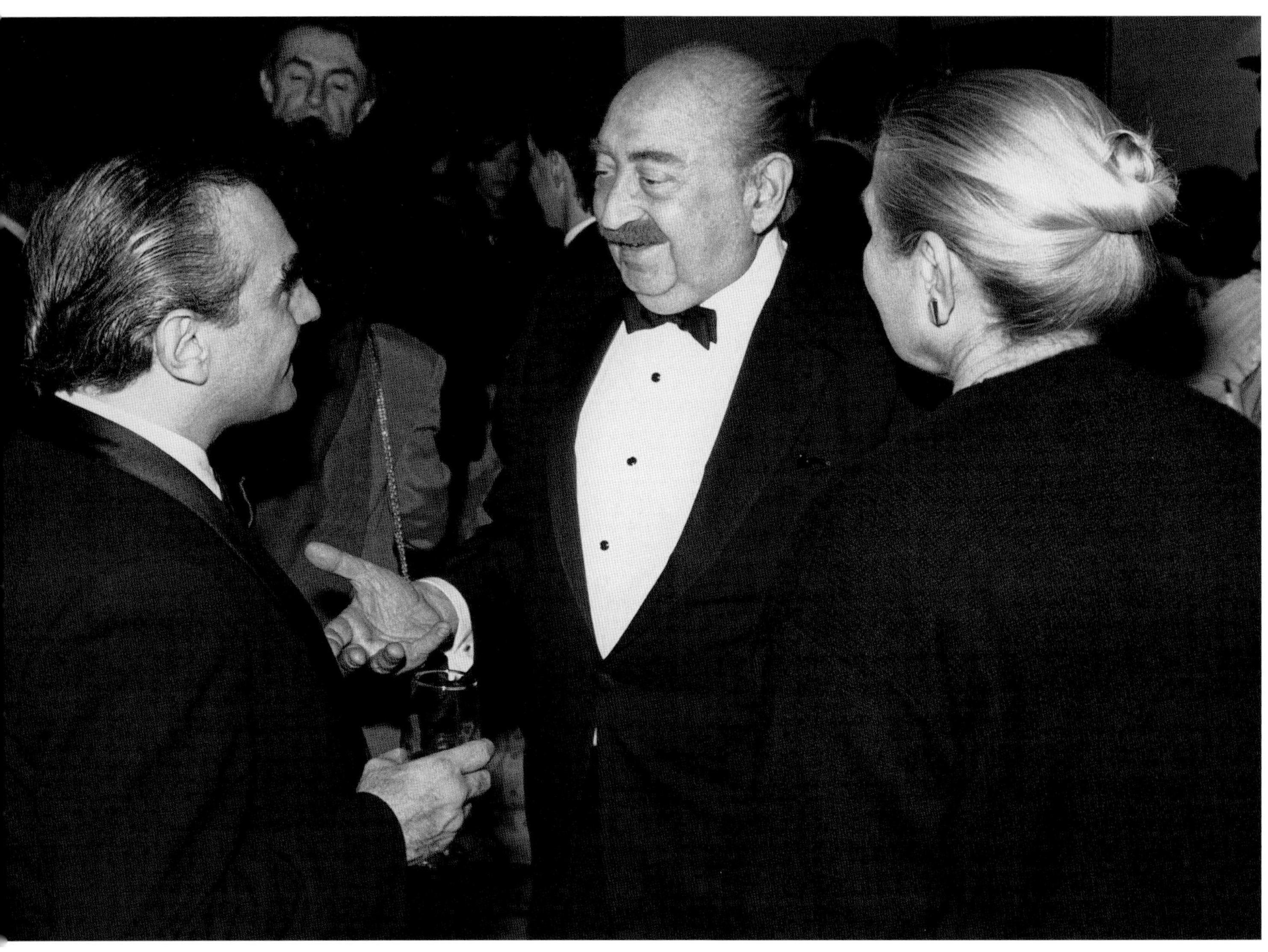

Martin Scorsese, Saul ed Elaine Bass
Foto, anni novanta

Martin Scorsese, Saul and Elaine Bass
Photo, 1990s

Jennifer Bass Collection / Martin Scorsese Collection, New York

Via Federal Express

October 26, 1994

Mr. Martin Scorsese
Casino/Universal Pictures
2900 S. Highland
Suite 18B
Las Vegas, Nevada 89109

Dear Marty:

Concerning Ace's body flying into frame after the explosion:
Here's our recommendation for the scale of body-to-frame in 2:35.
Suggest body be semi-silhouette.

Best regards,

Elaine and Saul

cc: Barbara De Fina
     Thelma Schoonmaker Powell

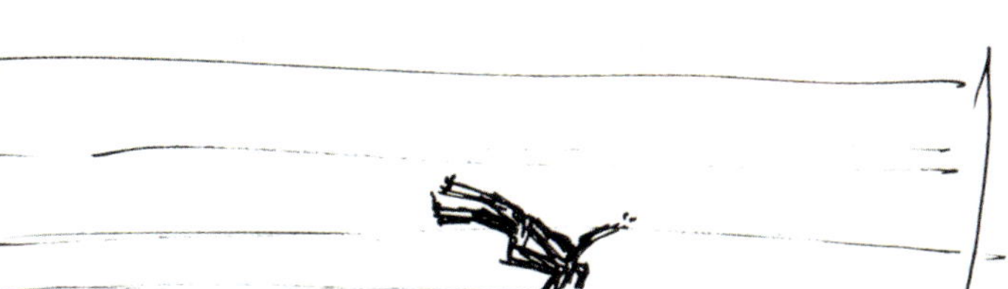

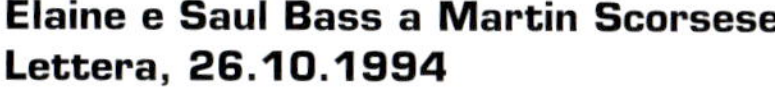

Bass Yager & Associates
7039 Sunset Blvd.
Los Angeles, CA 90028
Telephone 213 466-9701
Fax 213 466-9700

Robert De Niro
Scena dell'esplosione
Foto sul set
Casinò, 1995

Robert De Niro
Explosion scene
Photo on the set
Casino, 1995

Martin Scorsese Collection, New York

Elaine e Saul Bass a Martin Scorsese
Lettera, 26.10.1994
Casinò, 1995
Lettera con disegno per la scena di apertura del
film. Il corpo di Sam "Ace" Rothstein (Robert De
Niro) vola in aria per l'esplosione di un'auto.
Lo schizzo è ispirato a un disegno di Scorsese.

Elaine and Saul Bass to Martin Scorsese
Letter, 26.10.1994
Casino, 1995
Letter with a drawing for the opening scene
of the film. The body of Sam "Ace" Rothstein
(Robert De Niro) flies into the air due to a car
exploding.
This sketch is based on a drawing by Scorsese.

Martin Scorsese Collection, New York

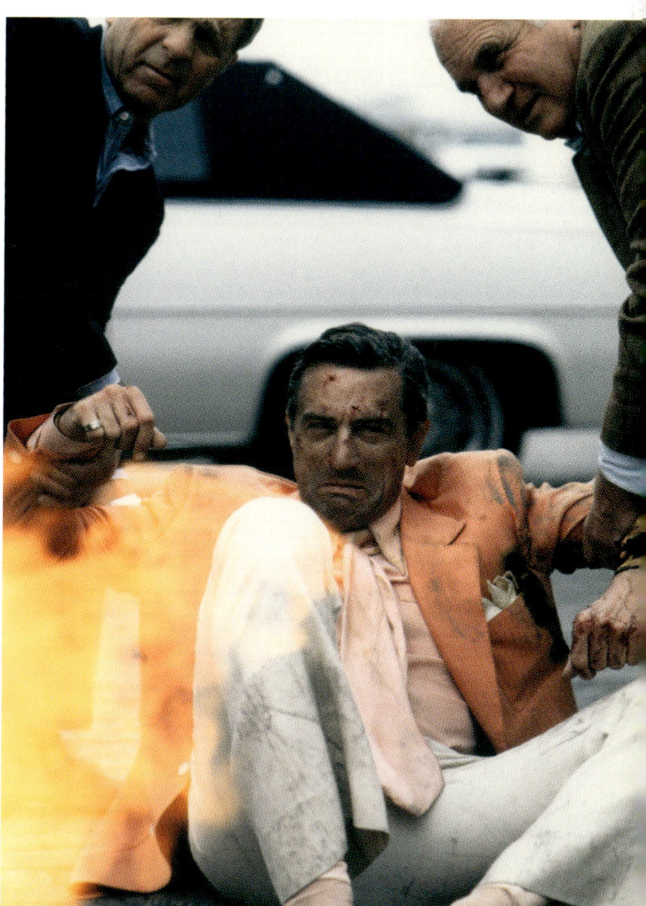

L'età dell'innocenza
The Age of Innocence

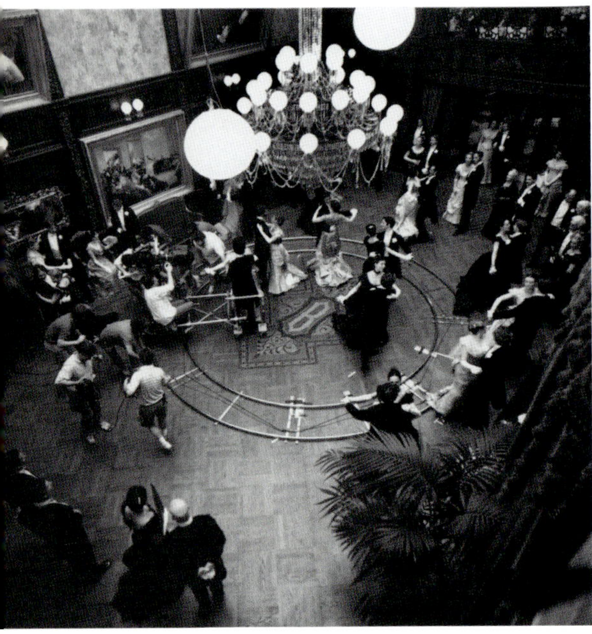

Salone da ballo nella Beaufort House
Foto sul set
L'età dell'innocenza, 1993
I binari servivano per una carrellata di 360°.

Ballroom at Beaufort House
Photo on the set
The Age of Innocence, 1993
The rails were used in a 360° tracking shot.

Martin Scorsese Collection, New York

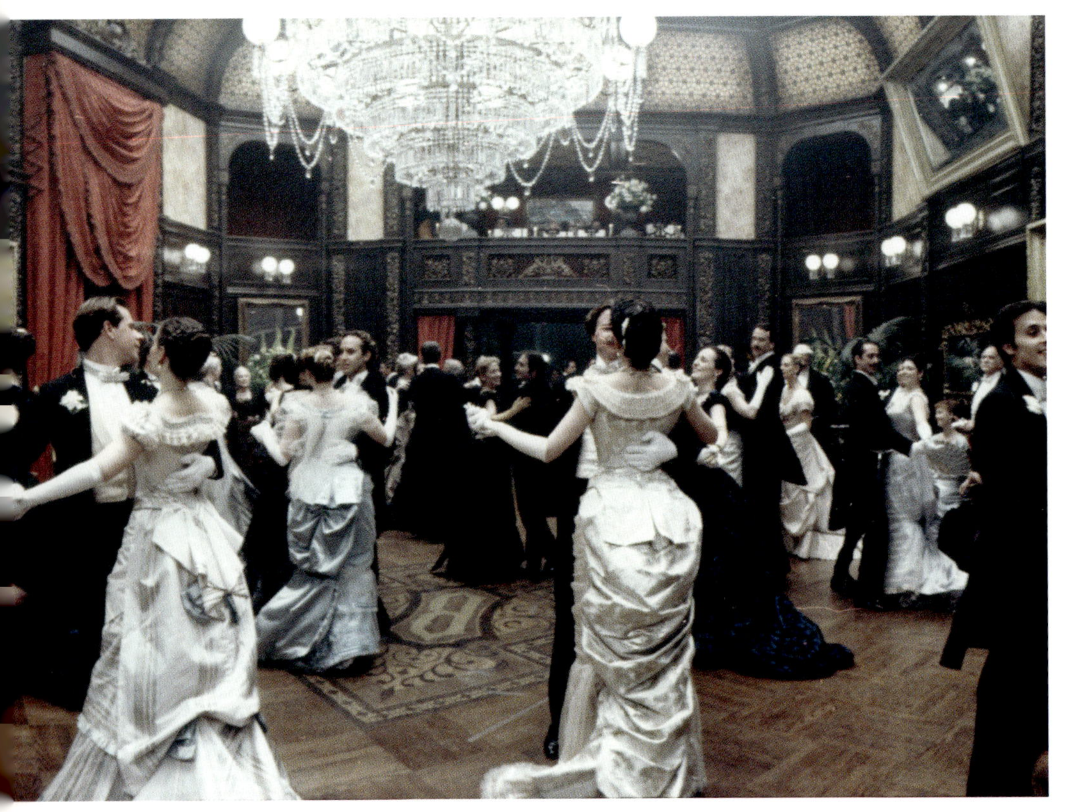

Salone da ballo nella Beaufort House
Foto di scena
L'età dell'innocenza, 1993

Ballroom at Beaufort House
Action still
The Age of Innocence, 1993

Martin Scorsese Collection, New York

The Aviator

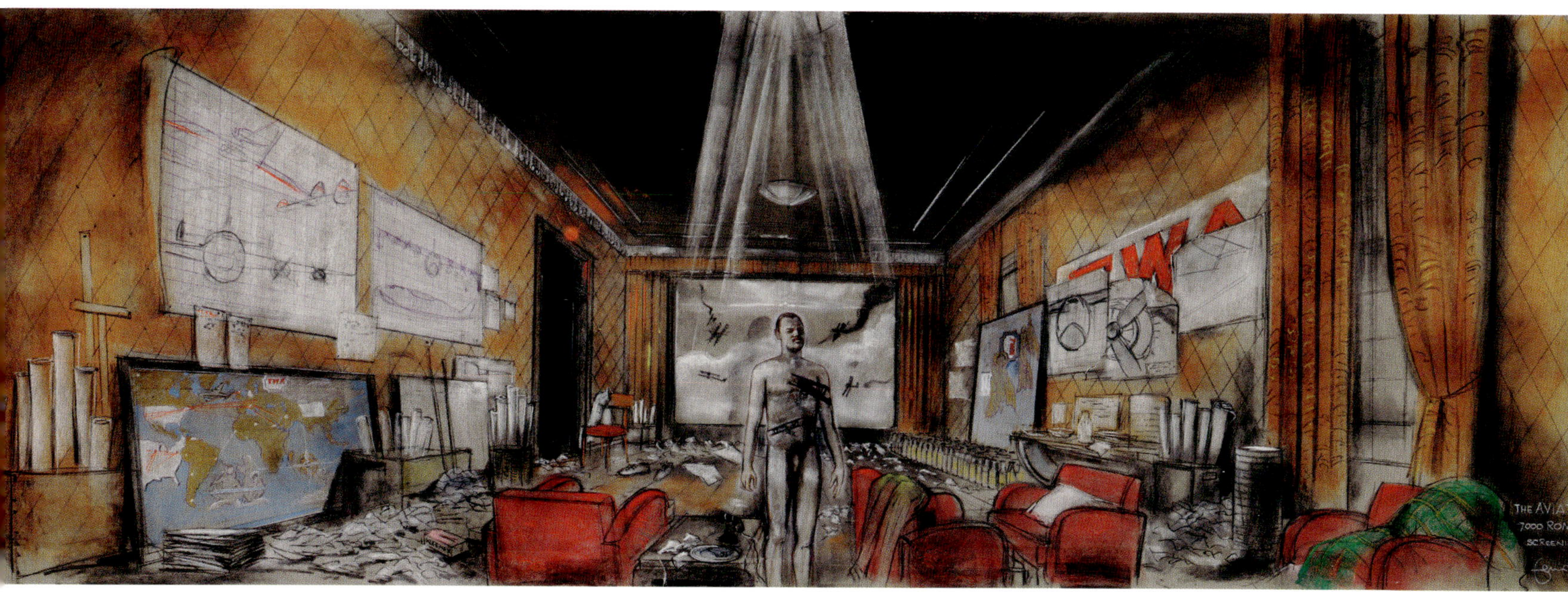

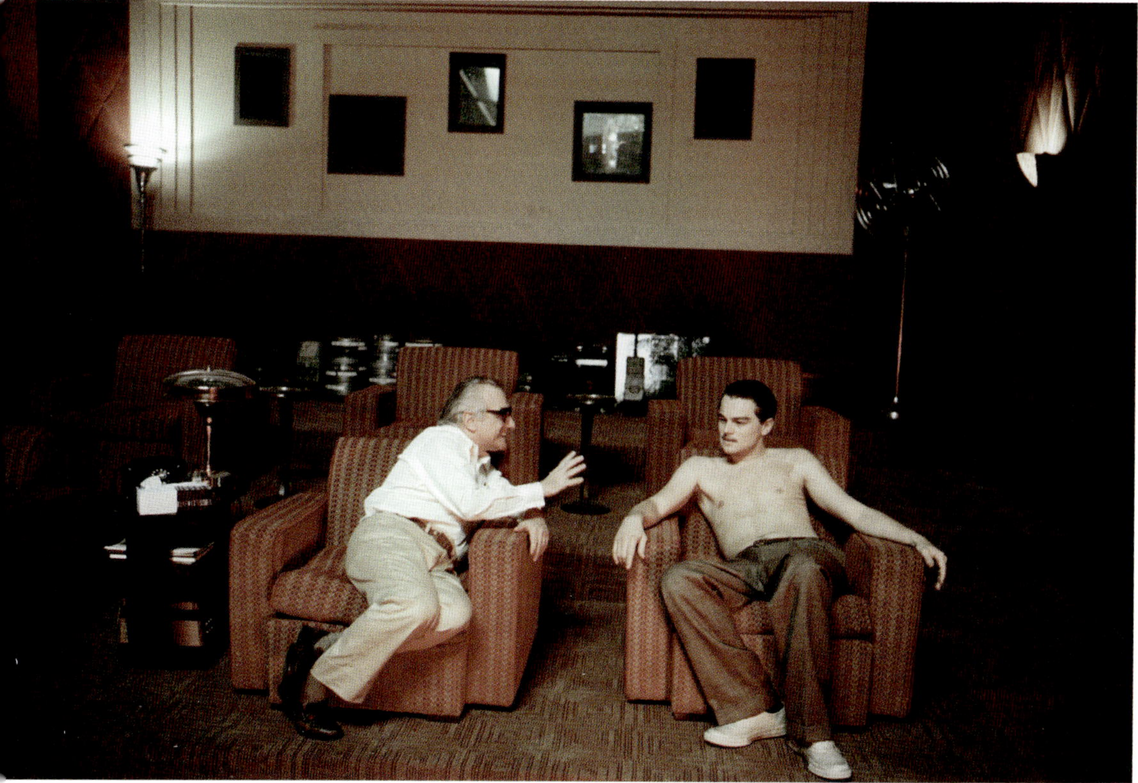

Howard Hughes' Private Screen-Room
Bozzetto per scenografia di Dante Ferretti
The Aviator, 2004

Howard Hughes' Private Screening-Room
Set design sketch by Dante Ferretti
The Aviator, 2004

Mekane Srl., Roma

Martin Scorsese e Leonardo DiCaprio (Howard Hughes)
Foto sul set
The Aviator, 2004

Martin Scorsese and Leonardo DiCaprio (Howard Hughes)
Photo on the set
The Aviator, 2004

Martin Scorsese Collection, New York

Cinema che passione

RAINER ROTHER

Un uomo, solo nella sua stanza. Fissa la propria immagine riflessa: "You talkin' to me?" – Ma dici a me? Davanti allo specchio si esercita a far scivolare una pistola fuori dall'ampia manica della sua giacca militare. Su una sorta di stecca, realizzata da lui stesso, su cui l'arma scorre fino ad arrivargli in mano. La fa scattare ripetutamente, mirando allo specchio. Le sue parole: un crescendo di aggressività. La sua aspettativa: il confronto inevitabile. Il suo atteggiamento: come se fosse lui l'aggredito, ma al tempo stesso quello che adesso non vuole più accettare di essere considerato una nullità.

L'intensità della scena si basa sulla trasformazione di un signor nessuno in un killer pronto a uccidere. Ciò che domina e che colpisce gli spettatori della sequenza poggia però anche sul fatto che essa rende evidente l'arroganza e l'arbitrarietà del comportamento. "A man's got to do, what a man's got to do" – un uomo deve fare, ciò che va fatto: la frase diventa attuale nella stilizzazione personale di Travis Bickle. Tuttavia, la messa in scena di Scorsese la smentisce con una constatazione distaccata di ciò che è. Mostra un perdente psicotico, in fuga da se stesso, che si immagina una vittima e vuole creare una giustificazione alla propria esistenza con un atto omicida. Scorsese, in tutti i suoi film, mette a nudo le stilizzazioni dei personaggi, invece di rappresentarli senza interrogativi. Dove i mitici eroi del cinema generalmente hanno diritto al gesto plateale, dove si arrogano il diritto cinematografico di personaggi "bigger than life", è lì che Scorsese, il "posseduto" di cinema, l'amante passionale e addirittura la leggenda del cinema, diffida di questa immagine. Spesso si è osservato che i suoi film sono a doppia lettura: cinema a tutti gli effetti e riflessione sui mezzi di cui dispone; scene di cruda violenza e al tempo stesso

analisi non solo della violenza stessa, ma anche dei mezzi per rappresentarla.

Una volta Scorsese dichiarò di non poter soffrire i *sequel*. Eppure è alle varianti e alle continuazioni dei classici che deve alcuni successi spettacolari – *Il colore dei soldi* e *Cape Fear - Il promontorio della paura.* Essi, insieme ai film sulla mafia *Quei bravi ragazzi* e *Casinò*, apportano un consenso di pubblico che in quegli anni viene negato ai suoi progetti più personali. *Il colore dei soldi* si riallaccia a *Lo spaccone*, un classico in bianco e nero dei film di serie B, girato nel 1961 da Robert Rossen e venticinque anni dopo, in una sorta di *sequel*, punta sulla stessa star: Paul Newman. *Cape Fear*, il remake del thriller *Il promontorio della paura* di J. Lee Thompson, diventa il maggior successo al botteghino di Scorsese fino a quel momento e segue di quasi trent'anni l'originale – gli incassi superano i 180 milioni di dollari, a fronte dei circa 35 milioni spesi per la produzione. In esso gli antagonisti rispetto al modello di Thompson, Gregory Peck e Robert Mitchum, tornano a recitare in ruoli secondari – già il cast offre un bell'omaggio ai predecessori. La cinematografia di Scorsese rappresenta al tempo stesso un'eredità e una critica della storia del cinema. È palese in un lavoro su commissione leggero, ma anche raffinatamente ironico per un produttore spagnolo di spumante dal titolo *The Key to Reserva*. Si sostiene che siano comparse tre pagine e mezzo di un manoscritto di Alfred Hitchcock – riferite a un film mai girato. In uno straordinario dialogo con l'intervistatore, interpretato dallo sceneggiatore Ted Griffin, Scorsese presenta con assoluta impassibilità le difficoltà che si incontrano per girare alla Hitchcock 3 minuti di un film di Hitchcock mai realizzato:

"*Martin Scorsese*: Lo faremo! Sì, giro il mio film hitchcockiano. Ma deve sembrare e deve essere come lui ha girato il film

Cinema, What a Passion

RAINER ROTHER

A man, alone in his room. He looks at his reflected image: "You talkin' to me?" He rehearses before the mirror, sliding a gun out of the wide sleeve of his military jacket along a kind of slat he made, where the weapon slides down into his hand. He makes it click repeatedly, aiming at the mirror. His words: a crescendo of aggressiveness. His expectations: an inevitable confrontation. His attitude: as if he were the one assaulted, but at the same time, the one who will no longer accept being considered a nobody.

The intensity of the scene is centred on the transformation of a Mr. Nobody into a killer ready for murder. What dominates and strikes the viewers of the sequence however, also rests on the fact that it reveals behavioural arrogance and wantonness. "A man's got to do, what a man's got to do": this phrase becomes topical in Travis Bickle's personal stylization. Nevertheless, Scorsese's *mise en scène* contradicts itself by establishing reality in a detached way. It shows a psychotic loser escaping from himself, who believes himself to be a victim and who wants to create a justification for his existence through a homicidal act. In all his films, Scorsese bares his characters' stylizations, instead of showing them with no issues. Where mythical heroes of cinema generally have a right to a dramatic gesture, where they claim the cinematographic right to be "bigger than life" characters, is where Scorsese, "possessed" by cinema, a passionate lover and even a legend of cinema, mistrusts this concept. It has often been observed that his films may be read through two keys: cinema to all effects and a reflection on the means at his disposal; scenes of crude violence and at the same time an analysis not only of violence itself, but also of the means used to depict it.

Scorsese once declared he couldn't stand sequels. Nevertheless he owes some spectacular successes to variations and continuations of classics – *The Color of Money* and *Cape Fear*. Together with his films on the mafia, *Goodfellas* and *Casino*, they brought a consensus from the public which was denied to his more personal projects. *The Color of Money* is linked to *The Hustler*, a B film classic in black and white shot in 1961 by Robert Rossen and twenty-five years later, it focuses on the same star, in a sort of sequel: Paul Newman. *Cape Fear*, the remake of the eponymous thriller by J. Lee Thompson, became Scorsese's major success at the box-office up to that moment and followed the original by almost thirty years – the box-office was in excess of 180 million dollars, compared to about 35 million spent for its production. Compared to Thompson's model, the antagonists Gregory Peck and Robert Mitchum returned in it to play secondary roles – the cast offered a fine tribute to its predecessors. Scorsese's cinema represents heritage and a critique of cinema history at the same time. This is evident in a light, but also sophisticatedly ironical work commissioned by a Spanish champagne producer named *The Key to Reserva*. It claims that three and a half pages of a manuscript by Alfred Hitchcock have surfaced, about a film that was never made. In an extraordinary dialogue with the interviewer, played by scriptwriter Ted Griffin, and absolutely deadpan Scorsese presents the difficulties encountered in order to shoot 3 minutes of a film by Hitchcock that was never made, *à la* Hitchcock:

"*Martin Scorsese*: We are going to do it! Yes, I make my own Hitchcock-film. But it has to look, it has to be the way he had made the picture then – only making it now. But the way he would

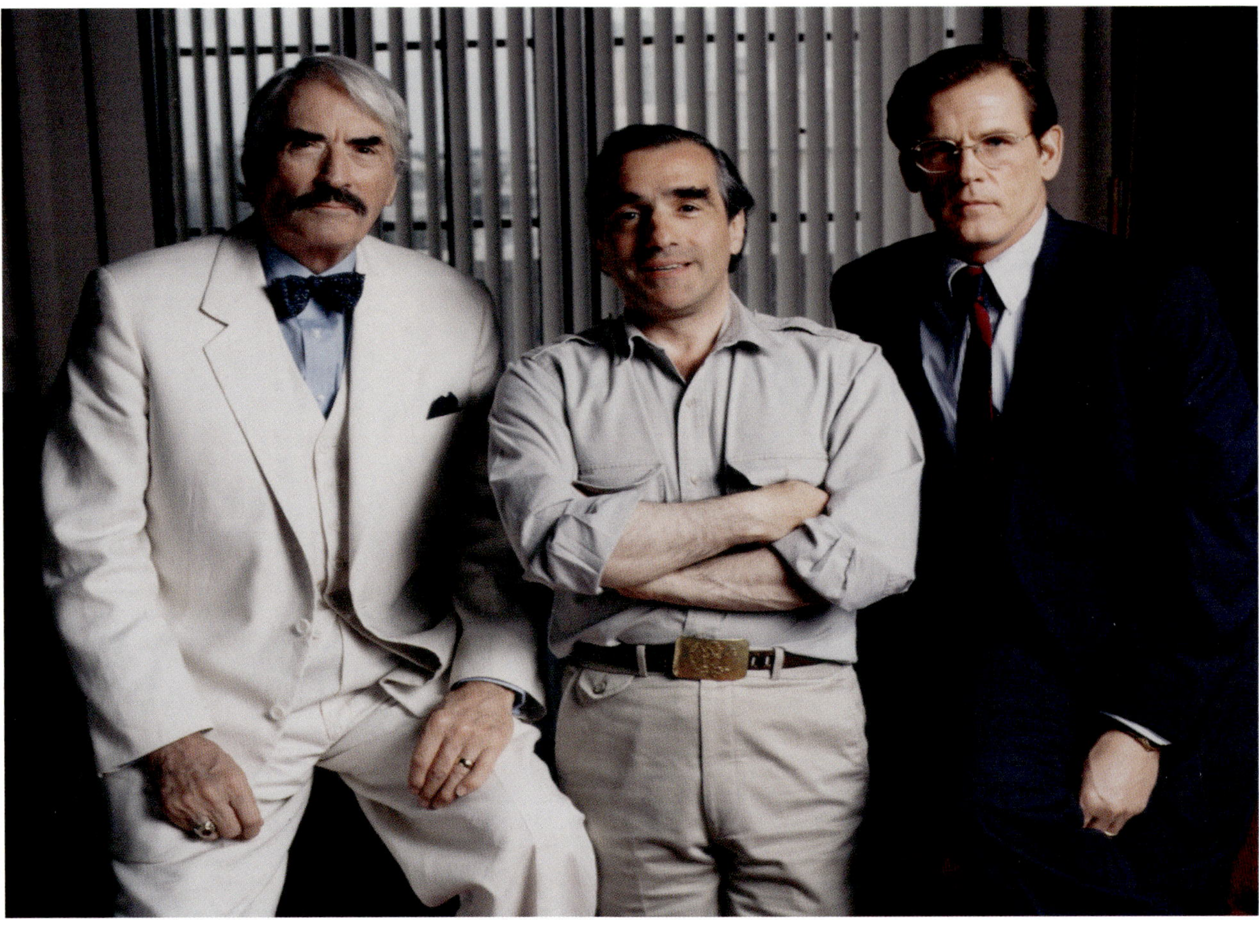

**Gregory Peck (Lee Heller), Martin Scorsese,
Nick Nolte (Sam Bowden)**
Foto pubblicitaria
Cape Fear - Il promontorio della paura, 1991

**Gregory Peck (Lee Heller), Martin Scorsese,
Nick Nolte (Sam Bowden)**
Press photo
Cape Fear, 1991

Martin Scorsese Collection, New York

allora – solo, girandolo adesso. Ma come lui l'ha girato allora. Se fosse vivo oggi e lo stesse girando ora, come se l'avesse girato allora.

Intervistatore: Comprendo benissimo.

Martin Scorsese: Bene. Ma: *il suo* film!

Intervistatore: Il suo film?

Martin Scorsese: Non il mio. Perché io non potrei. [...] Il mio approccio? Ovviamente non lo girerò come vorrei. Ma posso girarli come Hitchcock? Non credo. Quindi in che veste li girerò? Ecco la questione. Questa è la domanda e questo è il problema, giusto?"

Il classico di internet *The Key to Reserva* è molto divertente. Scorsese riflette con distensione e ironia sul-

la propria posizione di film maker, intriso di storia del cinema, affascinato da essa. Lo spot pubblicitario, ispirato alle scene de *L'uomo che sapeva troppo* di Hichcock, le accompagna con la musica di Bernard Herrmann tratta da un altro film del maestro, *Intrigo internazionale*, e termina poi con un omaggio a *Gli uccelli* – probabilmente non avrebbe potuto girare prima, così, questo filmato pubblicitario del 2007. Da poco, però, aveva ricevuto ciò che incomprensibilmente gli era stato spesso negato, l'Oscar. La sua predisposizione all'autocritica, l'interrogarsi "come colui che" gira i propri film, questo è il nocciolo della sua opera. Nel 2000 Scorsese ne parlò con Mark Singer per il "New Yorker" e riconobbe che gli risultava dif-

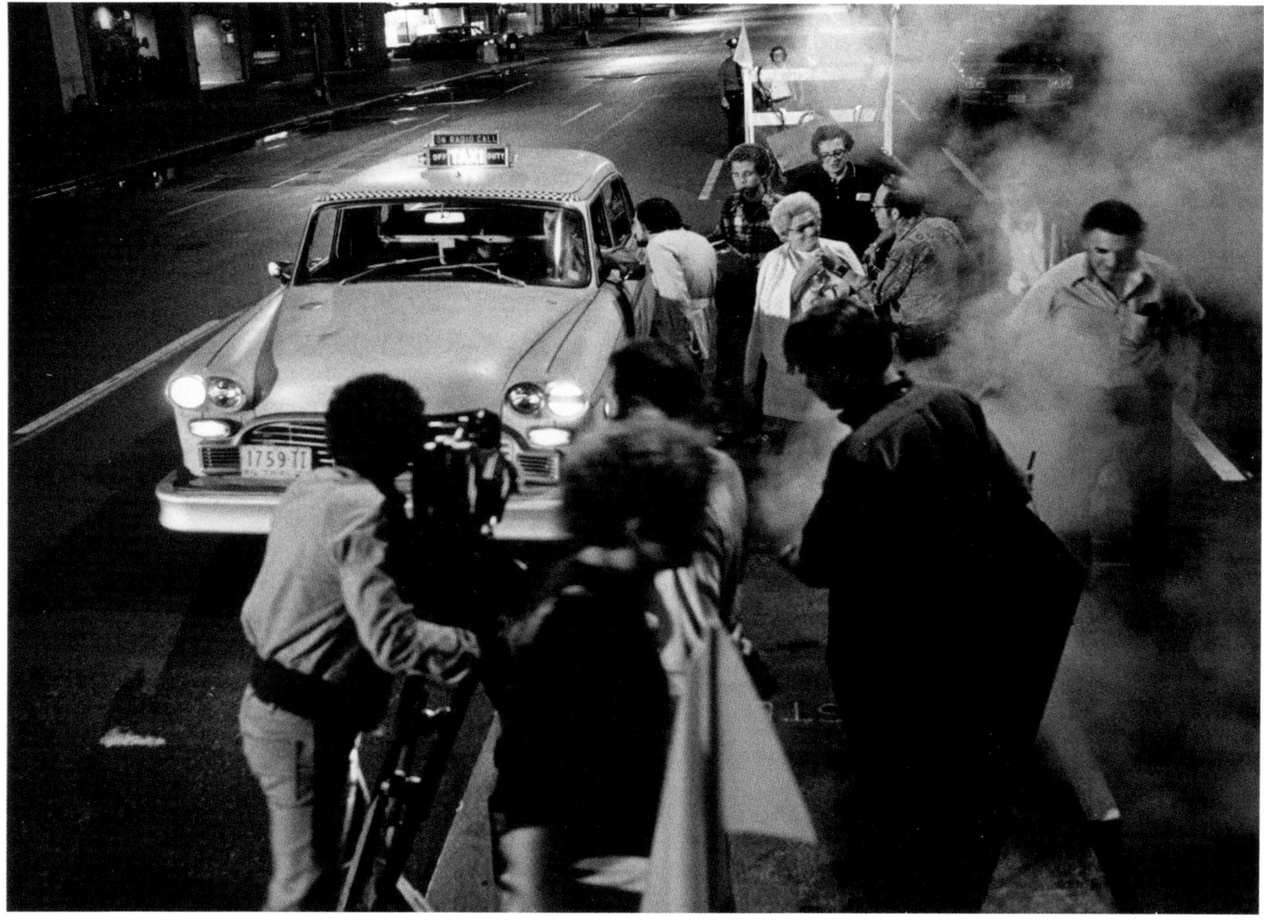

Martin Scorsese, Robert De Niro e Catherine Scorsese a New York
Foto sul set
Taxi Driver, 1976

Martin Scorsese, Robert De Niro and Catherine Scorsese in New York
Photo on the set
Taxi Driver, 1976

Martin Scorsese Collection, New York

have made it then. If he was alive now making this now as if he made it back then.

Interviewer: I understand perfectly.

Martin Scorsese: Good. But: *his* film!

Interviewer: His film?

Martin Scorsese: Not mine. Because I couldn't. [...] My approach? I am obviously not going to shoot it as I would. But: Can I shoot them as Hitchcock? I don´t think so. So who shall I shoot them as? This is the question. This is the question and this is the problem, right?"

The Internet classic *The Key to Reserva* is very amusing. Scorsese reflects with relaxation and irony on his own position as a filmmaker, pervaded by the history of cinema, fascinated by it. The advert spot, inspired by scenes out of *The Man Who Knew Too Much* by Hitchcock, accompanies them with music by Bernard Herrmann from another of the master's films, *North by Northwest,* and then ends with a tribute to *The Birds* – probably he would not have been able to shoot this 2007 advertising film, like this, earlier on. However, he had just received what had often been incomprehensibly denied to him, an Oscar. His tendency for self-criticism, his inner questions about "the guy who" shoots his films, this is the core of his work. In 2000, Scorsese spoke about this with Mark Singer for the "New Yorker" and admitted it was difficult for him to evaluate his work, to say whether it had become good or not. Never-

ficile valutare il proprio lavoro, dire se era diventato bravo o meno. Tuttavia, poteva affermare che era "giusto", che lo aveva fatto come era nelle sue intenzioni. Diventare parte della storia del cinema con il proprio lavoro, questo è il suo sogno e lo ha realizzato da tempo. Scorsese, che non segue il modello del cinema d'autore europeo, ha trovato la propria strada nella storia. Come regista assolutamente americano, la cui peculiarità è ben rappresentata in produzioni di genere e di studio. Del tutto in linea con i registi professionisti degni d'ammirazione degli anni d'oro di Hollywood, non vuole innanzitutto raccontare la propria storia, ma racconta tutte queste storie a modo suo – sempre "giusto".

La storia del cinema è il senso della sua vita. Il collezionista appassionato ha raccolto migliaia di copie di film. Alcune rare le ha prestate occasionalmente a festival del cinema, scortate da persone fidate che verificavano se le condizioni di proiezione e il metodo di lavoro degli operatori rispettavano lo standard richiesto e l'accuratezza necessaria. La passione di Scorsese si chiama storia del cinema. Come regista, come collezionista, come spettatore: lui guarda e produce film a questo scopo. Nessun film rimane isolato, ogni film ha il diritto di poter essere rivisto in qualsiasi momento. Per Scorsese la storia del cinema è un continuum che si nutre delle sensazioni accumulatesi nel pubblico, nonché delle reazioni e dei pensieri che vi si scatenano. E così è riuscito a diventare il rappresentante principale e più convincente degli interessi non semplicemente del cinema, ma piuttosto del patrimonio cinematografico. Come lobbista al servizio della storia del cinema si fa definire, forse anche volentieri, un "cinefilo hardcore" – ed entrambi i vocaboli vanno intesi come elogio massimo.

Già a metà degli anni settanta mise a nudo i difetti eclatanti della tecnica del cinema a colori di quei tempi, ben noti all'industria del settore. Il materiale in uso delle aziende leader del mercato presentava tre strati di colore che si scomponevano a velocità diverse, cosicché i film finivano per virare al famigerato rosso in breve tempo. Un intero periodo di storia del cinema era minacciato nella sua integrità artistica e Scorsese pretese lo sviluppo di nuovi materiali cromaticamente stabili. La sua campagna, appoggiata da Steven Spielberg, George Lucas e Francis Ford Coppola, nonché da altri registi famosi, sortì i suoi effetti. Kodak, Fuji e altri intrapresero la produzione di nuovi materiali cromatici e ben presto poterono vantare risultati migliorati. Per Scorsese questo fu un primo passo, a cui fece seguito l'iniziativa per il restauro di pellicole danneggiate. The Film Foundation, da lui creata nel 1990, si procurò – sempre con il sostegno dei suoi amici registi – mezzi considerevoli per avviare progetti in collaborazione con gli archivi. Nel 2007 seguì la fondazione della World Cinema Foundation, annunciata pubblicamente in occasione del Festival di Cannes. Questa volta tra i sostenitori di primo piano si annoveravano Abbas Kiarostami, Wong Kar-Wai, Wim Wenders e Fatih Akin. Scorsese si rivela umile servitore della propria passione. La storia del cinema, da cui ha ricevuto molto, ha trovato in lui il promotore più eloquente. Che il suo lavoro vi occupi un posto di rilievo, è certo. Forse anche il dubitare di se stessi è mitigato. In ogni caso con *Hugo Cabret* ha girato il suo primo vero film sulla famiglia. Divenuto un omaggio ai primordi della sua arte. In esso il pioniere dimenticato Georges Méliès viene strappato dall'oblio dalla curiosità e dall'ostinazione di un ragazzo, aiutato da uno storico appassionato di cinema, e celebrato di nuovo in modo commisurato al suo valore.

Scorsese ha assolto il proprio dovere, apprezzando e riscoprendo i maestri della sua arte. Con i restauri, a cui i festival del cinema dedicano brillanti presentazioni, con i suoi film documentari sul cinema italiano e americano, infine con le proprie pellicole, disseminate di riferimenti ad altre opere e in cui ricorrono sempre figure come il Dalai Lama che in *Kundun* si compiace a lungo di fronte al tremolio delle immagini proiettate. La storia del cinema è la sua passione. E lei non lo dimenticherà mai.

theless, he could declare that it was "right", that he had carried it out according to his intentions.

Becoming a part of the history of cinema with his work, this has been his dream and he has already achieved it. Scorsese, who does not follow the European auteur cinema model, has found his own path within history. As a totally American filmmaker, whose peculiarity is well depicted in genre and studio productions. Absolutely in line with the professional filmmakers from Hollywood's golden era who deserve to be admired, in the first place he does not wish to recount his own story, but recounts all stories in his own way – always "right".

Cinema history is the sense of his life. This passionate collector has collected thousands of film copies. He has occasionally lent some rare ones to film festivals, escorted by trusted persons who make sure that screening conditions and the projectionists' working methods respect the standard required and the necessary accuracy. The name of Scorsese's passion is cinema history. As a filmmaker, as a collector, as a spectator: he watches and produces film to this end. No film remains isolated, each film has the right to be watched again in any moment. For Scorsese, cinema history is a continuum which feeds on feelings accumulated by the public, as well as the reactions and thoughts unleashed within it. And so, he has managed to become the main and most convincing representative of the interests not only of cinema, but rather of cinematographic heritage. As a lobbyist serving the history of cinema, he lets himself be described, maybe even willingly, as a "hardcore cinephile" – and both words must be understood as a supreme encomium.

Already in the mid-1970s, he laid bare glaring flaws in the cinema colour technique of that period, well-known to the industry in that sector. The material used by leading companies on the market presented three layers of colour which deteriorated at differing speeds, so that films ended up by veering towards a notorious red in a short time. An entire age of cinema history was threatened in its artistic integrity and Scorsese demanded the development of new chromatically stable material. His campaign, supported by Steven Spielberg, George Lucas and Francis Ford Coppola, as well as other famous directors, had its effect. Kodak, Fuji and other companies began the production of new chromatic supports and were able to boast of improved results quite soon. This was a first step for Scorsese, followed by an initiative for the restoration of damaged films. The Film Foundation he created in 1990 garnered considerable assets to start projects in collaboration with archives – always with the support of his filmmaker friends. In 2007, this was followed by the implementation of the World Cinema Foundation, and announced publicly during the Cannes Film Festival. This time, Abbas Kiarostami, Wong Kar-Wai, Wim Wenders and Fatih Akin were numbered among its supporters in the first ranks.

Scorsese is revealed as a humble servant of his passion. Cinema history, which gave him a lot, has found its most eloquent promoter in him. Of course, his work occupies a relevant place within it. Perhaps self-doubts are even mitigated. In any case, he has made his first true film on family with *Hugo*. It has become a tribute to the dawn of his art. In it, the forgotten pioneer Georges Méliès is snatched from oblivion by a boy's curiosity and obstinacy, helped by a historian who is passionate about cinema, and celebrated once more in a manner commensurate with his worth.

Scorsese has discharged his duty, by appreciating and rediscovering the masters of his art. With his restorations, with film festivals dedicating brilliant presentations to them, with his documentary films on Italian and American cinema, and finally with his own films, interspersed with references to other works and always featuring figures such as the Dalai Lama, who shows protracted appreciation in *Kundun* before the flickering of beamed pictures. Cinema history is his passion. And it will never forget this.

LE RIPRESE
CINEMATOGRAPHY

Martin Scorsese compone ogni dettaglio delle sue opere. Il ritmo delle singole scene è determinato dall'interazione tra macchina da presa, montaggio e suono. Nonostante la violenza e la brutalità spesso sottese alle trame dei suoi film, essi si distinguono per un particolare tocco di leggerezza, che scaturisce sia dallo stile della messa in scena del regista che dalle riprese virtuose di direttori della fotografia come Michael Ballhaus (*L'età dell'innocenza*, 1993) o Robert Richardson (*Casinò*, 1995). *L'età dell'innocenza*, dal romanzo omonimo di Edith Wharton, racconta la storia di una contessa separata, il cui stile di vita non è conforme alle convenzioni della *high society* newyorkese degli anni intorno al 1870. La macchina da presa scivola leggera tra le sale e i salotti opulenti e mostra una vita sociale improntata sulle apparenze. Anche nei film sul "gioco", quali *Il colore dei soldi* (1986, alle riprese sempre Michael Ballhaus) o *Casinò*, la leggerezza dei movimenti sembra una sublimazione della tensione interna dei protagonisti. La cinepresa danza con Vincent (Tom Cruise) attorno al tavolo da biliardo come in un *pas de deux*, ogni suo movimento è coreografato. Leggendario è il piano sequenza di due minuti e mezzo di *Quei bravi ragazzi* (1990), in cui la macchina da presa segue Henry (Ray Liotta) e sua moglie al Copacabana Club. Attingendo al suo sofisticato istinto per le immagini visive, Scorsese trova un'espressività calzante per ogni scena: cambi frequenti di velocità, movimenti contrapposti tra cinepresa e protagonista, corse apparentemente senza fine con la steadicam servono alla drammaturgia dei film per intensificarne gli effetti di suggestione sullo spettatore.

Martin Scorsese composes every detail of his films. The rhythm of the individual scenes is determined by the interplay of camera, editing and sound. Despite the violence and brutality frequently underlying their plots, Scorsese's films are characterized by a special lightness. This is due both to the director's production style and to the virtuoso camera work of his directors of photography, such as Michael Ballhaus (*The Age of Innocence*, 1993) and Robert Richardson (*Casino*, 1995). *The Age of Innocence*, based on the novel of the same name by Edith Wharton, tells the story of a countess separated from her husband, whose lifestyle does not correspond to the conventions of New York high society in the 1870s. The camera glides light-footedly through sumptuous halls and reception rooms, showing a social life shaped by outward appearances. Even in "gambler" films like *The Color of Money* (1986, cinematography also by Michael Ballhaus) and *Casino*, the lightness of movement seems to sublimate any of the protagonists' inner tension. As if in a *pas-de-deux*, the camera dances around the billiards table together with Vincent (Tom Cruise); and each of his movements is choreographed. The uninterrupted 2 1/2-minute sequence in *Goodfellas* (1990), in which the camera follows Henry (Ray Liotta) and his wife to the Copacabana nightclub, is legendary. Tapping into his sophisticated sense of visual imagery, Scorsese finds the correct expression for every scene: frequent changes of speed, opposing movements of the camera and the protagonist, and seemingly endless tracking shots with the steadicam are used for the dramaturgy of films to amplify their suggestive effects on the viewer.

Il colore dei soldi
The Color of Money

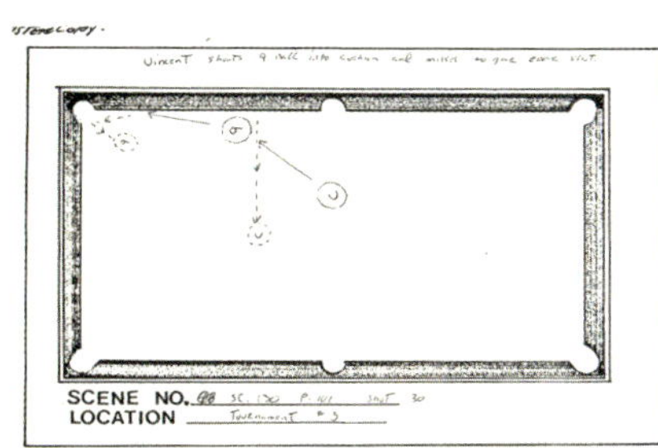

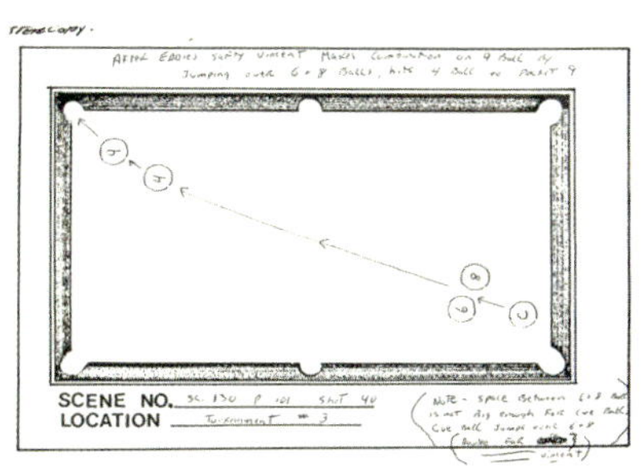

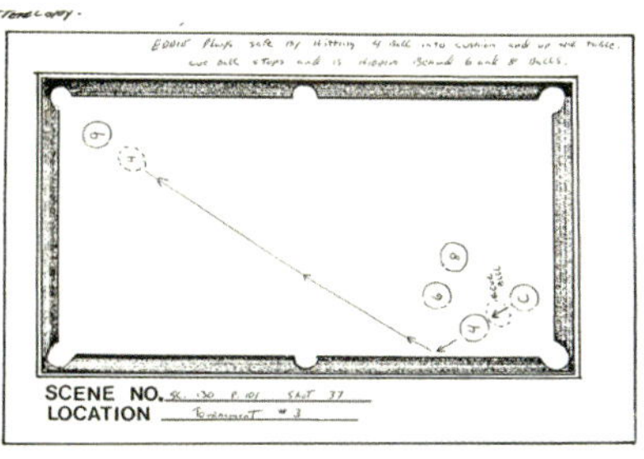

Scena 130: Tavolo da biliardo
Diagramma con le angolazioni della
macchina da presa
Il colore dei soldi, 1986

Scene 130: Snooker table
Diagram with angles for
the camera
The Color of Money, 1986

Martin Scorsese Collection, New York

La troupe
Foto sul set
Il colore dei soldi, 1986

Teamshot
Photo on the set
The Color of Money, 1986

Martin Scorsese Collection,
New York

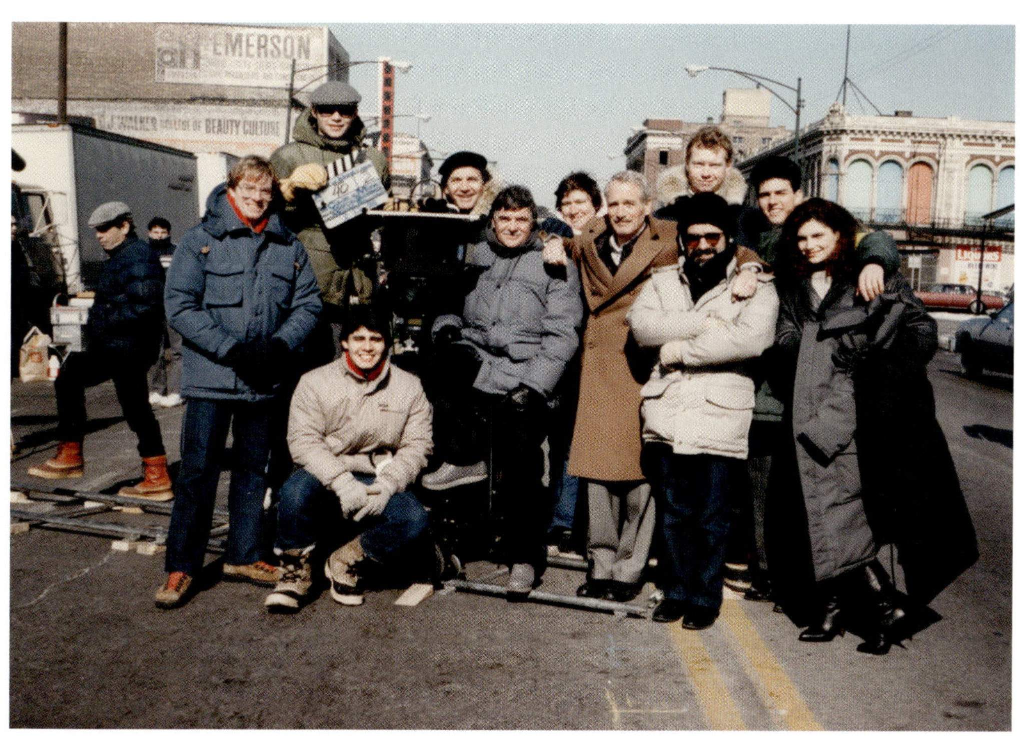

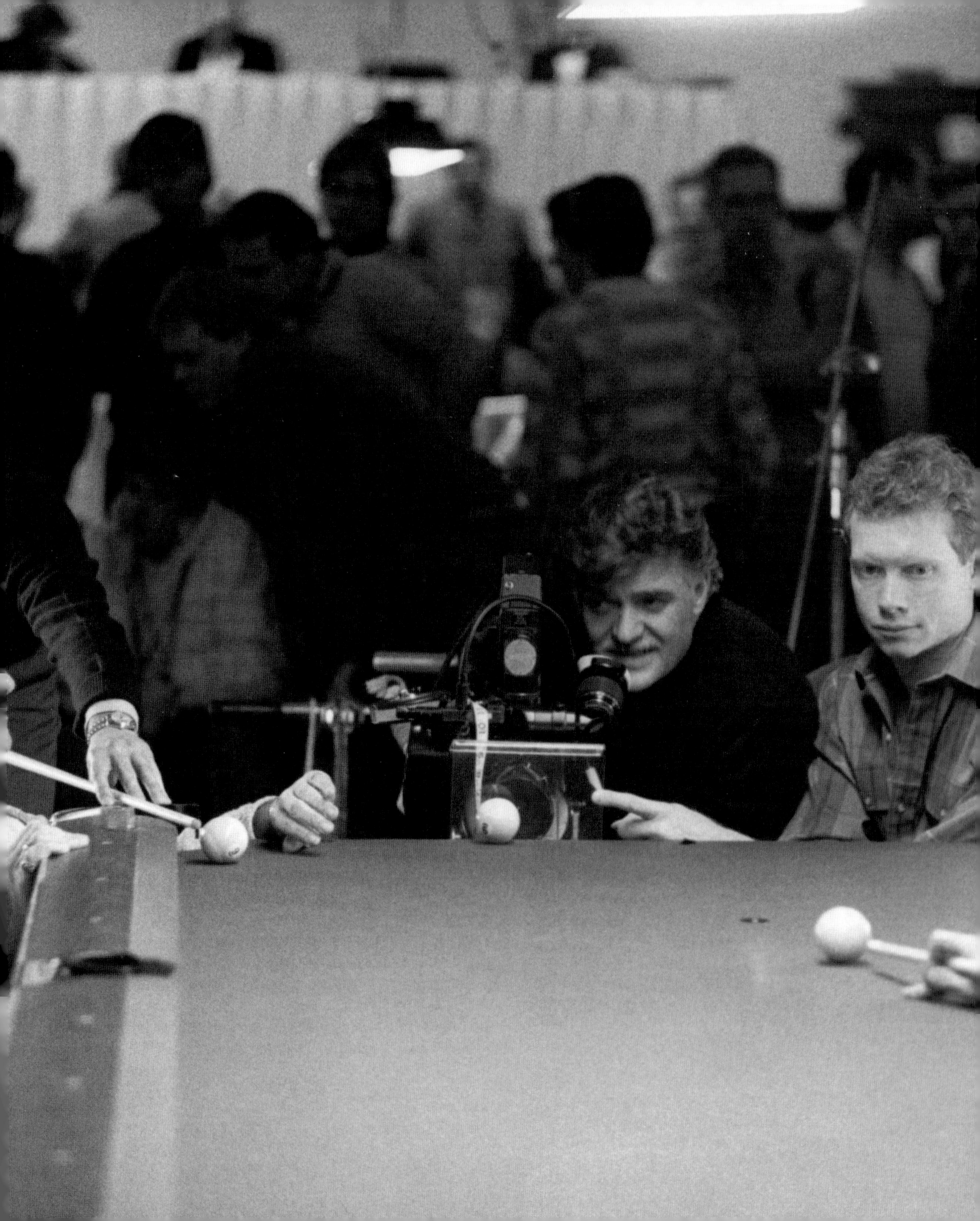

Nel 1983 volevo lavorare con Michael Ballhaus per *L'ultima tentazione di Cristo*. Avevo ammirato il suo modo di lavorare nei film di Fassbinder che avevo visto e lui mi era piaciuto molto la prima volta che l'avevo incontrato. Desideravo inoltre una diversa filosofia in termini di luce, ma in particolare, nel movimento della macchina da presa. La cinepresa di Michael era molto fluida ed era pervasa da un'energia speciale. Il progetto per *L'ultima tentazione di Cristo* si arenò. Dunque, quando finalmente siamo giunti a lavorare insieme – per *Fuori orario* – volevo imparare come fare nuovamente un film più in fretta, in 40 giorni. Avevo sempre girato film che richiedevano più tempo. Michael fu in grado di farlo per me e con me. Creavamo tanti, tanti schemi al giorno, e movimenti di macchina complicati e io ero molto soddisfatto. Lui mi infondeva energia. In un certo senso, mi fece sentire che potevo nuovamente fare film.

I wanted to work with Michael Ballhaus on *The Last Temptation of Christ* in 1983. I admired the way he worked on the Fassbinder films that I saw and liked him very much when I first met him. I also wanted a different philosophy in terms of light, but particularly, camera movement. Michael's camera was very fluid and it had a special energy to it. *The Last Temptation of Christ* project got stalled. So by the time we did get to work together – on *After Hours* – I wanted to learn how to make a film more quickly again – in 40 days. I had been shooting films that lasted longer. Michael was able to do it for me and with me. We did many, many setups per day, and complicated camera moves and I was very satisfied. He reenergized me. In a sense, it made me feel like I could make movies again.

Martin Scorsese

Il direttore della fotografia Michael Ballhaus
Foto sul set
Il colore dei soldi, 1986

Cinematographer Michael Ballhaus
Photo on the set
The Color of Money, 1986

Martin Scorsese Collection, New York

Taxi Driver

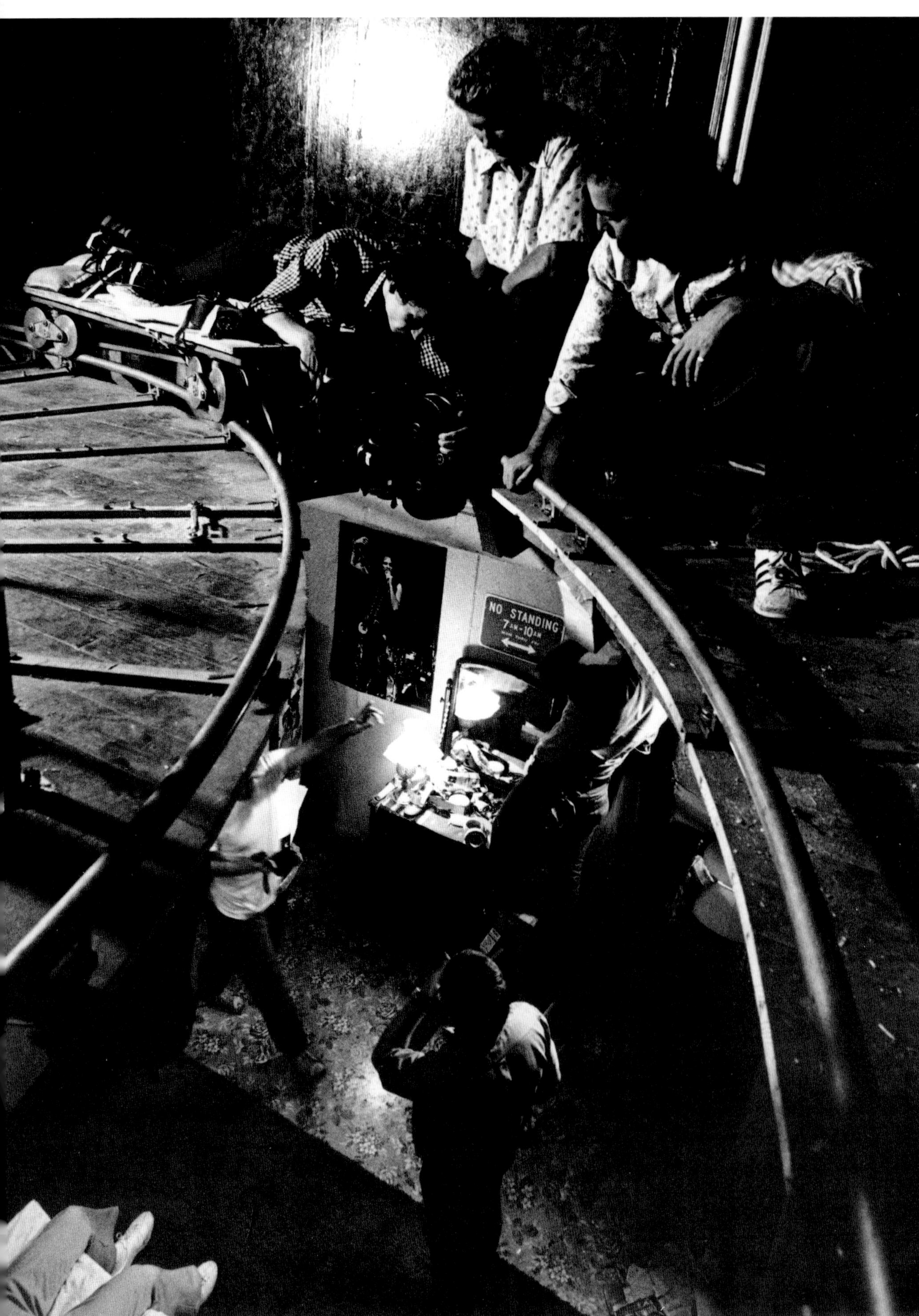

Riprese
Foto sul set
Taxi Driver, 1976
Per filmare il bagno di
sangue come inquadratura
zenitale, si segò un foro nel
soffitto della casa.

Shooting
Photos on the set
Taxi Driver, 1976
To film the bloodbath from
a bird's eye viewpoint, a
hole was sawn in the house
ceiling.

Martin Scorsese Collection,
New York

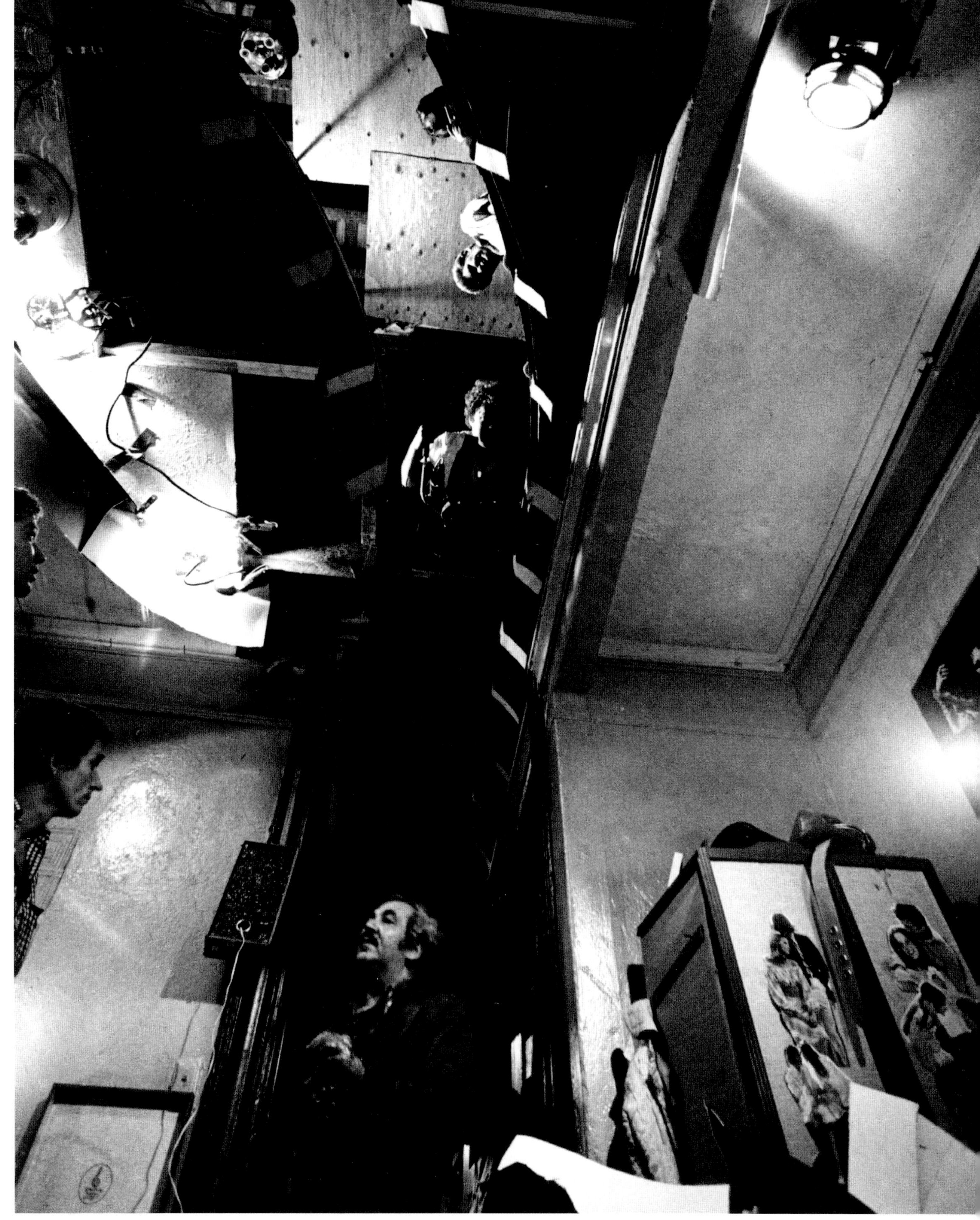

Casinò
Casino

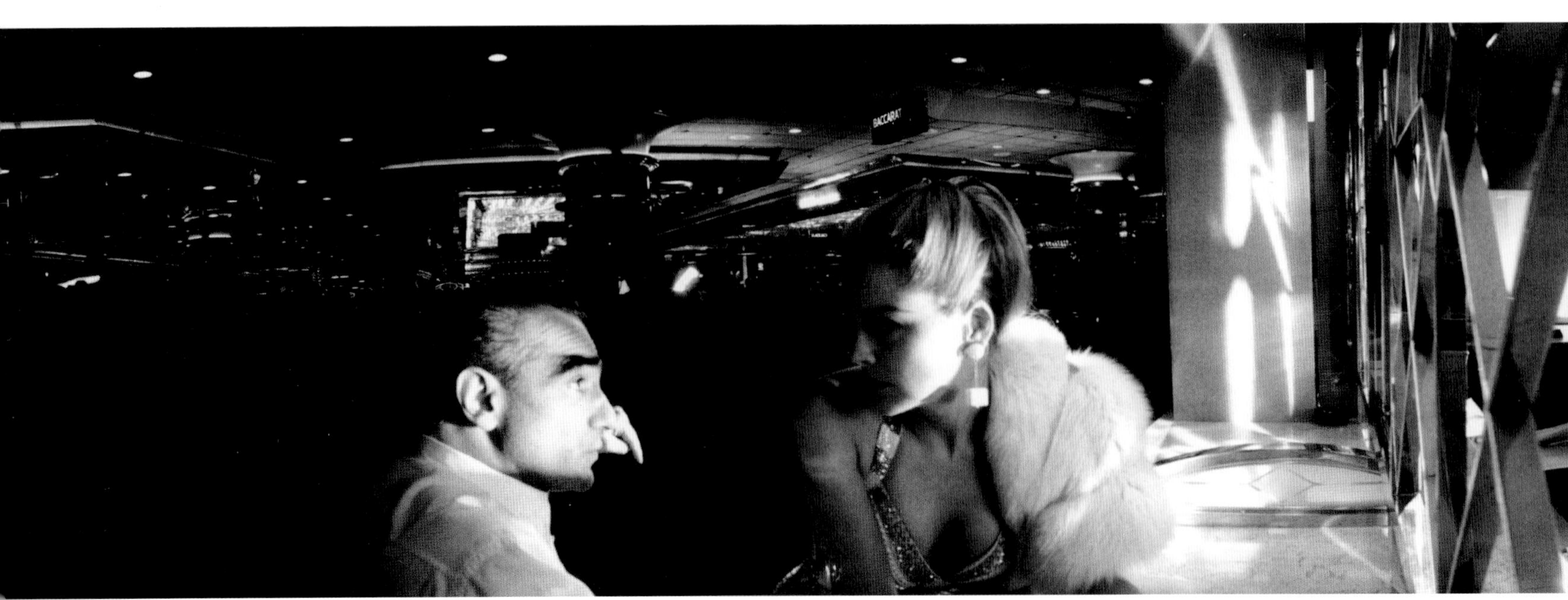

**Martin Scorsese e Sharon Stone
(Ginger McKenna)**
Foto sul set
Casinò, 1995

**Martin Scorsese and Sharon Stone
(Ginger McKenna)**
Photo on the set
Casino, 1995

Martin Scorsese Collection, New York

**Martin Scorsese e
Robert Richardson**
Foto sul set
Casinò, 1995

**Martin Scorsese and
Robert Richardson**
Photo on the set
Casino, 1995

Martin Scorsese Collection, New York

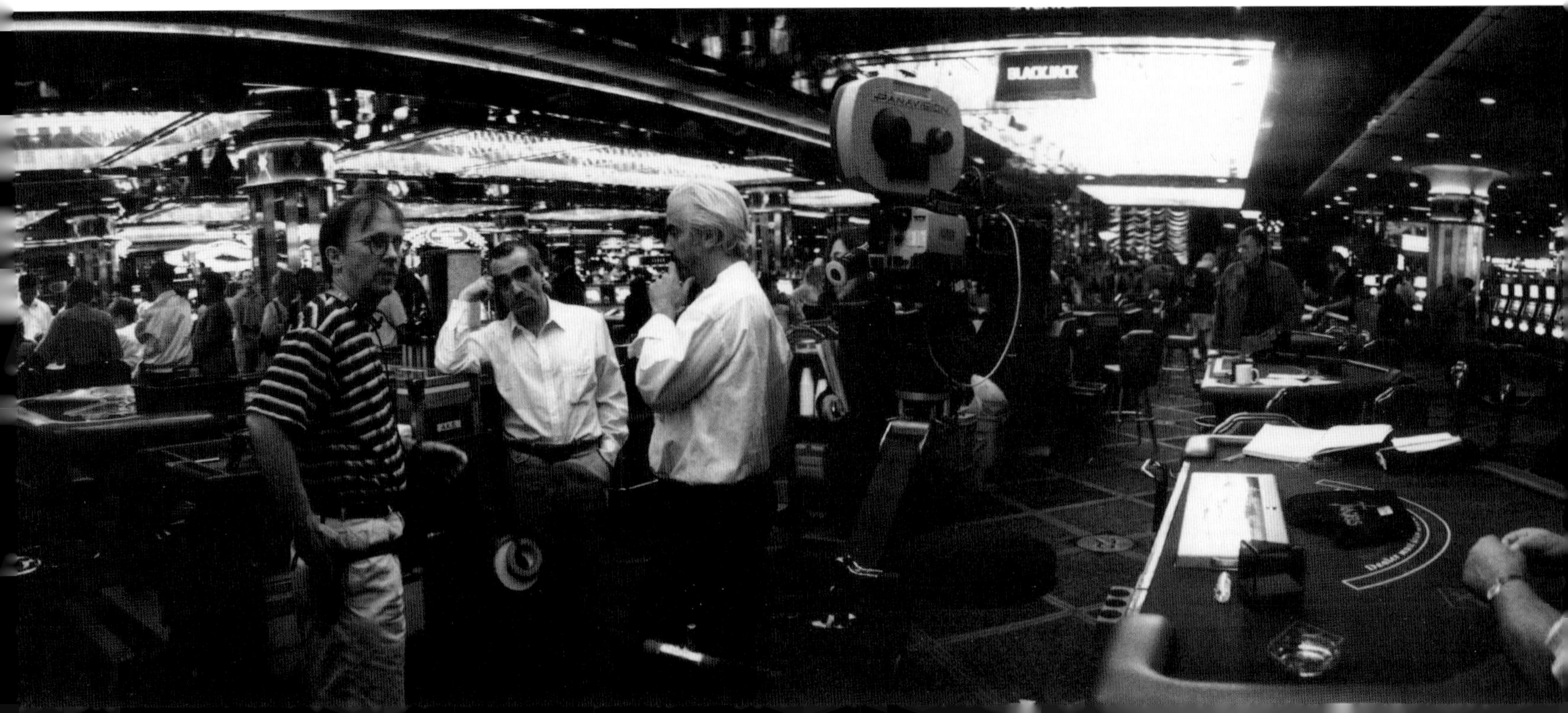

Foto sul set
Casinò, 1995

Photo on the set
Casino, 1995

Martin Scorsese Collection,
New York

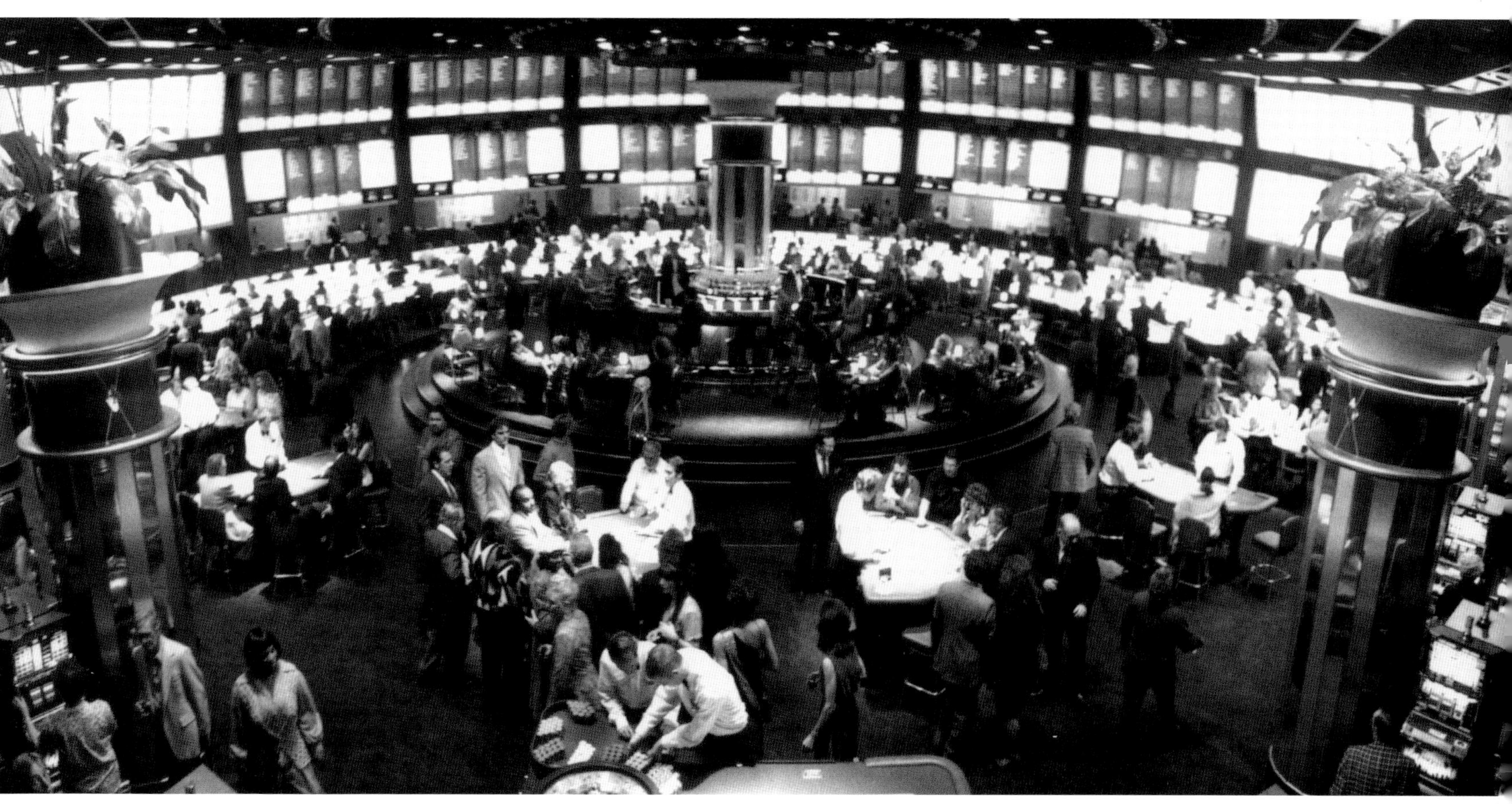

Conversazione con Michael Ballhaus

KRISTINA JASPERS, PETER MÄNZ, NILS WARNECKE

KJ-PM-NW Signor Ballhaus, Martin Scorsese e lei siete uniti da un grande amore per il cinema. È risaputo che prima di iniziare le riprese Scorsese mostra ai suoi collaboratori i film di altri registi che sono in relazione con il progetto in corso. Avevate preferenze affini?

MB Per lui queste visioni collettive dei film costituiscono una parte importante del lavoro preparatorio. In America era un grande lusso avere un periodo di preparazione di almeno dieci settimane. Vedevamo molti film insieme e lui segnalava anche libri che bisognava conoscere. In molti suoi film ha fatto riferimento a Hitchcock, di cui era ed è un grande ammiratore e io naturalmente conoscevo tutte le opere di Hitchcock. Poi avevo un paio di titoli prediletti che piacevano molto anche a lui. *Il disprezzo* di Jean-Luc Godard ad esempio o *Lola Montès* di Max Ophüls.

KJ-PM-NW Max Ophüls riveste un ruolo importante nella sua biografia.

MB Sì, i miei genitori conoscevano Max Ophüls, così ebbi l'opportunità di assistere alle riprese di *Lola Montès* nei Bavaria Studios. E quindi conobbi Christian Matras, il cameraman di Ophüls. Mi sono dedicato moltissimo alla fotografia e sono cresciuto nell'ambiente teatrale, perché i miei genitori avevano un teatro. Allora pensai: ma questo è l'ideale, le immagini si muovono e c'è qualcosa di affine con il teatro. Da quel momento era deciso: avevo 18 anni e volevo diventare cameraman.

KJ-PM-NW Ed è diventato uno dei cameraman più importanti o, come si dice in tutto il mondo, uno dei massimi *director of photography*. La sua collaborazione con Rainer Werner Fassbinder in film come *Le lacrime amare di Petra von Kant* le fruttò in Germania numerosi premi cinematografici. La sua carriera internazio-

nale ebbe poi inizio con la collaborazione con Martin Scorsese. La vostra prima produzione insieme fu *Fuori orario*, ma precedentemente aveva già lavorato a *L'ultima tentazione di Cristo* che però fu realizzato in seguito. Come si giunse a questa collaborazione?

MB Per *L'ultima tentazione di Cristo* era previsto in origine un budget di 20 milioni di dollari. L'idea mi terrorizzava, perché pensavo: Dio mio, 20 milioni! Fino a quel momento il film più caro che avessi girato ammontava forse a 4 milioni con Fassbinder in Germania. *(Ride)*. E per noi allora si trattava già di un budget astronomico. Ma 20 milioni, considerando poi il grande apparato tecnico e tutte le ambientazioni, era veramente incredibile. I finanziamenti però non si trovarono, le riprese furono rinviate e alla fine abbiamo realizzato questo film più modesto, *Fuori orario*. Per me è stato fantastico. La produttrice andò da Marty e disse: "Ho visto la *shot list* (elenco riprese, *ndr.*) e sono 600 inquadrature. Come pensi di farcela? Abbiamo 40 notti." Notti! E allora Marty ha risposto: "Questo devi chiederlo a Ballhaus." Quindi mi sono seduto e ho guardato quante inquadrature avremmo davvero dovuto girare ogni notte. Calcolai 16 inquadrature. Nel suo film precedente aveva girato 5 o 6 inquadrature al giorno, ed erano di giorno, perciò si potevano illuminare con maggior facilità e tutto era più semplice. Allora sono andato da lui e gli ho detto: "Marty, tu conosci i film che ho girato con Fassbinder. Posso farcela. Ma anche tu?" E lui disse: "Beh, proviamoci insieme." Così ci abbiamo provato insieme e ci siamo riusciti. Naturalmente per lui fu grandioso. Mi disse: "Mi hai ridato la speranza che si possano fare anche film diversi dalle grandi produzioni hollywoodiane, che con quattro milioni si possa fare veramente un buon film." E questo primo lavoro da 4 milioni ha più forza creativa di *Re per una notte*, la sua opera precedente, costata 20 milioni. Per me signi-

Conversation with Michael Ballhaus

KRISTINA JASPERS, PETER MÄNZ, NILS WARNECKE

KJ-PM-NW Mister Ballhaus, you and Martin Scorsese are united by a great love for cinema. It is common knowledge that before commencing shooting Scorsese shows his collaborators other directors' films related to the project under way. Did you find affinites in your preferences?

MB These collective film viewings are an important part of the preparatory work for him. In America, having a preparation period of at least ten weeks was a great luxury. We watched many films together and he also used to recommend books we had to know. In many of his films, he made references to Hitchcock, whom he greatly admired and of course I knew all Hitchcock's works. Then I had a couple of favourite titles he liked a lot too. *Le Mépris* by Jean-Luc Godard for instance or *Lola Montès* by Max Ophüls.

KJ-PM-NW Max Ophüls assumes an important role in your biography.

MB Yes, my parents used to know Max Ophüls, so I had the opportunity of watching the shooting of *Lola Montès* at the Bavaria Studios. And so I met Christian Matras, Ophüls' cameraman. I used to dedicate myself a great deal to photography and I grew up in the theatre environment, because my parents owned a theatre. So I thought: but this is ideal, the pictures move and there is a certain affinity with theatre. From that moment, it was decided: I was 18 years old and I wanted to become a cameraman.

KJ-PM-NW And you became one of the most important cameramen or, as they are called worldwide, one of the top directors of photography. Your collaboration with Rainer Werner Fassbinder in films like *The Bitter Tears of Petra von Kant* garnered you several cinema awards in Germany. Your international career then took off with your collaboration with Martin Scorsese. Your first production together was *After Hours*, but you had already worked previously on *The Last Temptation of Christ*, which was made however at a later moment. How was this collaboration achieved?

MB A budget of 20 million dollars was foreseen originally for *The Last Temptation of Christ*. The idea terrified me, because I thought: my God, 20 million! Up to that moment the most expensive film I had shot with Fassbinder in Germany amounted perhaps to 4 million. *(Laughs)*. And at the time, it was already an astronomical budget for us. But 20 million, considering the large technical apparatus and all the settings, that was really incredible. However, financing was not found, shooting was postponed and in the end we made this more modest film, *After Hours*. It was fantastic for me. The producer went to Marty and she said: "I've seen the shot list and they're 600 shots. How do you think you'll manage? We have 40 nights." Nights! and then Marty answered: "You've got to ask Ballhaus about this." So I sat down and I looked at how many takes we really had to shoot every night. I calculated 16 takes. In his previous film he had shot 5 or 6 takes a day, and they were by daylight, so they could be lit up more easily and everything was more simple. Then I went up to him and I said: "Marty, you know the films I shot with Fassbinder. I can do it. What about you?" and he said: "Well, let's try together." So we tried together and we managed. Naturally it was great for him. He told me: "You have rekindled hope in me about the possibility of even making different films from big Hollywood productions, of actually making a good film with 4 million." And this first 4 million job shows more creative power than *The King of Comedy,* his previous one, which cost 20 million.

ficò l'ingresso in America, la mia *entrée*. La gente allora guardava il film e diceva: "Cosa? Scorsese ha girato un film con 4 milioni in 40 notti? Chi l'ha fatto? Ah, ecco, il tizio nuovo in città." *(Ride)*. E così ebbe inizio la mia carriera negli USA.

KJ-PM-NW Magari è stata persino una fortuna che l'inizio del suo rapporto professionale con Scorsese sia stato segnato da un film modesto come *Fuori orario*? Probabilmente durante il lavoro si entra più facilmente in contatto, se non si fa parte di team giganteschi, bisogna improvvisare di più, si trovano insieme soluzioni che forse con un grande apparato tecnico non sarebbero necessarie o magari possibili?

MB Assolutamente d'accordo, fu un vero colpo di fortuna. Per *L'ultima tentazione di Cristo*, che alla fine abbiamo realizzato nel 1987, il budget era anche notevolmente inferiore a quanto preventivato in origine. Credo che avessimo a disposizione 7 milioni – e questo per un'opera così imponente e con così tante comparse era ridicolo. Per la prima ideazione, quando mi aveva conosciuto e voleva lavorare con me, *L'ultima tentazione* era una produzione della Paramount e aveva, come ho detto, un budget di 20 milioni. Il film avrebbe dovuto essere girato in Israele. E poi la Paramount è venuta a sapere che la Chiesa si sarebbe opposta. Quindi hanno messo i freni al progetto. Per Scorsese questo film era molto importante, ha sempre continuato a cercare di trovare finanziamenti, costantemente. E finalmente ha trovato qualcuno che ha detto: "Okay, perché ti voglio bene, Marty, ti do 10 milioni, ma non di più." Quindi non potevamo permetterci molto, perché il budget era davvero molto, molto ristretto. Tutti noi abbiamo realizzato il film per il bene che volevamo a Scorsese, perché lui lo voleva fare assolutamente. Per questo abbiamo lavorato in molti senza compenso. Questo lavoro però fu una gran soddisfazione, è stato meraviglioso. Soprattutto fu molto più adeguato girarlo come un "film povero", invece che con quei 20 milioni. *L'ultima tentazione* è un film povero e la storia di Gesù è la storia di un uomo povero. Ed è stato bello, è stato meraviglioso e giusto.

KJ-PM-NW Forse proprio per questo il film è diventato in un certo modo più realistico, perché la maggior parte delle riduzioni cinematografiche della Bibbia sono messe in scena con una ridondanza eccessiva. Se Gesù era un uomo semplice, probabilmente non si rivolgevano a lui in migliaia, ma effettivamente, come si può vedere ne *L'ultima tentazione* in gruppi più piccoli.

MB Sì, lo trovai davvero anche più adeguato sotto ogni punto di vista, pure per quanto riguarda le comparse, sotto ogni aspetto. È stato un lavoro meraviglioso. E faticoso. Al mattino lasciavamo l'hotel che era ancora buio. Quando eravamo sul luogo delle riprese e sorgeva il sole, la macchina da presa girava, e quando il sole tramontava, continuava ancora a girare. Si lavorava davvero dal mattino alla sera e ciononostante fu molto gratificante. Il lavoro successivo fu poi *Il colore dei soldi*. Un film meraviglioso e un gran piacere lavorare con questi attori eccezionali. Poi mi telefonò Jim Brooks, il grande magnate di Hollywood, e voleva girare con me. E quello fu il lancio.

KJ-PM-NW Con *Il colore dei soldi* si ha la sensazione che l'estetica e il soggetto siano strettamente congiunti. Come le palle del biliardo ruotano continuamente, così la cinepresa scorre intorno ai tavoli da biliardo. Come ha preparato queste scene? Disegna prima dei diagrammi per la macchina da presa?

MB No, non faccio diagrammi. Ci riesco solo per esperienza. Avevamo un ottimo consigliere, uno specialista del biliardo. Abbiamo detto che cosa volevamo e lui ci ha risposto proprio così: "State attenti, la palla è qui, e se voi la colpite qua, lei allora colpisce quella, e poi quella si sposta da qui a lì e così via." Sapeva bene come funzionava. E così bisognava solo colpirla nel punto giusto. È andata così. Per le scene difficili si doveva provare molto, per vedere come andava. Allora, per la ripresa circolare in cui Tom Cruise fa ruotare la stecca, balla e canta, è stato difficile. Si trattava di una ripresa a 360°, ogni colpo doveva andare a segno e la macchina da presa doveva anche trovarsi nel punto esatto in modo che lo si vedesse. È stato difficile. Ma non si può fare in teoria. Non funziona. Innanzitutto le palle dovevano essere posizionate dall'esperto di biliardo. Lui doveva dire come sarei riuscito a ottenere che prima andasse così e poi così e così. E solo allora si può cercare di riprendere il tutto.

CONVERSAZIONE CON MICHAEL BALLHAUS

This meant access to America for me, it was my entrée. People watched the film then and said: "What? Scorsese shot a film with 4 million in 40 nights? Who did it? Ah, there, the new guy in town." *(Laughs)*. This is how my career in the USA began.

KJ-PM-NW Perhaps it was even a piece of luck for the beginning of your professional connection with Scorsese to have been marked by a modest film like *After Hours*? It is probably easier to be in contact while working, if one is not part of a gigantic team, it is necessary to improvise more, solutions may be found together where maybe with a large technical apparatus they would not be necessary or even possible?

MB I absolutely agree, it was a real stroke of luck. For *The Last Temptation of Christ*, which we finally made in 1987, the budget was even noticeably less than originally planned. I think we had 7 million available – and that was ridiculous for such an imposing work and with so many extras. For the first idea, when he met me and he wanted to work with me, *Last Temptation* was a Paramount production and, as I said, it had a 20 million budget. The film was to have been shot in Israel. Then Paramount learned that the Church would oppose it. So they applied brakes on the project. This film was very important for Scorsese, he always kept trying to find financing, constantly. And finally he found someone who said: "Okay, 'cause I love you, Marty, I'll give you 10 million, but no more." So we couldn't afford much, because the budget was really very, very tight. We all made the film due to our fondness for Scorsese, because he absolutely wanted to make it. This is why many of us worked without a salary. This job was a great satisfaction nonetheless, it was marvellous. Above all, it was much more in character to film it as a "poor film", rather than with those 20 million. *Last Temptation* is a poor film and the story of Jesus is the story of a poor man. And it was lovely, it was wonderful and just right.

KJ-PM-NW Maybe this was exactly the reason why the film became more realistic in a certain sense, because most of the cinematographic reductions from the Bible are staged with excessive opulence. If Jesus was a simple man, people probably didn't approach him in thousands, but in fact, as may be seen in *Last Temptation*, in smaller groups.

MB Yes, I really found it much more adequate from every point of view, also regarding the extras, under every aspect. It was a marvellous job. And a tiring one. We used to leave the hotel in the morning when it was still dark. When we were on shooting ground and the sun rose, the camera started filming, and when the sun set, it still kept filming. We really worked from morning till night and in spite of this it was very gratifying. Then the next job was *The Color of Money.* A wonderful film and a great pleasure to work with such exceptional actors. Then Jim Brooks, the great Hollywood magnate called me, and he wanted to shoot with me. And that was my launch.

KJ-PM-NW With *The Color of Money* one feels that aesthetics and the subject are closely linked. The camera keeps sliding around billiard tables in the same way as the snooker balls spin continually. How did you prepare these scenes? Do you draw diagrams in advance for the camera?

MB No, I don't draw diagrams. I manage only through experience. We had an excellent advisor, a billiards specialist. We stated what we wanted and he gave us this exact answer: "Watch, the ball is here, and if you hit it here, then it strikes the other one, and then that one moves from here to over there and so on." He knew very well how it worked. And therefore it was only necessary to hit it on the right spot. That's how it went. The difficult scenes had to be rehearsed a lot, to see how it would go. Then, it was difficult for the circular shot where Tom Cruise makes his cue rotate, and dances and sings. It was a 360° take, every strike had to be a sure hit and the camera also had to find itself in that exact place in order to witness it. It was difficult. But it can't be done theoretically. It won't work. In the first place, the balls had to be placed by the billiards expert. He was supposed to say how I could get it to happen initially and then like that and then so and so. And only then was it possible to try and film everything.

KJ-PM-NW Questa scena, in cui Vincent (Tom Cruise) mette in mostra tutta la sua bravura e che la cinepresa segue con una ripresa a 360°, è realizzata in una sola inquadratura. È davvero impressionante il modo in cui l'ha realizzata.

MB Sì. È meraviglioso, quando si riesce a farlo. Ricordo che aveva inserito l'inquadratura già nel suo *storyboard* e voleva averla così. Dissi: "È un'inquadratura splendida." Poi abbiamo elencato i locali in cui girare e ho dovuto scartarne due, perché ho detto: "Marty, in questo locale non lo posso fare, non c'è la stanza adatta, non ho lo spazio per la ripresa circolare." Per questo occorreva un diametro determinato che invece non c'era. Allora lui si è un po' abbattuto. *(Ride)*. Ma poi abbiamo trovato un bel locale che andava bene e in cui avevamo spazio. Anche lì era un po' stretto, perché ad esempio dovevo passare accanto a una colonna. Ma era splendido. E oltretutto nel film ho girato da solo, sebbene avessi un carrellista, che ha detto: "Ti piace di più farlo da solo." E gli ho riposto: "Oh, sì." *(Ride)*. E non si trattava soltanto della carrellata, ma anche dello zoom, di zoomare avvicinandosi e allontanandosi. È proprio difficile. Ma dà anche una grande soddisfazione.

KJ-PM-NW L'abilità che manifesta nelle riprese è assolutamente impressionante: sembra che la cinepresa segua direttamente le palle.

MB Ho girato le inquadrature ravvicinate delle palle utilizzando un periscopio. Sì, volevo che in pratica la lente fosse proprio dove si trovava la palla. E questo si ottiene solo se ci si siede lì... allora l'obiettivo è nel punto giusto. E se si vuole davvero ottenere questo effetto, bisogna girare con un periscopio, quindi con uno specchio. Allora si può essere proprio lì. Ma la macchina da presa ha girato davvero sul tavolo verde. In questo modo era sul piano di base, ovvero all'altezza delle palle. Era avvincente. Queste cose sono davvero esaltanti.

KJ-PM-NW Prima ha menzionato gli *storyboard*, in cui Scorsese già fissava le angolazioni per le riprese e il formato delle inquadrature. Prepara insieme a lui anche le inquadrature in base allo *storyboard*? O lavora con le *shot list*?

MB Si tratta veramente di *shot list*. Se ci si conosce e se uno conosce i miei film e io i suoi, allora un cenno è sufficiente. A margine della sceneggiatura ha sempre riportato le indicazioni di massima, ad esempio "primo piano" o "piano americano" o "campo lungo" o "carrellata" e "da sinistra a destra" e cose simili. E se era molto complicato, a volte faceva anche un disegno sul margine. Ma in effetti, se si conosce la storia e si conosce il suo stile, si può tradurre subito tutto in immagini. Si trasmette molto bene soprattutto il ritmo di una scena.

KJ-PM-NW Lei e Scorsese vi conoscete ormai da molti anni. Avete iniziato a lavorare insieme con *Fuori orario*, una produzione con un budget molto limitato e con pochi giorni di riprese. In seguito avete però collaborato anche a una produzione gigantesca come *Gangs of New York*. A suo parere quali aspetti della collaborazione rimangono identici, indipendentemente dall'entità del budget?

MB Ciò che resta immutabile è proprio questa grande comprensione reciproca, come se io capissi lui e la sua visione e lui sapesse come io posso trasporla. Lui guarda l'immagine nel monitor, ma poi molto raramente indica grandi correzioni. Magari un po' più a destra, un po' più a sinistra, un po' più in basso, un po' più in alto e così via. Ma si limita proprio a questo. Non è mai intervenuto, non ha mai detto: "Fallo un po' più chiaro o più scuro." Da lui non l'ho mai sentito. Mai. Se si entra così bene nel ruolo, allora si può iniziare una scena anche se si è impreparati. Per il nostro ultimo film, *The Departed*, per motivi di tempo non è riuscito a prepararsi così bene come le altre volte. Avevamo dovuto iniziare sei settimane in anticipo rispetto a quanto programmato. Però poi va bene anche così, va bene in ogni caso.

KJ-PM-NW Se Scorsese per *The Departed* ha avuto poco tempo per prepararsi, quanto ha inciso questo per lei sulle riprese? Pensiamo ad esempio alla scena molto complessa, in cui Matt Damon viene inseguito per Chinatown da Leonardo DiCaprio, dopo che lui l'aveva seguito fino nel cinema e poi per le scale del retro del cinema fino in strada. Questa non è una scena resa assolutamente mozzafiato solo dalla cinepresa, ma anche grazie alla trasformazione effettuata in fase di montaggio da Thelma Schoonmaker in una sequenza pazzesca. Ha potuto prepararla dettagliatamente o ha

     CONVERSAZIONE CON MICHAEL BALLHAUS

KJ-PM-NW This scene, in which Vincent (Tom Cruise) exhibits all his skill and which the camera follows with a 360° pan, was shot in one single take. The way you did it is really impressive.

MB Yes. It's wonderful, when one manages. I remember he had already put the take in his storyboard and wanted to have it like that. I said: "It's a splendid take." Then we made a list of the venues to shoot in and I had to discard two, because I said: "Marty, I can't do it in this place, there isn't a suitable room, I don't have the space for the circular shot." A certain diameter which wasn't there was necessary for doing so, instead. So he got a bit discouraged. *(Laughs).* But then we found a good venue which was fine and where we had space. I was rather tight there as well, because for instance I had to pass near a pillar. But it was splendid. And besides, I shot alone in the film, although I had a dolly operator, who said: "You like doing it alone much more." And I answered him: "Oh, yes." *(Laughs).* And it wasn't only the dolly movement, it was also the zoom, zooming in and out. It's really difficult. But it also gives great satisfaction.

KJ-PM-NW The virtuosity of the pictures is absolutely impressive, the camera seems to be following the balls directly.

MB I shot the close-up takes with the balls by using a periscope. Yes, in practice, I wanted the lens to be right where the ball was, and this can be obtained only by sitting there... the lens is in the right place then. And if you really want to achieve this effect, you must film with a periscope, therefore with a mirror. Then you can be right there. But the camera really did film on the green baize. In this way it was at basic level, meaning at the balls' level. It was thrilling. These things are really exciting.

KJ-PM-NW You mentioned storyboards earlier on, in which Scorsese would already set the angles for shooting and the frame format. Do you also prepare the takes with him on the basis of the storyboard? Or do you work with shot lists?

MB It's actually shot lists. When two know each other and when one knows my films and I know his, a nod is sufficient at that point. He always sets down general indications on the margin of the script, for example "close-up" or "medium shot" or "wide shot" or "travelling shot" and "from left to right" and similar things. And if it was very complicated, sometimes he would even draw on the margin. But in fact, if you know the story and you know his style, everything can be translated at once into pictures. The rhythm of a scene gets transmitted particularly well.

KJ-PM-NW You and Scorsese have known each other for many years now. You started to work together on *After Hours*, a production with a very limited budget and with few shooting days. However, you also collaborated afterwards on a huge production like *Gangs of New York*. In your opinion, what aspects in a collaboration remain identical, independently from the amount of a budget?

MB What remains unchanged is exactly this great mutual understanding, as if I understood him and his vision and as if he knew how I can transpose it. He looks at the picture on the monitor, but he very rarely points out major corrections then. Maybe a bit further right, a bit further left, a bit lower, a bit higher and so on. But he just limits himself to this. He has never intervened, he has never said: "Make it a bit lighter or a bit darker." I've never heard this from him. Never. If one gets into the role so well, then one can begin a scene even without being prepared. In our latest film, *The Departed*, he wasn't able to prepare himself in time as well as he did on the other occasions. We had to start six weeks earlier against what had been planned. But it's fine like this too, it's fine in any case.

KJ-PM-NW If Scorsese had little time to prepare for *The Departed*, how much did this weigh with yourself in shooting? For instance, we think of the very complex scene, in which Matt Damon gets chased around Chinatown by Leonardo DiCaprio after he followed him into the cinema and then on the steps at the rear of the cinema into the street. This is a scene made absolutely breathtaking not only by the camera, but also thanks to the transformation carried out during the editing stage by Thelma Schoonmaker in an incredible sequence. Were you able to prepare it in detail or

dovuto improvvisare? I lavori di ripresa erano per così dire un "sistema aperto"?

MB Sì, per questo film si è trattato di un sistema assolutamente aperto. Naturalmente è sempre dipeso molto dai luoghi in cui si girava. E quando li visitavamo insieme, perché si trattava sempre di proposte dello scenografo, allora si rifletteva direttamente sul posto. Dove siedono adesso nel cinema? Dov'è l'uscita? Dov'è lo schermo, dov'è il proiettore? Come esce da qui? Come attraversa il corridoio? E così via. E poi lo stesso in strada. Abbiamo improvvisato molto. E proprio durante l'inseguimento per Chinatown abbiamo girato molto materiale, perché era così bello, cioè per me la luce era fantastica, perché tutto assumeva colori vividi. Era verde, giallo e rosso. Ho rafforzato ancora un po' il tutto e poi ho girato molto con la steadycam, molto con la macchina a mano.

KJ-PM-NW Un elemento stilistico spesso riscontrabile nel suo lavoro con Scorsese e che altri registi raramente utilizzano è il cosiddetto "speed change", ovvero l'impiego mirato di cambiamenti del ritmo, lievi dilatazioni temporali o lievi accelerazioni per brevi passaggi. È qualcosa che avete sviluppato insieme o è qualcosa che Scorsese decide già dall'inizio, dicendo: "In questo e quel punto ho pensato di fare così"?

MB Spesso è un'idea comune. Spesso invece è una scelta presa fin dall'inizio e annota: "trenta inquadrature" o "quaranta inquadrature". E a volte sono io stesso a proporlo, perché questo "speed change" mi piace da impazzire. È sempre così bello, quando si sottolineano un po' dei momenti speciali, facendo girare un po' più rapidamente la cinepresa. Beh, mi piace proprio molto, e lo sa anche lui. Perciò ci troviamo completamente d'accordo anche in questo. Trovo che sia un bell'elemento stilistico.

KJ-PM-NW In *Quei bravi ragazzi* viene cambiato tutto il ritmo narrativo del film. Negli ultimi 30 minuti il tempo narrato viene dilatato, descrivendo dettagliatamente 24 ore, invece lo stile della macchina da presa accelera, rendendo chiara in questo modo la crescente perdita di senso della realtà dei protagonisti. La cinepresa diventa sempre più mobile e frenetica, non è vero?

MB Sì, si è lavorato prevalentemente con la macchina a mano. Solo le inquadrature in auto non erano con la macchina a mano, cioè quando guida per la strada e vede gli elicotteri e così via. Ma altrimenti tutte le altre, quando nascondono le armi, le pistole e il resto è stato girato tutto con la macchina a mano. O in cucina, quando cucinano e mescolano la salsa o cose simili: tutto con la macchina a mano.

KJ-PM-NW Allora era alquanto insolito, vero?

MB Allora era assolutamente insolito, sì. E il mio operatore, David Dunlap era davvero molto bravo in questo, lo faceva proprio bene e la teneva ben ferma, mentre oggi ormai lo fa già sempre la macchina da presa stessa. *(Ride)*

KJ-PM-NW Un'altra scena notevole con la steadycam in *Quei bravi ragazzi* mostra la visita al Copacabana Club. La sequenza ha una tale eleganza e leggerezza da non far trasparire assolutamente nulla della fatica che nasconde. Quanto ci ha impiegato?

MB Non così tanto. Ci eravamo preparati molto bene. Prima abbiamo dovuto far costruire una parte, perché l'ingresso che abbiamo ripreso, attraverso quel corridoio buio, non c'era. È stato costruito. E poi siamo entrati nella cucina, e mentre attraversavamo la cucina, l'ingresso è stato ricostruito per trasformarsi nell'ingresso del Copacabana. Così quando siamo usciti, era già stato ricostruito in tempi fulminei. E poi la macchina da presa è entrata nel Copa. Naturalmente avevo già fatto prima una prova con la videocamera, come faccio sempre. L'aspetto più difficile per me era che la scena inizia di sera all'esterno. Prima era troppo chiaro e se si tardava, sarebbe stato troppo scuro, e quindi avrei dovuto iniziare a illuminare la strada, cosa che al giorno d'oggi con l'Alexa non sarebbe affatto un problema, ma allora non c'era ancora. *(Ride)*. A quei tempi avrei dovuto davvero illuminare tutto. E poi fortunatamente sono riuscito proprio a cogliere l'imbrunire, quando si vede ancora l'automobile e avviene la consegna delle chiavi, eccetera. E avevo un operatore eccezionale per la steadycam. Abbiamo provato un paio di volte e credo che in tutto abbiamo girato solo 8 volte. E per assurdo *(Ride)*... e questo succede sempre nel cinema, l'inquadratura che non funziona è sempre la migliore. Quando alla fine Henny Youngman è arrivato sul pal-

did you have to improvise? Was the shooting work an "open system" as it were?

MB Yes, for this film it was an absolutely open system. Naturally it always depended a lot on the locations we were filming in. And when we visited them together, as they were always suggested by the production designer, then we would reflect directly on location. Where are they sitting now in the cinema? Where's the exit? Where's the screen, where's the projector? How does he get out of here? How will he cross the corridor? And so on. And then the same in the street. We improvised a lot. And we filmed a lot of material right in the pursuit through Chinatown, because it was so lovely, I mean the light was fantastic for me, because everything took on vivid colours. It was green, yellow and red. I strengthened it all a bit further and then I filmed a lot with a steadycam, a lot with a hand-held camera.

KJ-PM-NW A style element often to be found in your work with Scorsese and which other directors rarely use is the so-called "speed change", that is the targeted use of changes in rhythm, delicate time expansions or delicate accelerating over short passages. Is this something you developed together or is it something Scorsese already decides from the beginning, saying: "I thought of doing so in this and that spot"?

MB It is often a common idea. Or often it is a choice made right from the start and he notes: "Thirty Frames" or "Forty Frames". And at times I suggest it myself, because I am crazy about speed change. It is always so lovely, when a few of the special moments are highlighted, making the camera film more quickly. Well, I really like it a lot, and he knows this too. So we find we are in complete agreement in this as well. I find it is a fine stylistic element.

KJ-PM-NW In *Goodfellas*, the whole narrative rhythm of the film is changed. In the last 30 minutes, the story time is dilated, describing 24 hours in detail, while the camera style accelerates, thus clarifying the increasing loss of the protagonists' sense of reality. The camera becomes increasingly mobile and frenetic, doesn't it?

MB Yes, we worked mostly with hand-held cameras.

Only the takes inside cars weren't shot with hand-held cameras, I mean when he drives along the street and sees the helicopters and so on. But otherwise, all the other ones, when they hide the weapons, the revolvers and the rest, everything was filmed with hand-held cameras. Or in the kitchen, when they are cooking and stirring the sauce or similar situations: everything with hand-held camera.

KJ-PM-NW That was rather unusual at the time, wasn't it?

MB It was absolutely unusual at the time, yes. And my operator, David Dunlap was really very good at this, he really did it well and held it very firmly, while nowadays it's always the camera itself that does it already. *(Laughs)*

KJ-PM-NW Another noteworthy scene with a steadycam in *Goodfellas* shows a visit to the Copacabana Club. The sequence is so light and elegant that it reveals absolutely nothing of its hidden efforts. How long did you take?

MB Not so long. We had prepared very well. First we had to get a part built, because the entrance we filmed through that dark corridor wasn't there. It was built. And then we entered the kitchen, and while we crossed the kitchen, the entrance was rebuilt and transformed into the Copacabana entrance. So when we came out, it had been rebuilt in the space of a flash. And the camera then entered the Copa. Naturally, I had already done a test earlier with the video-camera, the way I always do. The most difficult aspect for me was the fact that the scene begins outdoors in the evening. Before then it was too light and in case of a delay, it would have been too dark, and therefore I would have had to start lighting up the street, something that would not pose a problem at all today with the Alexa, but at the time it didn't exist yet. *(Laughs)*. At the time I really would have had to light everything up. And then luckily I actually managed to catch the twilight, while the car is still visible and the key delivery takes place, etcetera. And I had an exceptional operator for the steadycam. We rehearsed a couple of times and I think we only shot 8 times in total. And, absurdly *(Laughs)*... and this happens all the time in

coscenico, aveva dimenticato la sua parte. Ed era una battuta che in vita sua aveva ripetuto migliaia di volte. *(Ride)* "Prendi mia moglie, per favore!" Era lì in piedi e non la ricordava più. E naturalmente Marty è crollato: "Era l'inquadratura migliore!" *(Ride)*.

KJ-PM-NW In *Quei bravi ragazzi* recitava anche Robert De Niro. Ci sono scene incredibili con Joe Pesci. E poi lei però ha anche girato film come *Gangs of New York* e *The Departed* con Leonardo DiCaprio. Il pubblico ha la sensazione che Leonardo sia subentrato a Robert De Niro, anche perché adesso si è creata questa collaborazione costante. Lei ritiene che il lavoro di Scorsese con il suo attore principale sia sempre lo stesso oppure De Niro improvvisava molto di più di Leonardo DiCaprio?
MB Dunque, c'è una differenza fondamentale tra De Niro e Leonardo: hanno uno stile diverso di recitazione. De Niro è uno che recita ogni scena in modo differente. Non si possono neanche dare indicazioni particolari per l'intensità della luce o simili. Non ha alcun senso. Perché si deve essere già contenti, se rimane ancora nello spazio assegnato. Ma bisogna adattarsi completamente a quello che fa lui, mentre Leonardo è molto preciso. A lui si possono davvero dare indicazioni. E con lui l'ho anche fatto spesso, perché riesce così bene e lui le applica anche veramente bene. Una volta in cui doveva dire una battuta in una scena al buio, ho detto: "Sai, Leo, se quando stai per dire la battuta, fai ancora un passo in avanti, entri nel fascio di luce, e allora ha tutto un altro effetto." Lui esegue con la massima precisione e con un senso incredibile del *timing*. Insomma, recitano in modo diverso.

KJ-PM-NW Joe Pesci, un altro grande attore, emana sempre una sensazione di imprevedibilità. Lei pensa che sia Scorsese a creare le atmosfere, cioè che generi tensioni tra gli attori per farli entrare nella giusta dimensione? O tutto questo nasce dagli attori stessi?
MB Nasce dagli attori stessi e qualche volta precipita nell'*out of control*. Joe Pesci è davvero andato da Marty a dirgli: "Voglio recitare assolutamente questa parte." E Marty ha risposto: "Sei troppo vecchio per il ruolo." "No, posso sempre fare un lifting, qui e qua." Gli ha ribadito:

"No, sei troppo vecchio." È tornato due giorni dopo e ha detto a Marty: "Se non ottengo questa parte, ti ammazzo." Con Joe Pesci una minaccia del genere non si prende alla leggera. *(Ride)*

KJ-PM-NW In *Quei bravi ragazzi* lei ha vissuto anche l'esperienza di vedere recitare Catherine, la mamma di Scorsese. Ha interpretato piccole parti in molti film di suo figlio. Com'era la collaborazione, com'era l'atmosfera quando la madre arrivava sul set?
MB Splendida, veramente splendida. Scorsese ha amato moltissimo la sua famiglia. Finché suo padre era ancora in vita, sedeva molto spesso fuori, su una seggiolina, e quando la gente passava, diceva sempre: "Stiamo girando un film là dentro, io e mio figlio." *(Ride)* Sì, Charles Scorsese era una persona molto cara. E sua madre, che Marty ha amato moltissimo, era anche una cuoca favolosa, cucinava in modo meraviglioso. Ed era anche brava nei suoi piccoli ruoli.

KJ-PM-NW Guardando indietro a questi sette film che avete fatto insieme, come potrebbe descrivere Martin Scorsese? Che tipo di regista e di uomo è?
MB Con lui ho un rapporto molto stretto, anche solo grazie a questo primo film che ho potuto fare insieme a lui. Marty ha un'ossessione. È ossessionato dal cinema, ed è posseduto da un'immensa tensione e concentrazione. Se, quando arriva in studio, c'è rumore, allora va di nuovo via. Poi dice: "Okay, prima fate silenzio e poi vengo." Anche alla prima proiezione regna una concentrazione incredibile, non si può quasi respirare e si può solo sussurrare molto sommessamente... Sediamo tutti insieme e poi Marty indica le riprese che sceglie. E se qualcuno entra nella stanza, bisogna ricominciare di nuovo dall'inizio. Al confronto, una chiesa è un parco giochi. *(Ride)*. Trovo che questo sia bello. Questa concentrazione è incredibile. E anche durante le riprese è così: quando lui entra in studio, nessuno deve fiatare. Niente deve più muoversi. Neanche una parola ad alta voce. E quando arriva lui, neanche più una parola a *bassa* voce! *(Ride)*

5 ottobre 2012

   CONVERSAZIONE CON MICHAEL BALLHAUS

cinema, the take that doesn't work is always the best one. In the end, when Henny Youngman reached the stage, he had forgotten his cue. And it was a line he had repeated thousands of times in his life. *(Laughs)* "Take my wife, please!" He was standing there and he couldn't remember it any more. And of course Marty broke down: "It was the best take!" *(Laughs)*.

KJ-PM-NW Robert De Niro also performed in *Goodfellas*. There are incredible scenes with Joe Pesci. But afterwards you also shot films like *Gangs of New York* and *The Departed* with Leonardo DiCaprio. The public feels Leonardo has supplanted Robert De Niro, also because this ongoing collaboration has been created. Do you think Scorsese's work with his main actor is always the same or did De Niro improvise much more than Leonardo DiCaprio?
MB Now, there is a fundamental difference between De Niro and Leonardo: they have a different style of acting. De Niro is someone who plays each scene differently. It is not even possible to give particular indications on light intensity or similar aspects. This has no sense. Because one must already be content, if he still remains within his assigned space. But it is necessary to adapt completely to what he does, while Leonardo is very precise. You can really give indications to him. And I've even done so often with him because it works so well and he also implements them really well. Once, when he had to utter a line during a scene in darkness, I said: "You know, Leo, if, when you're about to say the line, you go one step forward, you'll enter the beam of light, and so it'll have a completely different effect." He performs with maximum precision and with an incredible sense of timing. To sum it up, they act in a different way.

KJ-PM-NW Joe Pesci, another great actor, always emanates a sensation of unpredictability. Do you think it is Scorsese who creates atmospheres, meaning he generates tensions among the actors to get them into the right dimension? Or does all this spring from the actors themselves?
MB It springs from the actors themselves and sometimes it spirals out of control. Joe Pesci really went to Marty to tell him: "I absolutely want to play this part."

And Marty answered: "You're too old for the role." "No, I can always get a face-lift done, here and here." He repeated: "No, you're too old." He came back two days later and told Marty: "If I don't get this part, I'll kill you." With Joe Pesci, a threat of this kind must not be taken lightly. *(Laughs)*

KJ-PM-NW In *Goodfellas*, you also went through the experience of seeing Catherine, Scorsese's mother, perform. She has played small parts in many of her son's films. How was collaboration, what was the atmosphere like when his mother arrived at the set?
MB Splendid, truly splendid. Scorsese loved his family very much. As long as his father was still alive, he would often sit outside, on a stool, and when people went by, he would always say: "Me and my son, we're shooting a movie here." *(Laughs)* Yes, Charles Scorsese was a very dear person. And his mother, whom Marty loved very much, was also a fabulous cook, she cooked wonderfully. And she was also good at her small roles.

KJ-PM-NW Looking back at these seven films you made together, how would you describe Martin Scorsese? What sort of a filmmaker and man is he?
MB I have a very close relationship with him, even only thanks to the first film I was able to make together with him. Marty has an obsession. He is obsessed by cinema, and he is pervaded by an immense tension and concentration. If it's noisy when he arrives at the studio, then he goes away again. Then he says: "Okay, first be quiet and then I'll arrive." An incredible concentration also reigns at the pilot screening, you can hardly breathe and you can only whisper very faintly… We all sit together and then Marty indicates the takes he has selected. And if somebody enters the room, it is necessary to start from scratch again. In comparison, a church is a playground. *(Laughs)*. I find this is good. This concentration is incredible. And it is also like this during shooting: when he enters the studio, no one must speak. Nothing has to move any more. Not even one word aloud. And when he arrives, not even a further word in a *low* tone! *(Laughs)*

5 October 2012

IL MONTAGGIO
EDITING

Martin Scorsese fa parte di quei registi che durante la pianificazione delle riprese stabiliscono negli *storyboard*, immagine per immagine, l'esatta struttura visiva di un film. Egli non solo determina le dimensioni dei tagli e i movimenti della cinepresa, ma in questa fase abbozza già anche il montaggio delle immagini e come un architetto progetta la struttura delle sue opere nel loro complesso. Tipico è l'alternarsi di piani sequenza, lunghi ma dinamici, e di montaggi mozzafiato, in cui l'occhio riesce a malapena a seguire il fluire di impressioni visive estremamente rapide. Già all'epoca degli studi cinematografici alla New York University, Scorsese incontra la montatrice Thelma Schoonmaker, con cui realizza il suo primo lungometraggio, *Chi sta bussando alla mia porta?* (1967). Nel 1980 i due proseguono la loro collaborazione con *Toro scatenato* che vale a Schoonmaker il suo primo Oscar. Una delle sequenze più d'effetto di questa pellicola è l'ultimo incontro di boxe del campione Jake La Motta contro il suo sfidante Sugar Ray Robinson, incontro che segna l'inizio del tramonto della carriera di La Motta. Il modello di Scorsese per la costruzione della scena è la sequenza d'immagini più famosa della storia del cinema, ovvero la "scena nella doccia" *di Psyco* (1960) di Alfred Hitchcock. Qui la violenza della lotta viene suggerita allo spettatore esclusivamente dalla rapida scansione del montaggio. Il lavoro virtuoso di Schoonmaker, invece, consente a Scorsese di mostrare i corpi sanguinanti e martoriati dei due boxeur in tutti i loro dettagli. L'evento brutale viene esasperato esteticamente grazie alla complessa composizione della colonna sonora e all'alternanza costante tra velocità normale e rallentata.

Martin Scorsese belongs to those directors who, during the planning of production, decide on the exact visual construction of a film in storyboards, frame for frame. He not only determines the sizes of the clips and camera movements, but already outlines the sequence of the images at this stage, as well. He plans the complex structure of his films like an architect. An alternation of long, but dynamic sequence shots (uninterrupted takes) and breathtaking edited sequences, with which the eye can hardly follow the flood of short visual impressions, is typical. Scorsese met the film editor Thelma Schoonmaker during his film studies at New York University. She edited his first feature-length film *Who's That Knocking at My Door* (1967). They continued their collaboration in 1980 with *Raging Bull*, for which Schoonmaker won her first Oscar. One of the most impressive sequences of this film is the final boxing match of the champion Jake La Motta against his challenger Sugar Ray Robinson. The fight leads to a turning point that marks the decline of La Motta's career. In the development of the scene, Scorsese used what is presumably the most famous editing sequence in film history as a guide, the "shower scene" in Alfred Hitchcock's *Psycho* (1960). The violence of the fight is merely suggested to the viewer through its fast cuts. In contrast, Schoonmaker's virtuoso editing made it possible for Scorsese to show the bleeding, maltreated bodies of the two boxers in all their details. The brutal event is aesthetically enhanced in connection with a complexly composed soundtrack and the permanent fluctuation between normal speed and slow motion.

The Departed

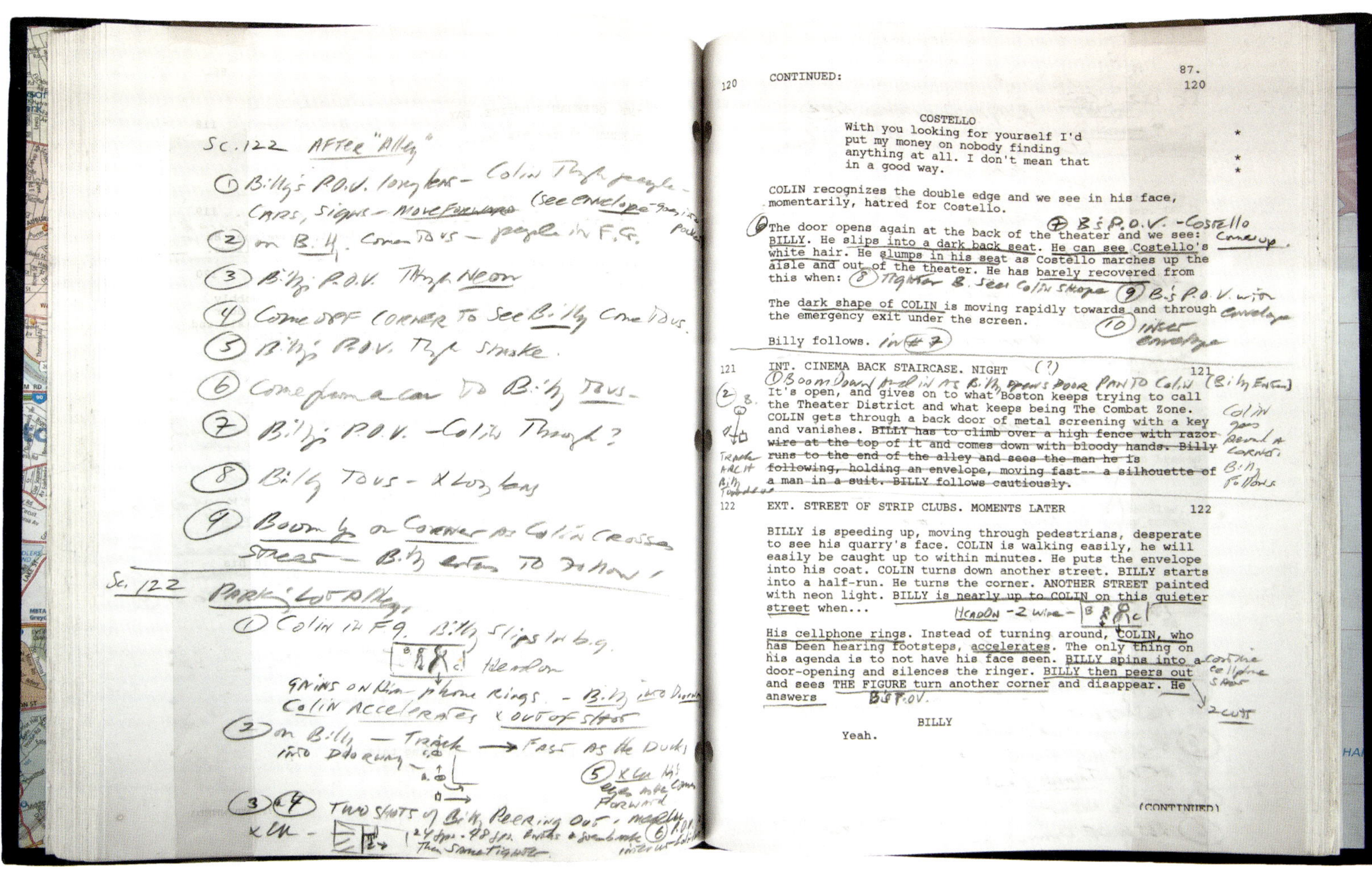

Inseguimento a Chinatown
Sceneggiatura
di William Monahan
The Departed - Il bene e il male, 2006
La scena, in cui Leonardo DiCaprio (Billy) insegue
Matt Damon (Colin Sullivan), presenta in tutto
72 inquadrature per una durata di circa 2 minuti.

Chase in Chinatown
Screenplay
by William Monahan
The Departed, 2006
The scene, in which Leonardo DiCaprio (Billy)
pursues Matt Damon (Colin Sullivan), presents
72 shots in total, for about 2 minutes in duration.

Martin Scorsese Collection, New York

Toro scatenato
Raging Bull

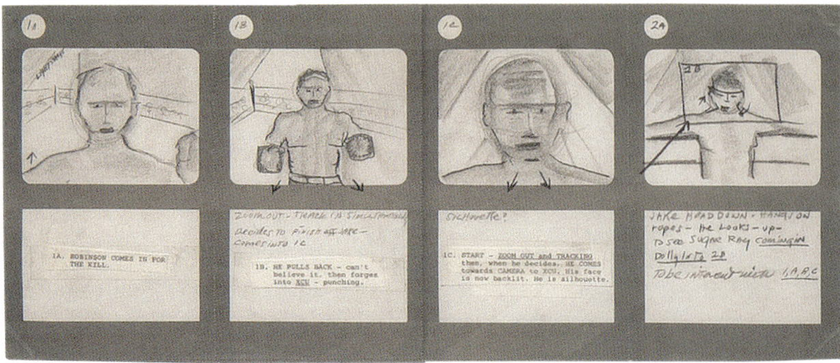

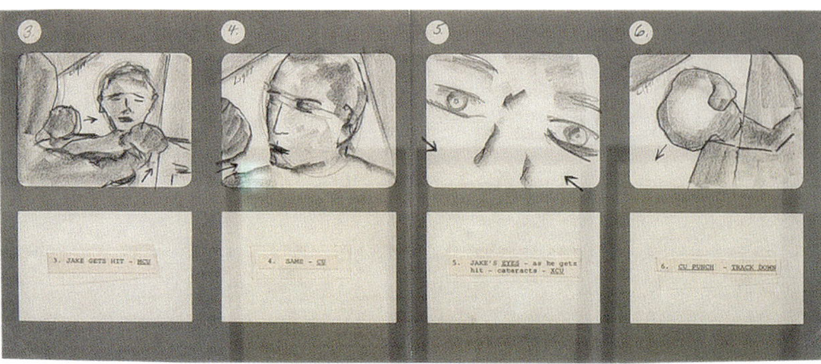

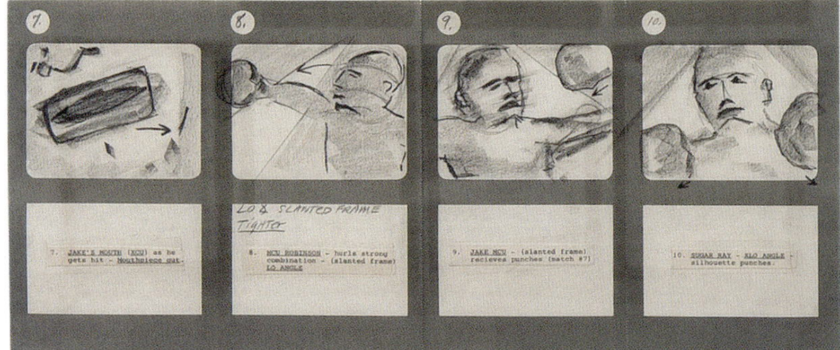

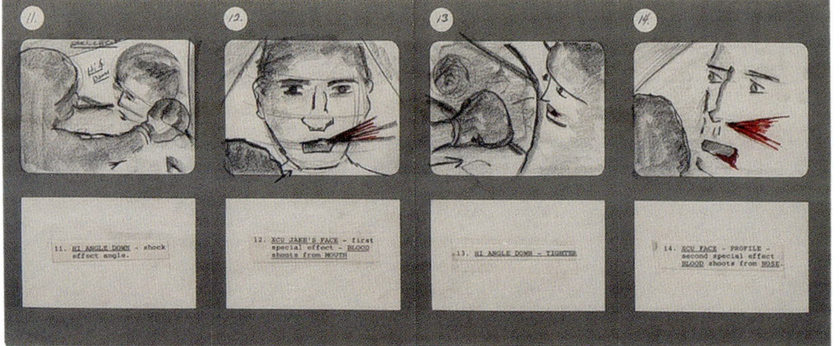

"Robinson Fight" e "Sugar Ray"
No 1A – 46
Storyboard di Martin Scorsese
Toro scatenato, 1980

"Robinson Fight" and "Sugar Ray"
No 1A – 46
Storyboard by Martin Scorsese
Raging Bull, 1980

Martin Scorsese Collection, New York

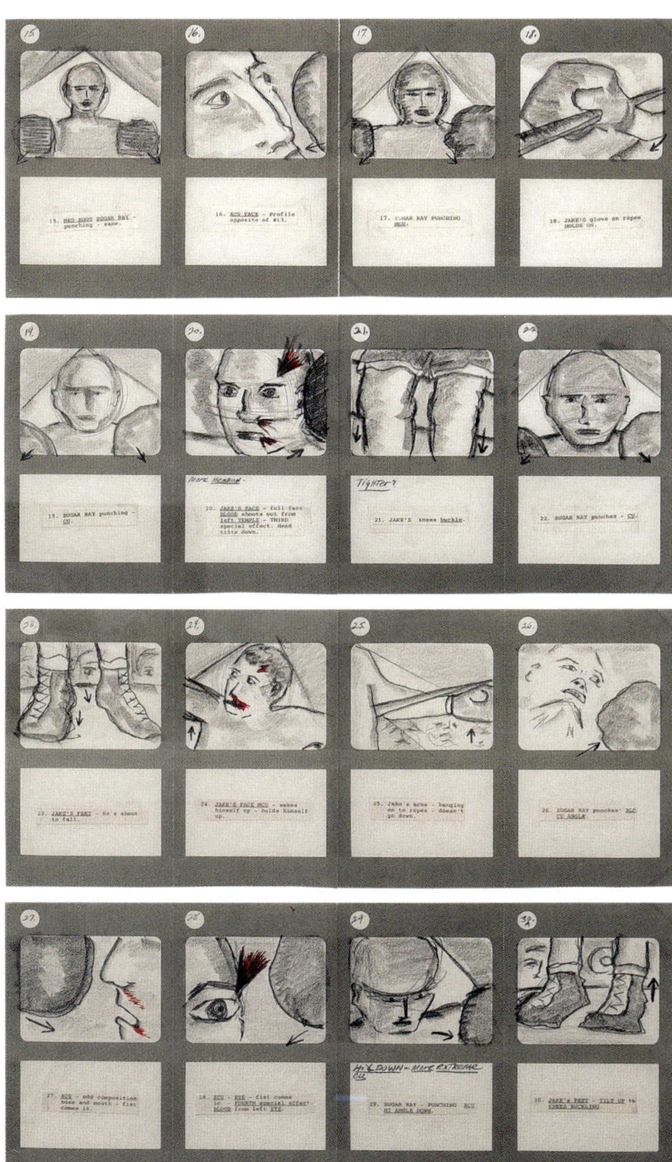

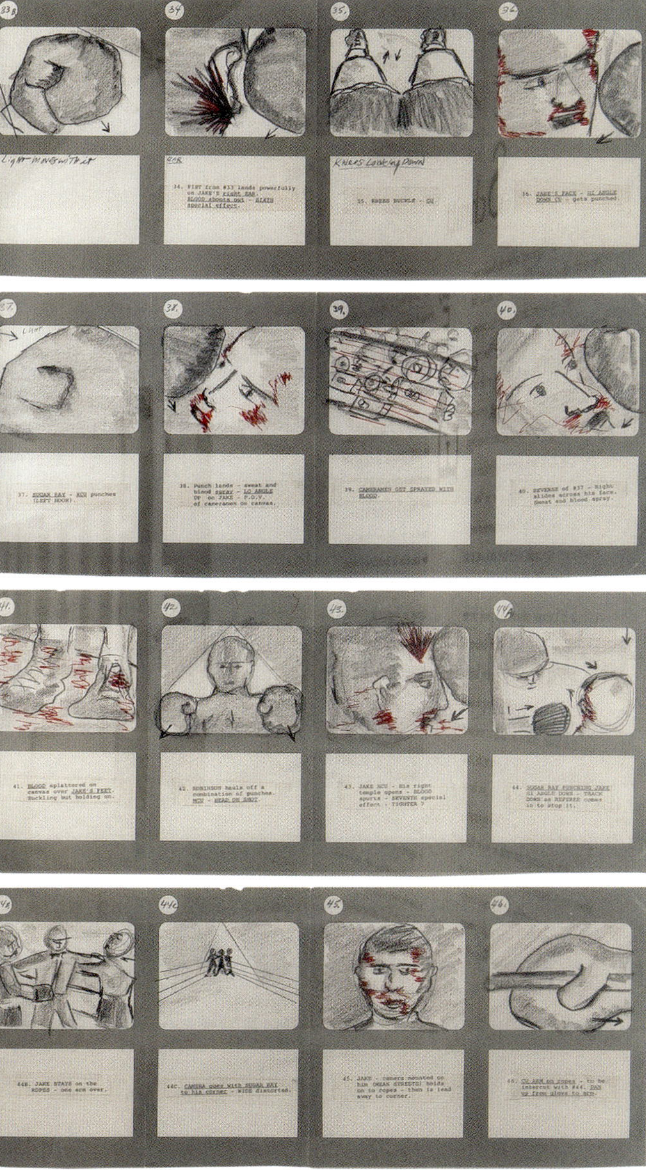

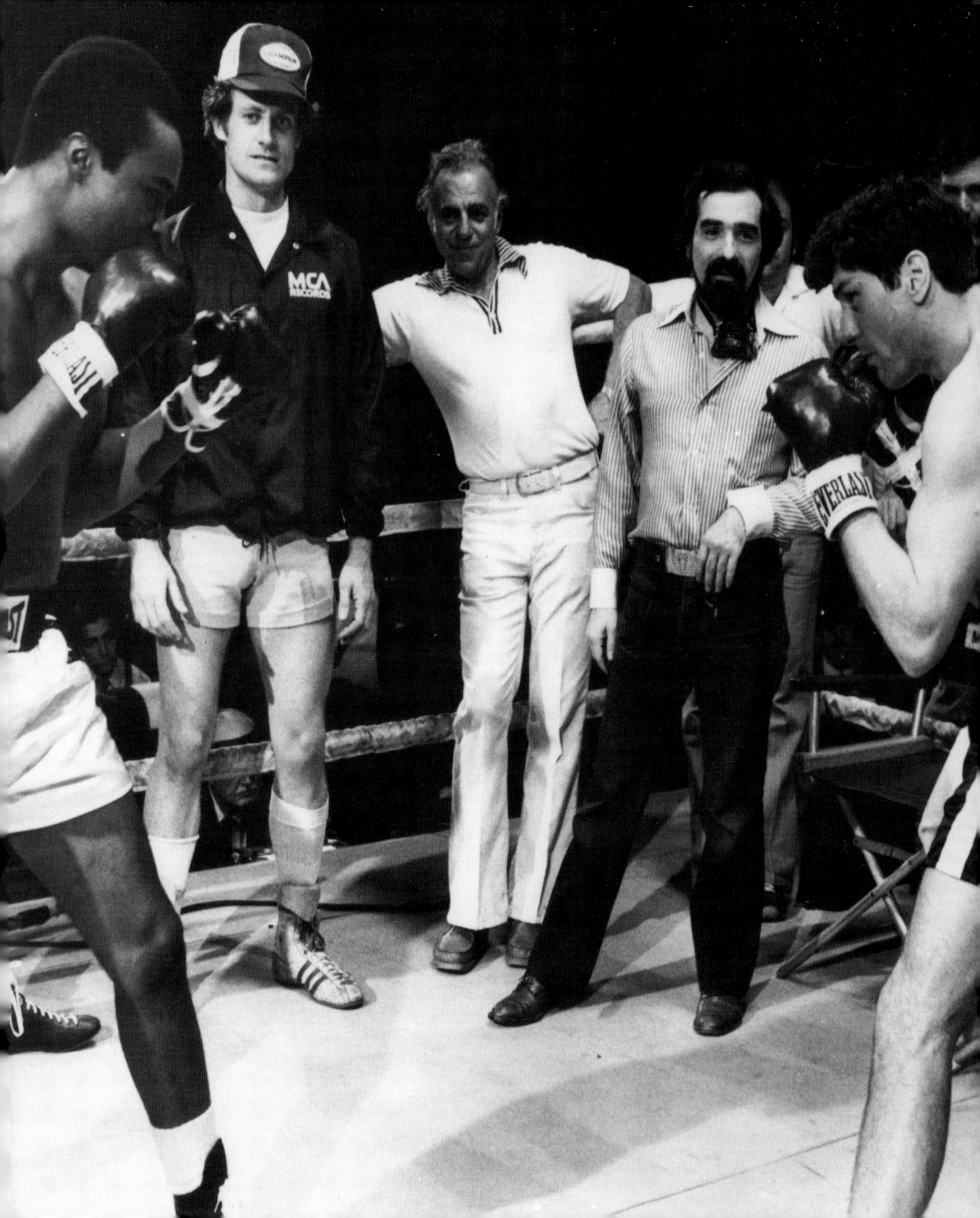

Il terzo combattimento di Sugar Ray Robinson è una scena molto importante nel film. La parte cruciale è il momento in cui La Motta decide di immolarsi. Si sacrifica e accetta la punizione – ecco cos'è il tredicesimo round. Volevo qualcosa di veramente speciale per quest'azione specifica. Ciò che ho fatto per il combattimento – che, non so, forse dura 45 secondi, forse meno, nel film – è stato basare la struttura sul montaggio della scena nella doccia di *Psyco*, che contiene 32 inquadrature, mi sembra. In *Psyco* si vede un coltello attraversare un'inquadratura con un'illuminazione molto netta in bianco e nero, molto contrastata. È molto diverso quando si vede un guantone da boxe gonfio nell'inquadratura – così ho dovuto disegnare le riprese in un certo modo per ottenere lo stesso impatto e poi riesaminarle fotogramma per fotogramma. Mentre disegnavo, mi sono reso conto che l'azione non si sarebbe mai adattata perfettamente a quella di *Psyco*, poiché gli elementi dell'inquadratura sono totalmente differenti. Ma era un punto d'inizio e ci ha dato l'energia di cui avevamo bisogno.

The third Sugar Ray Robinson fight is such an important scene in the film. What was most crucial about it was the moment when La Motta lets himself be the sacrifice. He sacrifices himself and takes the punishment – that's Round Thirteen. For that specific action, I wanted something really special. What I did for the beating – which – I don't know, is maybe 45 seconds, maybe less in the film – was base the structure of it on the editing of the *Psycho* shower scene which has 32 shots, I think. In *Psycho* you see a knife going through a frame with very sharp black and white lighting, very contrasty. It is very different when you see a puffy boxing glove in the frame – so I had to design the shots a certain way in order to get the same impact and then examine the effect cut by cut. As I did the drawings, I realized that the action would never cut exactly as it did in *Psycho* because the elements in the frame are totally different. But it was a place to start and gave us the energy we needed.

Martin Scorsese

"Sugar Ray Fight"
Foto sul set
Toro scatenato, 1980

"Sugar Ray Fight"
Photo on the set
Raging Bull, 1980

Martin Scorsese Collection, New York

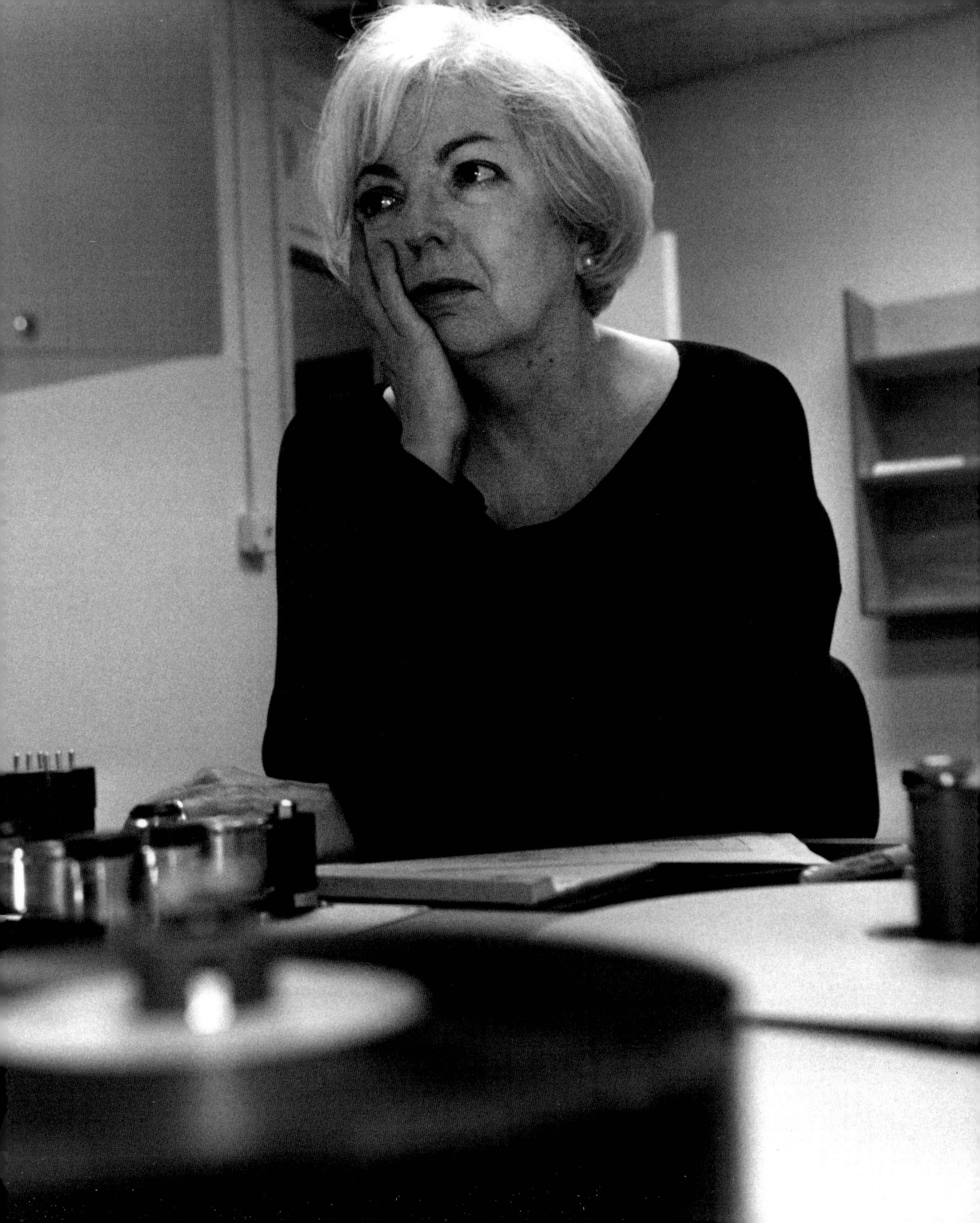

Thelma e io abbiamo iniziato a collaborare in *Toro scatenato* e da allora
abbiamo sempre lavorato insieme. Mi conosce molto, molto bene, fin dal
1963. La forza di Thelma è la dedizione per la natura del progetto in sé,
per la verità del film. Resta focalizzata sull'idea originaria che sta dietro
alla creazione del film e ciò di cui tratta. S'impegna su ciò che voglio fare e
su come arrivarci tramite il girato a disposizione.
Inoltre, lavorare con Thelma è molto interessante dal punto di vista delle
interpretazioni degli attori nei film. Lei ha iniziato con i documentari e
con quella formazione si riesce davvero ad avere il senso dell'emotività
dell'attore. Per esempio, lei può dire "ma i suoi occhi sono più interessanti
qui". È davvero sensibile a questi aspetti e cerca in tutti i modi di ritrovare
la ripresa che ci è piaciuta, che siamo sicuri di aver visto, ma che non
riusciamo a ritrovare. In un modo o nell'altro la rintraccia. Queste cose
la ossessionano. Quindi molte delle interpretazioni vengono plasmate in
questo modo a meraviglia.

Thelma and I started working on *Raging Bull* and have been working
together ever since. She knows me very, very well going way back to
1963. The key with Thelma is a dedication to the nature of the project
itself – the truth of the film. She stays focused on the original intention
behind making the picture and what it's about. She's committed to what I
want to do and how to get there with the footage we have.
Also, it's very interesting working with Thelma with actors' performances
on film. She started on documentaries and with that background you
really get a sense of the emotion of the actor. For example, one thing
she'll say is, "but his eyes are more interesting here". She really picks up
on that and she's devoted to finding the take we liked that we thought we
saw but can't find. She'll track it down one way or the other. Be obsessed
with this. So a lot of the performances are shaped beautifully that way.

Martin Scorsese

Thelma Schoonmaker in sala di montaggio
Foto
Kundun, 1997
Thelma Schoonmaker in the editing room
Photo
Kundun, 1997

Thelma Schoonmaker Collection / Martin Scorsese Collection, New York

Hugo Cabret
Hugo

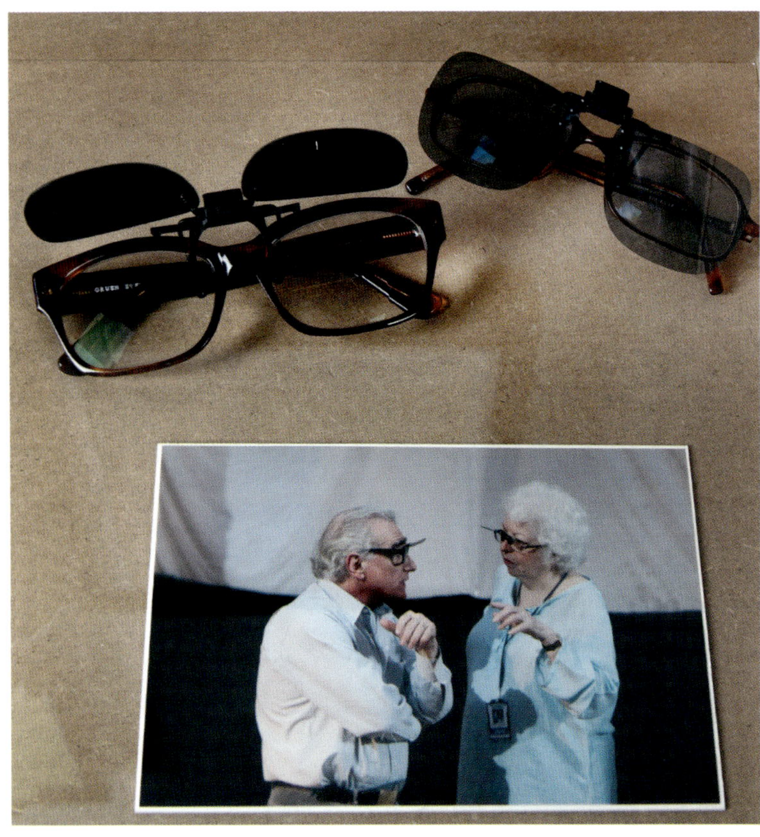

Occhiali con inserto 3D
Hugo Cabret, 2011
Il film è stato girato in 3D. Durante il
montaggio il regista Martin Scorsese e la
sua collaboratrice Thelma Schoonmaker
hanno utilizzato questi occhiali 3D
con lenti ribaltabili.

Spectacles with 3D insert
Hugo, 2011
The film was shot in 3D. During editing
its director Martin Scorsese and his
collaborator Thelma Schoonmaker used
these 3D spectacle 'flip-up' lenses.

Martin Scorsese Collection,
New York

**Sala di montaggio di Thelma
Schoonmaker**
Foto
Hugo Cabret, 2011

Thelma Schoonmaker's editing room
Photo
Hugo, 2011

Martin Scorsese Collection,
New York

destra
Tabella di montaggio
di Thelma Schoonmaker
Hugo Cabret, 2011

right
Editing board
by Thelma Schoonmaker
Hugo, 2011

Martin Scorsese Collection,
New York

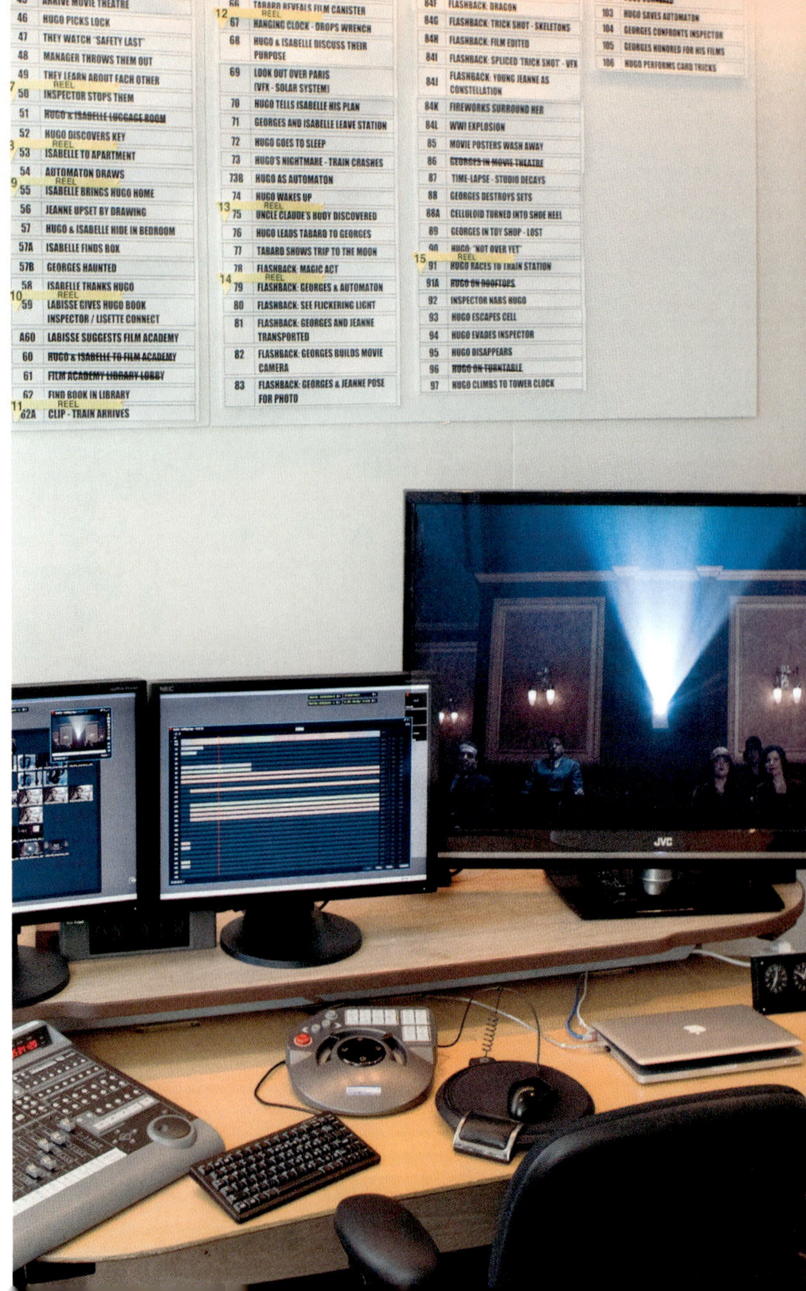

REEL 1 — 1 AB

#	
1	SWOOP THRU STATION TO REVEAL HUGO (1931)
2	HUGO WATCHES GEORGES AND ISABELLE
3	GEORGES CATCHES HUGO
4	HUGO CHASED THRU PEDESTRIANS
5	HUGO CHASED THRU CAFE
6	ESCAPES PAST FRICK
7	INSPECTOR LOSES HUGO

REEL 2

#	
8	HUGO INTO TUNNELS
9	SECRET APARTMENT - GRABS TOOLS
10	HUGO WINDS LOBBY CLOCK
11	HANGING CLOCK - FRICK AND MME. EMILE
14	HUGO CLIMBS TO TOWER CLOCK
15	WINDS TOWER CLOCK - PARIS BELOW
16	HUGO CONFRONTS GEORGES

REEL 3 — 2 AB

#	
17	FOLLOWS GEORGES THRU STREETS
18	THRU GRAVEYARD
19	WATCHES GEORGES' FAMILY - SIGNALS ISABELLE
20	ISABELLE PROMISES TO GET NOTEBOOK
21	HUGO REVEALS AUTOMATON - Pt. 1
22	FLASHBACK: FATHER EXPLAINS AUTOMATON
25	FLASHBACK: FATHER/HUGO WORK ON AUTOMATON - Pt. 1
23	FLASHBACK: HUGO SWEEPS CLOCK SHOP
25	FLASHBACK: FATHER/HUGO WORK ON AUTOMATON - Pt. 2
24	FLASHBACK: FATHER TENDS MUSEUM CLOCKS
26	FLASHBACK: MUSEUM FIRE TRAPS FATHER

REEL 4

#	
27	FLASHBACK: UNCLE CLAUDE TELLS HUGO
28	FLASHBACK: HUGO LUGS AUTOMATON TO STATION
29	FLASHBACK: SEES HIS NEW HOME
30	FLASHBACK: FATHER'S FUNERAL
21	HUGO REVEALS AUTOMATON - Pt. 2 - Cries
32	STEALS BREAKFAST / FRICK & MME. EMILIE
33	SLIPS PAST INSPECTOR / LISETTE
34	GEORGES GIVES HUGO ASHES
35	HUGO RUNS INTO ISABELLE
36	THEY HEAD FOR BOOKSTORE
37	BOOKSTORE - HEARS NOTEBOOK NOT BURNT

REEL 5 — 3 AB

#	
38	ISABELLE EMBOLDENS HUGO
39	SHOWDOWN GEORGES AND HUGO
40	TEA DANCE - Pt. 1 - Mirror
40A	HUGO WATCHES GEORGES' CARD TRICKS - Pt. 1
40	TEA DANCE - Pt. 2 - Dancers outside
40A	HUGO WATCHES GEORGES' CARD TRICKS - Pt. 2
40B	GEORGES TEACHES HUGO TRICK
40C	HUGO SHOWS AUTOMATON TRICK
40	TEA DANCE - Pt. 3 - Mirror
40D	HUGO WATCHES ISABELLE - FINDS COG
40E	HUGO FITS COG TO AUTOMATON
40G	HUGO TRIES TO BRING AUTOMATON ALIVE
40K	"WHERE IS THE KEY?"

#	
41	INSPECTOR NABS STREET KID - Pt. 1

REEL 6

#	
41	INSPECTOR NABS STREET KID - Pt. 2
42	INSPECTOR ASKS POLICE TO TAKE KID
43	POLICE TAKE KID
43A	TEA DANCE - HUGO WATCHES ISABELLE FROM TUNNEL
44	HUGO ASKS ISABELLE TO THE MOVIES
45	ARRIVE MOVIE THEATRE
46	HUGO PICKS LOCK
47	THEY WATCH "SAFETY LAST"
48	MANAGER THROWS THEM OUT
49	THEY LEARN ABOUT EACH OTHER

REEL 7 — 4 AB

#	
50	INSPECTOR STOPS THEM
51	~~HUGO & ISABELLE LUGGAGE ROOM~~
52	HUGO DISCOVERS KEY

REEL 8

#	
53	ISABELLE TO APARTMENT
54	AUTOMATON DRAWS

REEL 9 — 5 AB

#	
55	ISABELLE BRINGS HUGO HOME
56	JEANNE UPSET BY DRAWING
57	HUGO & ISABELLE HIDE IN BEDROOM
57A	ISABELLE FINDS BOX
57B	GEORGES HAUNTED
58	ISABELLE THANKS HUGO

REEL 10

#	
59	LABISSE GIVES HUGO BOOK / INSPECTOR / LISETTE CONNECT
A60	LABISSE SUGGESTS FILM ACADEMY
60	~~HUGO & ISABELLE TO FILM ACADEMY~~
61	~~FILM ACADEMY LIBRARY LOBBY~~
62	FIND BOOK IN LIBRARY

REEL 11

#	
62A	CLIP - TRAIN ARRIVES
62B	CLIPS - 1ST MOVIES THRU RENOIR
63	TABARD'S SHRINE TO GEORGES
64	FLASHBACK: TABARD AT GEORGES' STUDIO
65	FLASHBACK: WATCHES GEORGES WORK - FAIRIES
65A	~~FLASHBACK: FILM PROCESSED~~
66	TABARD REVEALS FILM CANISTER

REEL 12 — 6 AB

#	
67	HANGING CLOCK - DROPS WRENCH
68	HUGO & ISABELLE DISCUSS THEIR PURPOSE
69	LOOK OUT OVER PARIS (VFX - SOLAR SYSTEM)
70	HUGO TELLS ISABELLE HIS PLAN
71	GEORGES AND ISABELLE LEAVE STATION
72	HUGO GOES TO SLEEP
73	HUGO'S NIGHTMARE - TRAIN CRASHES
73B	HUGO AS AUTOMATON
74	HUGO WAKES UP

REEL 13

#	
75	UNCLE CLAUDE'S BODY DISCOVERED
76	HUGO LEADS TABARD TO GEORGES
77	TABARD SHOWS TRIP TO THE MOON
78	FLASHBACK: MAGIC ACT

REEL 14 — 7 AB

#	
79	FLASHBACK: GEORGES & AUTOMATON
80	FLASHBACK: SEE FLICKERING LIGHT
81	FLASHBACK: GEORGES AND JEANNE TRANSPORTED
82	FLASHBACK: GEORGES BUILDS MOVIE CAMERA
83	FLASHBACK: GEORGES & JEANNE POSE FOR PHOTO

#	
84A	FLASHBACK: GEORGES SKETCHES COSTUME
84B	FLASHBACK: YOUNG JEANNE FITTED
84C	FLASHBACK: GEORGES PAINTS SCENERY
84D	FLASHBACK: FAUST TRAP DOOR
84E	FLASHBACK: JEANNE WIPES OFF SOOT
84F	FLASHBACK: DRAGON
84G	FLASHBACK: TRICK SHOT - SKELETONS
84H	FLASHBACK: FILM EDITED
84I	FLASHBACK: SPLICED 'TRICK SHOT' - VFX
84J	FLASHBACK: YOUNG JEANNE AS CONSTELLATION
84K	FIREWORKS SURROUND HER
84L	WWI EXPLOSION
85	MOVIE POSTERS WASH AWAY
86	~~GEORGES IN MOVIE THEATRE~~
87	TIME-LAPSE - STUDIO DECAYS
88	GEORGES DESTROYS SETS
88A	CELLULOID TURNED INTO SHOE HEEL
89	GEORGES IN TOY SHOP - LOST
90	HUGO: "NOT OVER YET"
91	HUGO RACES TO TRAIN STATION
91A	~~HUGO ON ROOFTOPS~~
92	INSPECTOR NABS HUGO
93	HUGO ESCAPES CELL
94	HUGO EVADES INSPECTOR
95	HUGO DISAPPEARS
96	~~HUGO ON TURNTABLE~~
97	HUGO CLIMBS TO TOWER CLOCK
98	INSPECTOR FOLLOWS
99	HUGO CLIMBS THRU CLOCK FACE
99A	HUGO HANGS ON CLOCK - "SAFETY LAST"

REEL 16 — 8 AB

#	
100	~~HUGO AVOIDS DACHSHUNDS~~
101	HUGO AT TRAIN - SEES INSPECTOR
102	~~HUGO CORNERED~~
103	HUGO SAVES AUTOMATON
104	GEORGES CONFRONTS INSPECTOR
105	GEORGES HONORED FOR HIS FILMS
106	HUGO PERFORMS CARD TRICKS

LA MUSICA
MUSIC

La musica gioca un ruolo fondamentale nella vita e nelle opere di Martin Scorsese. Per il film *Mean Streets - Domenica in chiesa, lunedì all'inferno* (1973) lui stesso racconta di essere stato ispirato dai brani che di notte risuonavano dagli appartamenti, dalle strade e dai bar di Little Italy. Canzoni come *Jumpin' Jack Flash* e *Be My Baby* dei Rolling Stones sono state fonti di ispirazione per numerose scene dei suoi film. Oltre trent'anni dopo, *Jumpin' Jack Flash* è il brano di apertura del concerto dei Rolling Stones al Beacon Theatre di New York; Martin Scorsese documenta l'evento con la macchina da presa e *Shine a Light* vede la sua anteprima come film di apertura al Festival Internazionale del Film di Berlino nel 2008. Anche con *L'ultimo valzer* (1978) il grande regista americano ha voluto documentare la messa in scena di un concerto: l'ultima leggendaria apparizione dal vivo del gruppo The Band. I suoi film documentari su Bob Dylan e George Harrison non raccontano solo la carriera dei due musicisti, ma si spingono oltre, dando vita a ritratti impercettibilmente diversificati di un'epoca. Già in *Taxi Driver* Scorsese collabora con uno dei più noti compositori americani di musica da film, Bernard Herrmann. Autore di numerose colonne sonore per Alfred Hitchcock, Herrmann, in occasione di *Taxi Driver*, realizza la sua ultima composizione, basata su un tema jazz in cui il sassofono alterna suoni malinconici e minacciosi. Per altre colonne sonore Scorsese si affida a Peter Gabriel per *L'ultima tentazione di Cristo* (1988), Philip Glass per *Kundun* (1997) e Howard Shore per *Gangs of New York* (2002), *The Aviator* (2004), *The Departed - Il bene e il male* (2006) e *Hugo Cabret* (2011). Con *Shutter Island* (2010) il regista azzarda un esperimento particolare, utilizzando solo musica classica contemporanea degli anni cinquanta, il periodo in cui è ambientato il film. E così i suoni all'avanguardia di compositori come Krzysztof Penderecki o György Ligeti permeano l'atmosfera di questo psico-thriller.

Music plays an important role in Martin Scorsese's life and work. He says that his film *Mean Streets* (1973) was inspired by the music that emanated from the apartments, streets and bars in Little Italy at night. Songs like *Jumpin' Jack Flash* and *Be My Baby* by the Rolling Stones inspired him to much of his film imagery. *Jumpin' Jack Flash* was the first song played by the Rolling Stones during their concert at New York's Beacon Theatre. Martin Scorsese documented the event with the camera and *Shine a Light* experienced its premiere as the opening film of the Berlin International Film Festival in 2008. Scorsese also documented a concert appearance in *The Last Waltz* (1978): the legendary final concert of The Band. His documentaries about Bob Dylan and George Harrison not only recount the careers of these musicians, but go further to deliver subtly differentiated portraits of the times. As early as *Taxi Driver*, Scorsese worked with one of the most famous American film composers. Bernard Herrmann – who created numerous film soundtracks for Alfred Hitchcock – wrote his last film score for *Taxi Driver*, with a jazz theme that changes between melancholy and alarming saxophone tones. Scorsese has had other soundtracks composed by Peter Gabriel for *The Last Temptation of Christ* (1988) and by Philip Glass for *Kundun* (1997), as well as Howard Shore for *Gangs of New York* (2002), *The Aviator* (2004), *The Departed* (2006) and *Hugo* (2011). In *Shutter Island* (2010), Scorsese took a risk with an unusual experiment when he exclusively used contemporary classical music from the 1950s – the period in which the film is set. As a result, the avant-garde sound of composers like Krzysztof Penderecki and György Ligeti affects the atmosphere of this psycho-thriller.

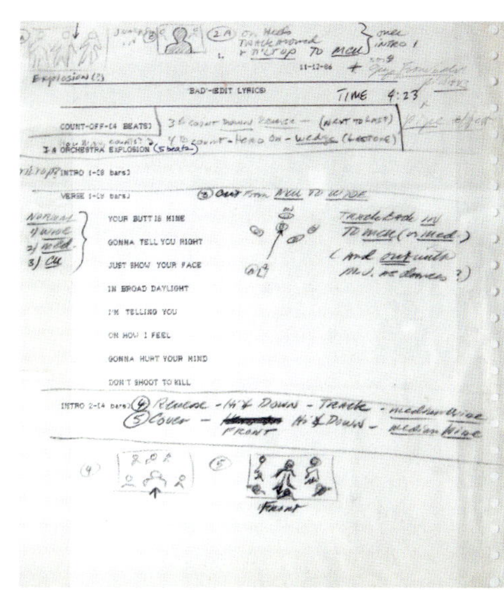

Bad - Edit Lyrics
Note di ripresa, 12.11.1986
Bad, 1987

Bad - Edit Lyrics
Shooting notes, 12.11.1986
Bad, 1987

Martin Scorsese Collection, New York

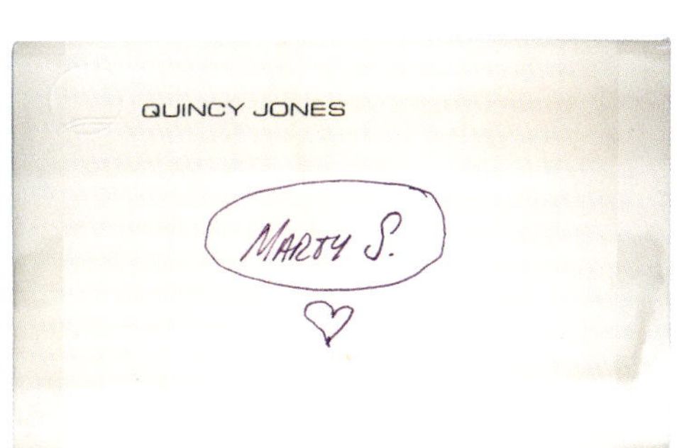

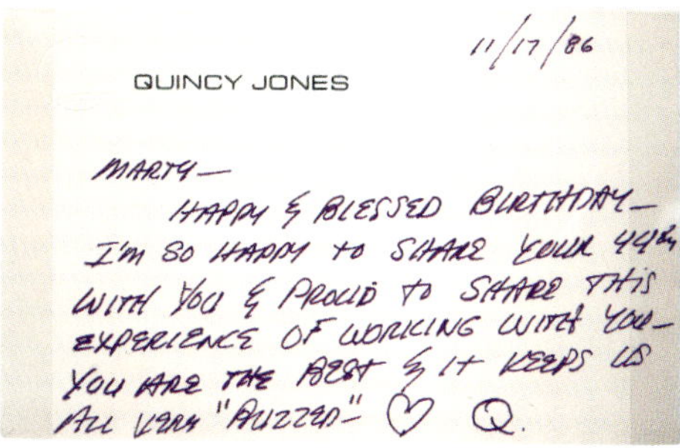

Quincy Jones a Martin Scorsese
Biglietto di compleanno, 17.11.1986
Quincy Jones ha prodotto il brano *Bad* di Michael Jackson,
di cui Scorsese ha girato il video musicale.

Quincy Jones to Martin Scorsese
Birthday card, 17.11.1986
Quincy Jones produced the song *Bad* by Michael Jackson,
for which Scorsese shot the music video.

Martin Scorsese Collection, New York

Michael Jackson e Martin Scorsese
Foto con dedica
Bad, 1987
La foto è stata scattata nel 1986 durante le
riprese del video musicale *Bad*. Il filmato
dura 18 minuti, la sceneggiatura è di Richard
Price. La versione breve del videoclip ha
ricevuto la nomination agli MTV Video
Music Awards.

Michael Jackson and Martin Scorsese
Photo with a dedication
Bad, 1987
The photo was taken in 1986 during the
filming of the *Bad* music video. The film lasts
18 minutes, its script is by Richard Price. The
videoclip short version is among the MTV
Video Music Awards nominations.

Martin Scorsese Collection, New York

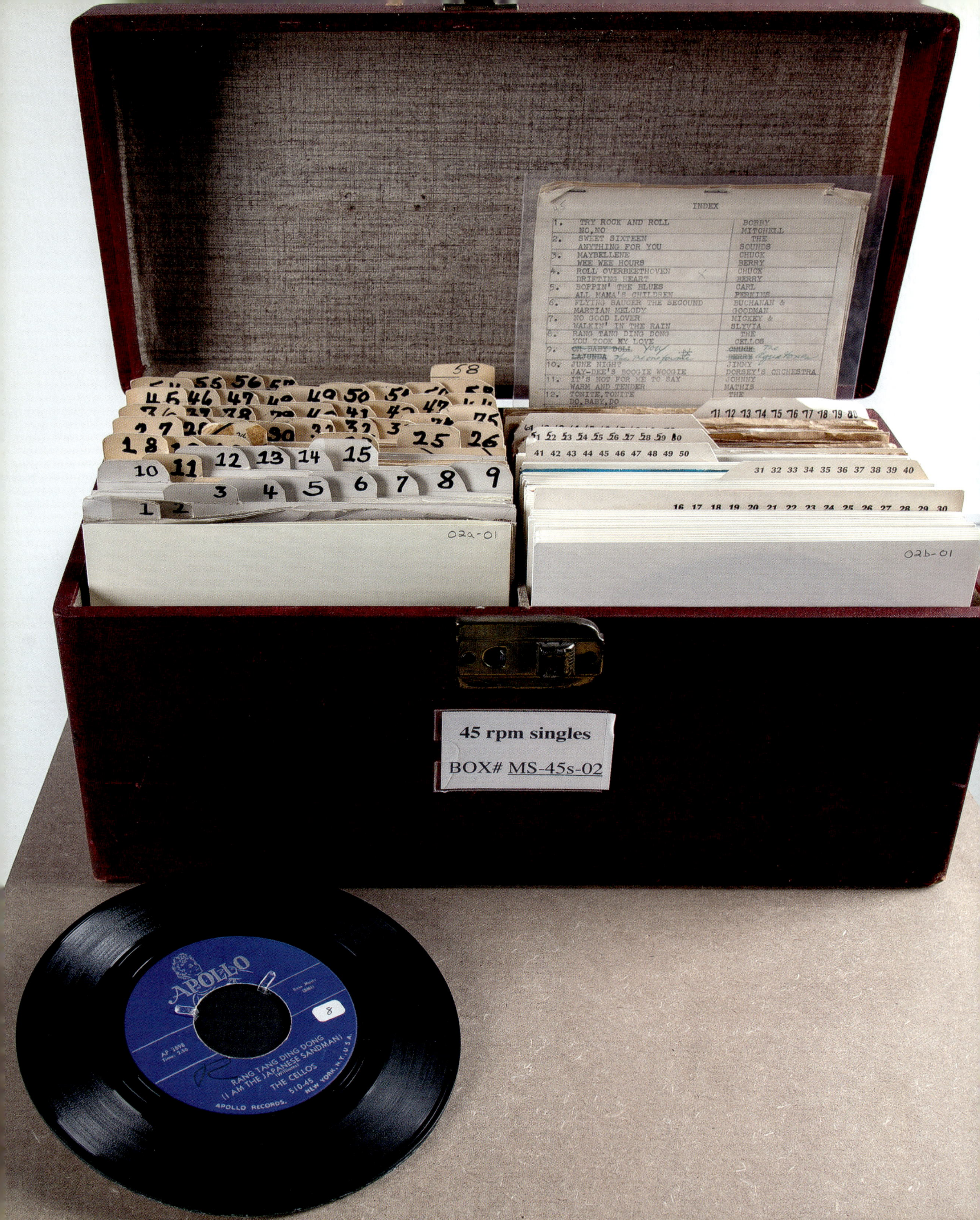

INDEX
1. TRY ROCK AND ROLL   BOBBY
    NO,NO   MITCHELL
2. SWEET SIXTEEN   THE
    ANYTHING FOR YOU   SOUNDS
3. MAYBELLENE   CHUCK
    WEE WEE HOURS   BERRY
4. ROLL OVERBEETHOVEN   CHUCK
    DRIFTING HEART   BERRY
5. BOPPIN' THE BLUES   CARL
    ALL MAMA'S CHILDREN   PERKINS
6. FLYING SAUCER THE SECOUND BUCHANAN &
    MARTIAN MELODY   GOODMAN
7. NO GOOD LOVER   MICKEY &
    WALKIN' IN THE RAIN   SLYVIA
8. RANG TANG DING DONG   THE
    YOU TOOK MY LOVE   CELLOS
9. OH BABY DOLL   CHUCK
    LAJUNDA   BERRY
10. JUNE NIGHT   JIMMY
    JAY-DEE'S BOOGIE WOOGIE   DORSEY'S ORCHESTRA
11. IT'S NOT FOR ME TO SAY   JOHNNY
    WARM AND TENDER   MATHIS
12. TONITE,TONITE   THE
    DO,BABY,DO

45 rpm singles
BOX# MS-45s-02

APOLLO
AP 1598
Time: 2.10
RANG TANG DING DONG
(I AM THE JAPANESE SANDMAN)
THE CELLOS
510-45   NEW YORK, N.Y. U.S.A.
APOLLO RECORDS,

A un certo punto della mia infanzia ho iniziato
a collezionare dischi 45 giri (singoli). Infine,
dato che la mia famiglia viveva in sole tre
stanze, i dischi dovettero essere riposti da
qualche parte, e ho ricevuto questa scatola.
Questa è la prima scatola in cui ho tenuto
i miei 45 giri. Volevo un indice – quindi me
lo sono battuto a macchina. *Maybelline.
Roll over Beethoven. Rang Tang Ding
Dong* dei Cellos, che è uno dei preferiti di
Harvey Keitel. Penso che la stia cantando –
canticchiando o qualcosa del genere – in *Taxi
Driver*. L'abbiamo anche usata in *Al di là della
vita*.

At a certain point in my childhood I began
to collect 45s (singles). Eventually, because
my family lived in only three rooms, the
records had to be placed somewhere, and I
got this box. This is the first box that I kept
my 45s in. I wanted an index – so I typed it
up myself. *Maybelline. Roll over Beethoven.
Rang Tang Ding Dong* by the Cellos which
is a favorite of Harvey Keitel's. I think he's
singing it – humming it or something – in *Taxi
Driver*. We also used it in *Bringing Out the
Dead*.

Martin Scorsese

Scatola con dischi 45 giri
Inventario di Martin Scorsese
Già da bambino Scorsese è appassionato di musica e colleziona
dischi. Molti di questi brani sono utilizzati nei suoi film.

Box with 45 rpm records
Inventory by Martin Scorsese
Scorsese was already a music lover in childhood and collected
records. Many of such music pieces were used in his films.

Martin Scorsese Collection, New York

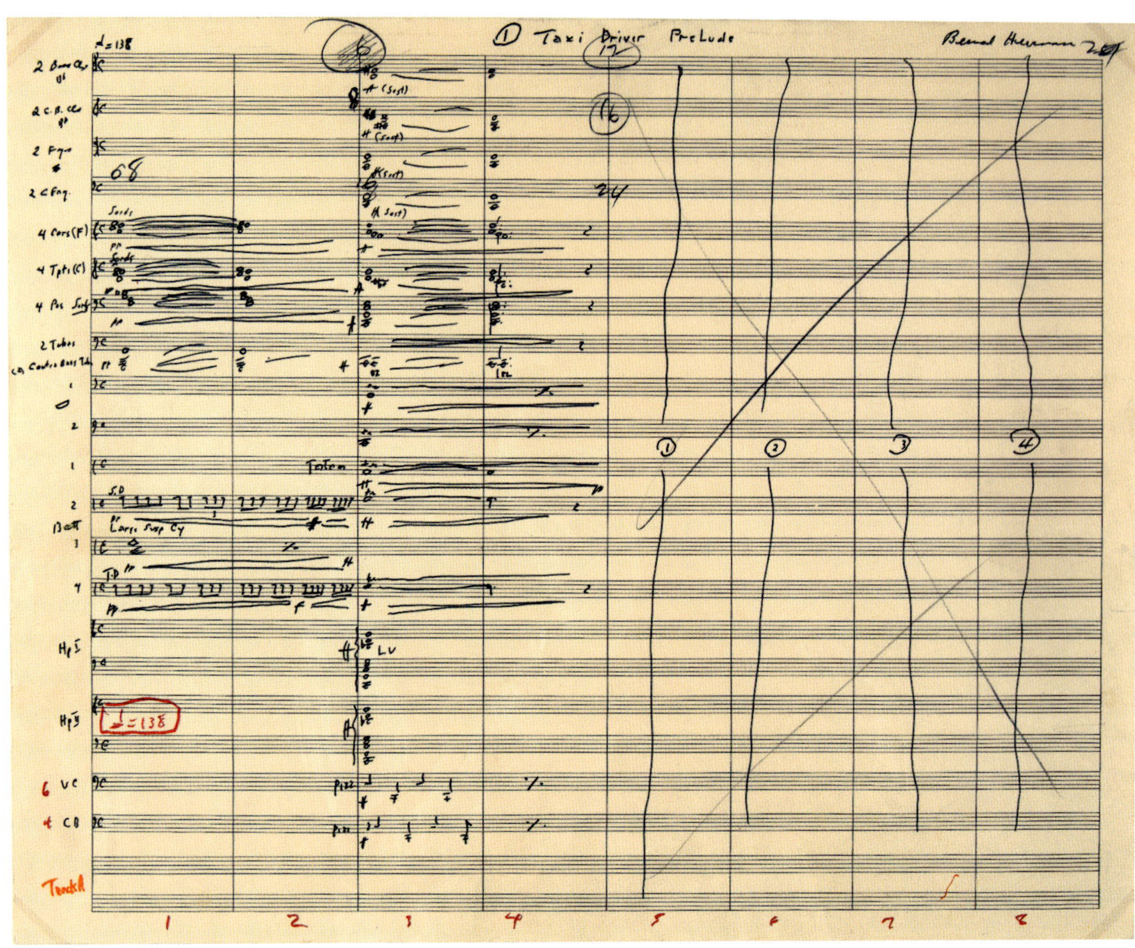
① Taxi Driver   Prelude
Bernard Herrmann
♩=138

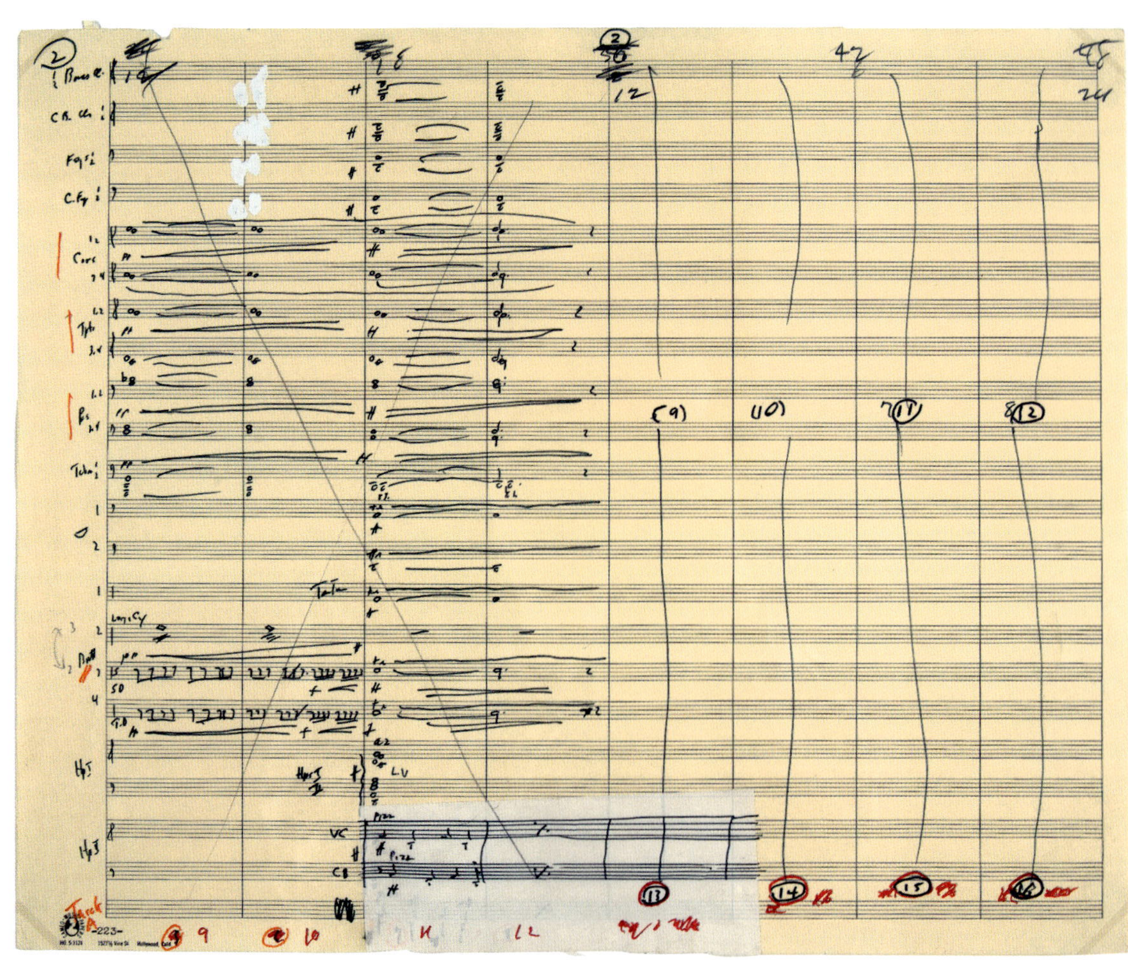
②

Taxi Driver è stato il primo film in cui ho scelto di usare una colonna sonora originale e quella colonna sonora originale, naturalmente, è stata composta da Bernard Herrmann. La ragione per cui desideravo una partitura inedita – piuttosto che usare canzoni come avevo fatto nei miei film precedenti – era principalmente perché il personaggio chiave (Travis Bickle) non ascoltava musica. Non lo faceva e basta – non c'era musica che gli arrivasse. Nulla. Ne era molto distante.

Taxi Driver was the first film in which I chose to use a score and the score was, of course, composed by Bernard Herrmann. My reason behind wanting a score – rather than using songs as I had done in my previous films – was mainly because the main character (Travis Bickle) didn't listen to music. He just didn't – there was no music coming through. Nothing. He was distanced from it.

Martin Scorsese

**Colonna sonora originale
composta da Bernard Herrmann**
Taxi Driver, 1976

**Original Score
composed by Bernard Herrmann**
Taxi Driver, 1976

Martin Scorsese Collection, New York

Mean Streets

**Appunti per l'uso della musica
di Martin Scorsese**
*Mean Streets - Domenica in
chiesa, lunedì all'inferno*, 1973

**Notes for the use of music
by Martin Scorsese**
Mean Streets, 1973

Martin Scorsese Collection,
New York

L'ultimo valzer
The Last Waltz

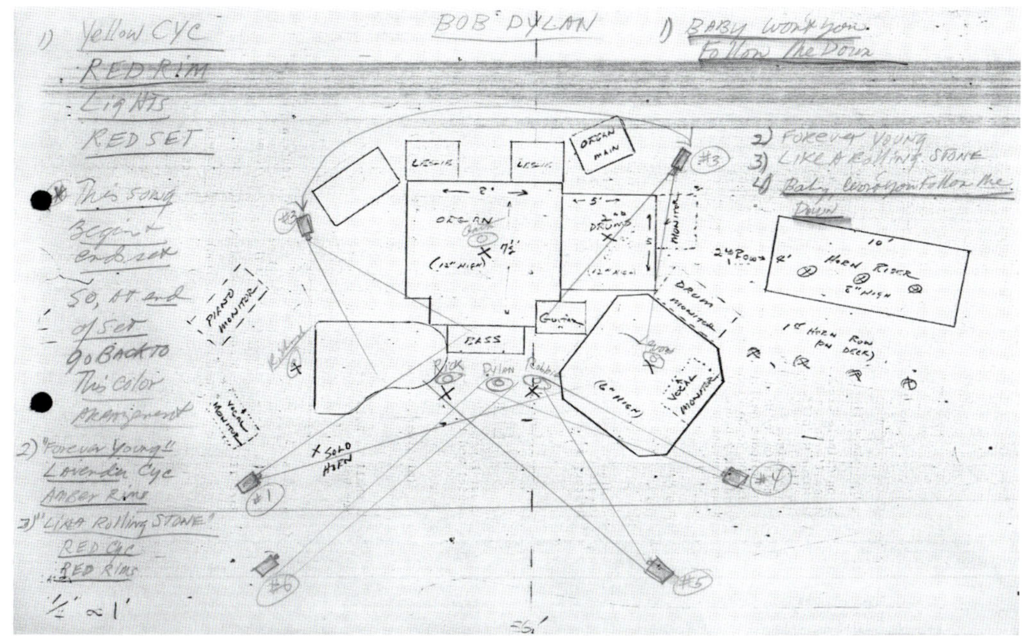

Pianta del palcoscenico con posizioni della macchina da presa
L'ultimo valzer, 1978
La pianta fissa le angolazioni della macchina da presa per l'esibizione di Bob Dylan.

Stage floorplan with positions for the camera
The Last Waltz, 1978
The floorplan fixes camera angles for the performance of Bob Dylan.

Martin Scorsese Collection, New York

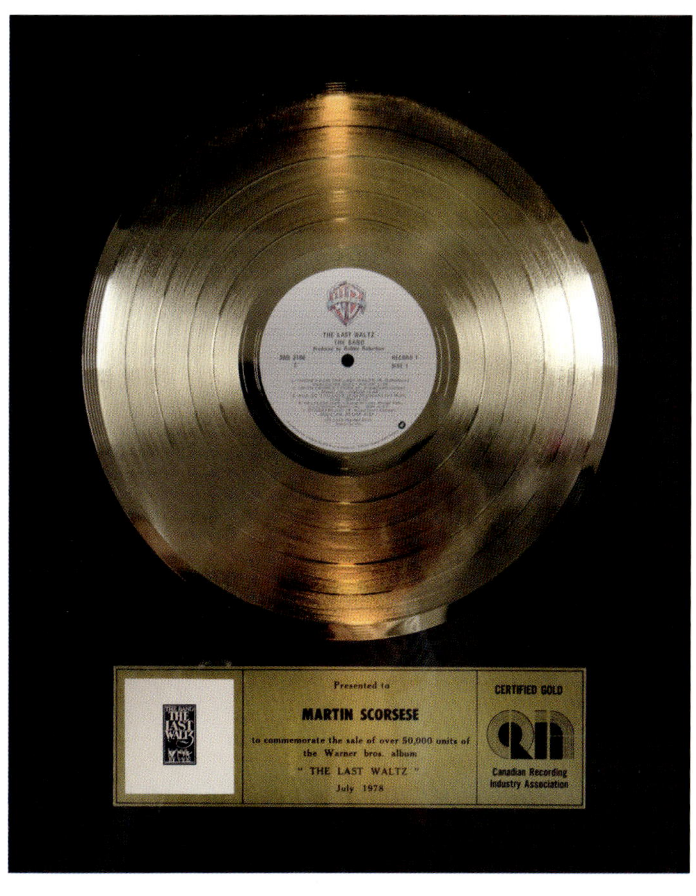

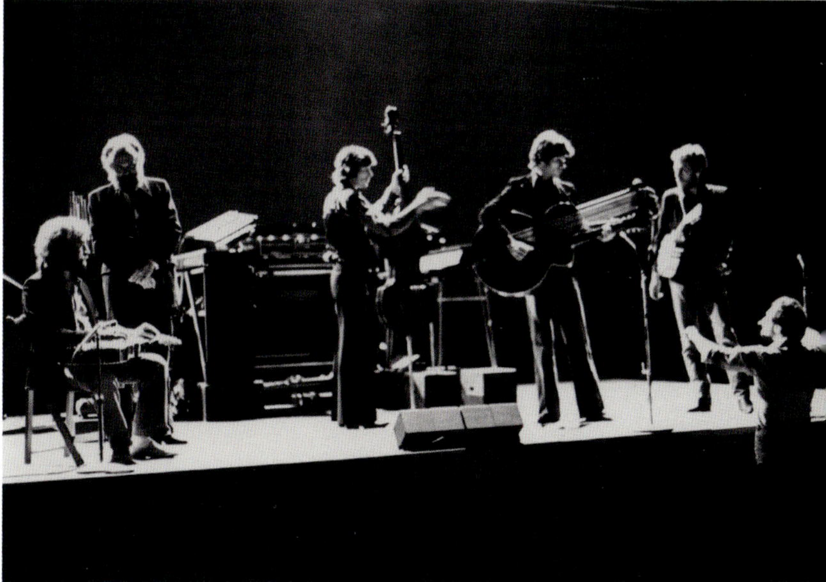

Disco d'oro
L'ultimo valzer, 1978

Gold record
The Last Waltz, 1978

Martin Scorsese Collection, New York

Robbie Robertson e Levon Helm
Foto sul set
L'ultimo valzer, 1978

Robbie Robertson and Levon Helm
Photo on the set
The Last Waltz, 1978

Martin Scorsese Collection, New York

New York, New York

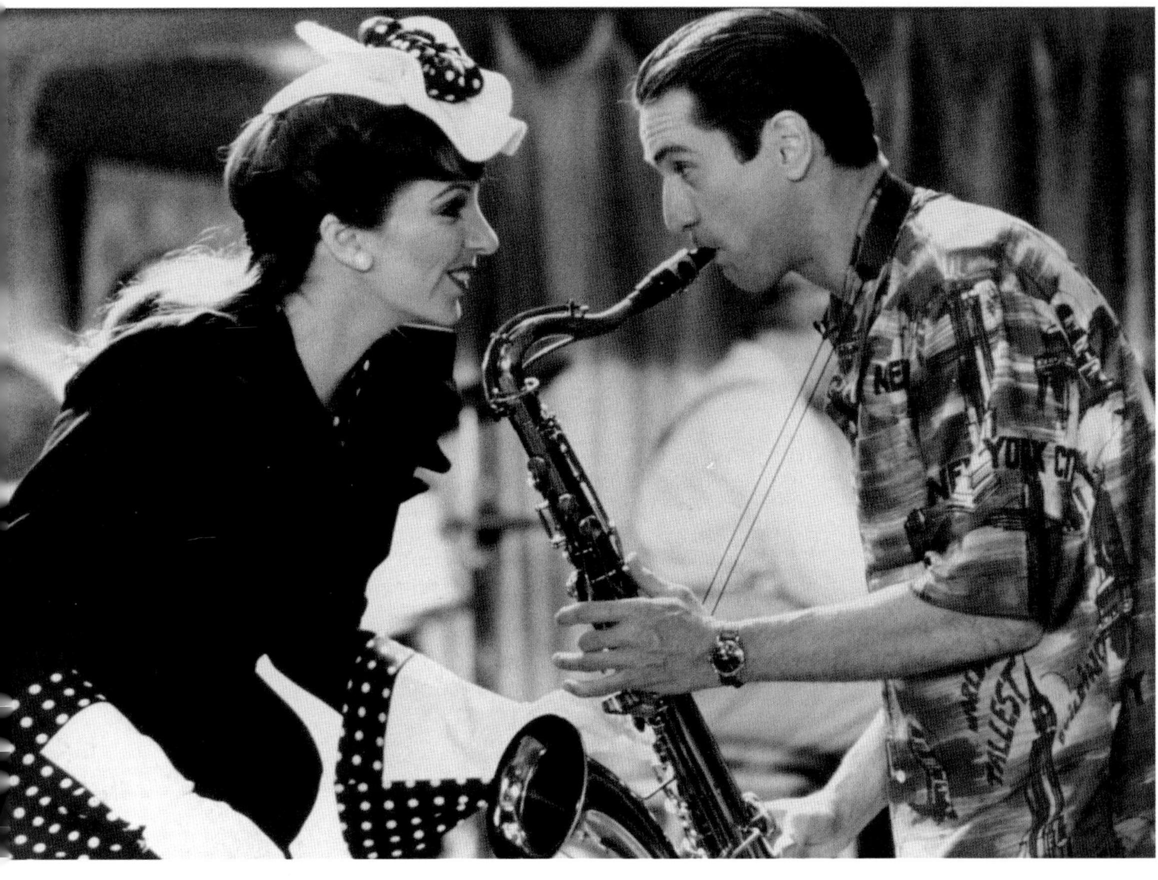

**Liza Minnelli (Francine Evans)
e Robert De Niro (Jimmy Doyle)**
Foto di scena
New York, New York, 1977

**Liza Minnelli (Francine Evans)
and Robert De Niro (Jimmy Doyle)**
Action still
New York, New York, 1977

Deutsche Kinemathek - Fotoarchiv

**Jimmy (Robert De Niro)
e un gruppo di Harlem**
Foto di scena
New York, New York, 1977

**Jimmy (Robert De Niro)
and a Harlem Group**
Action still
New York, New York, 1977

Martin Scorsese Collection,
New York

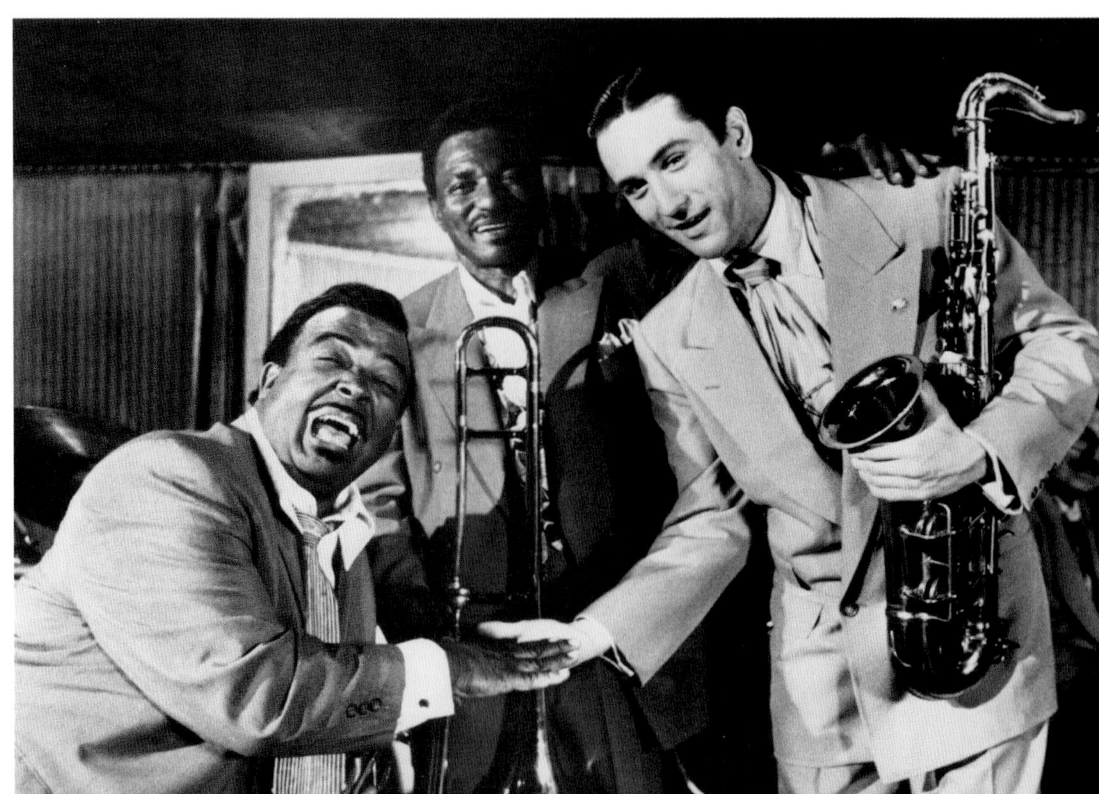

Liza Minnelli, Robert De Niro e Martin Scorsese
Foto sul set
New York, New York, 1977

Liza Minnelli, Robert De Niro and Martin Scorsese
Photo on the set
New York, New York, 1977

Martin Scorsese Collection, New York

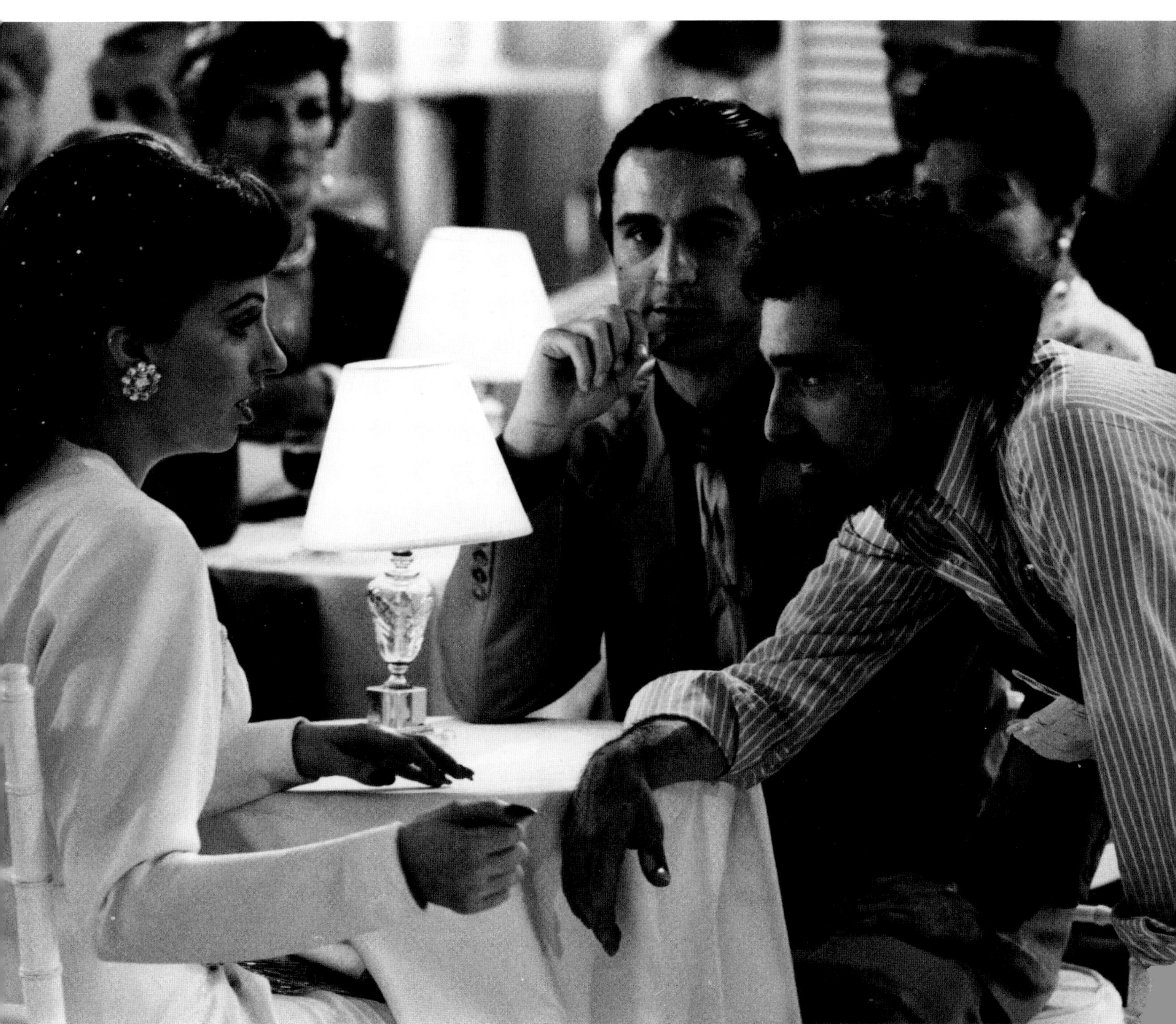

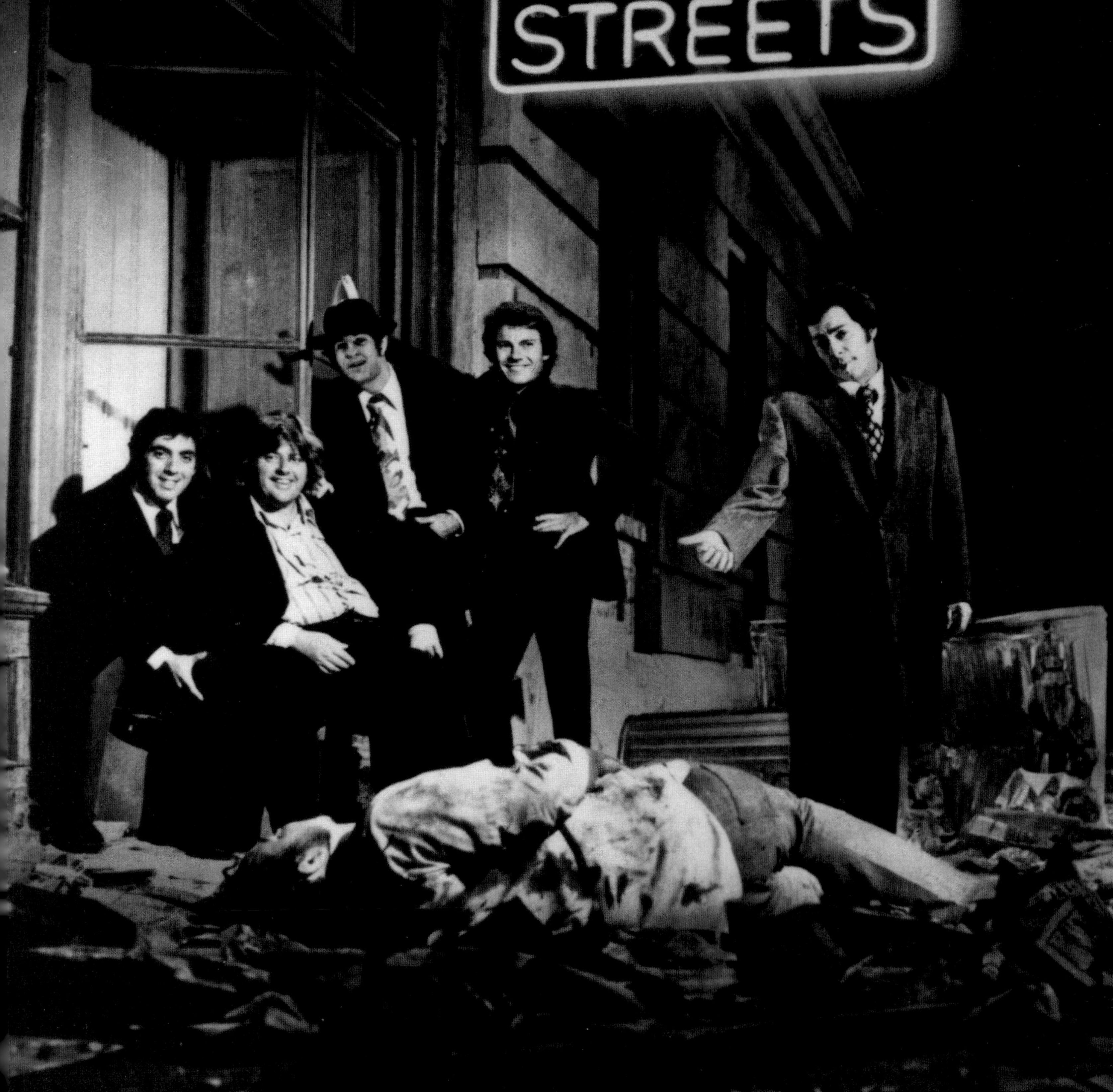

MEAN
STREETS

FILMOGRAFIA
FILMOGRAPHY

a cura di / edited by
Stefano Boni

David Proval, George Memmoli,
Robert De Niro, Harvey Keitel, Richard Romanus
Foto pubblicitaria
Mean Streets - Domenica in chiesa, lunedì all'inferno, 1973
La scritta al neon non fu utilizzata nel film, ma solo nella foto promozionale. Essa venne inserita successivamente nell'immagine, apparendo molto più grande. Anche gli attori in questa foto non sono "reali": la foto promozionale è stata fatta inizialmente con controfigure degli interpreti e in seguito le teste dei veri attori sono state aggiunte tramite un fotomontaggio.

David Proval, George Memmoli,
Robert De Niro, Harvey Keitel, Richard Romanus
Press photo
Mean Streets, 1973
The neon sign was not used in the film, but only in the promotion photo. It was added in a second moment to the picture, looking much larger. Even the actors in this photo are not "real": the publicity still was taken first with stand-in models and the actors' heads were added later with a photomontage.

Martin Scorsese Collection, New York

What's a Nice Girl Like You Doing in a Place Like This?

(USA 1963, 9', b/n-*b&w*)
Sceneggiatura/*Screenplay*: Martin Scorsese.
Fotografia/*Cinematography*: James Newman.
Musica/*Music*: Richard H. Coll.
Montaggio/*Editing*: Robert Hunsicker, Mara Stoller.
Interpreti/*Cast*: Sarah Braveman, Zeph Michelis, Fred Sica, Mimi Stark, Robert Uricola.
Produzione/*Production*: New York University Department of Television, Motion Picture and Radio Presentations (Summer Motion Picture Workshop).

It's Not Just You, Murray

(USA 1964, 15', b/n-*b&w*)
Sceneggiatura/*Screenplay*: Martin Scorsese, Mardik Martin.
Fotografia/*Cinematography*: Richard H. Coll.
Musica/*Music*: Richard H. Coll.
Scenografia/*Production design*: Lancelot Braithwaite, Victor Magnotta.
Montaggio/*Editing*: Eli F. Bleich.
Interpreti/*Cast*: Ira Rubin, Sam DeFazio, Andrea Martin, Catherine Scorsese, Robert Uricola.
Produzione/*Production*: New York University Department of Television, Motion Picture and Radio Presentations.

The Big Shave

(USA 1967, 6', col.)
Sceneggiatura/*Screenplay*: Martin Scorsese.
Fotografia/*Cinematography*: Ares Demertzis.
Scenografia/*Production design*: Ken Gaulin.
Montaggio/*Editing*: Martin Scorsese.
Interpreti/*Cast*: Peter Bernuth.
Produzione/*Production*: Martin Scorsese.

Chi sta bussando alla mia porta?/Who's That Knocking at My Door

(USA 1967, 90', b/n-*b&w*)
Sceneggiatura/*Screenplay*: Martin Scorsese, Betzi Manoogian.
Fotografia/*Cinematography*: Michael Wadley, Richard Coll.
Scenografia/*Production design*: Vic Magnotta.
Montaggio/*Editing*: Thelma Schoonmaker.
Interpreti/*Cast*: Zina Bethune, Harvey Keitel, Lennard Kuras, Michael Scala, Harry Northup.
Produzione/*Production*: Trimod Films.

Street Scenes 1970

(USA 1970, 75', b/n e col. - *b&w and col.*, documentario/*documentary*)
Fotografia/*Cinematography*: Harry Bolles, Bill Etra, Tiger Graham, Fred Hadley, Don Lenzer, Bib Pitts, Peter Rea, Danny Schneider, Ed Summer, Nat Trapp, Nancy Bennett, John Burman, Dick Catron, Fred Elmes, Tom Famighetti, Peter Flynn, Robert Foresta, David Freeberg, Tony Janetti, Arnold Klein, Ron Levitas, Didier Loiseau, David Ludwig, Laura Primakoff, Gordon Stein, Oliver Stone, Bruce Tabor, Stan Weiser, Bob Zahn.
Montaggio/*Editing*: Angela Kirby, Maggie Koven, Gerry Pallor, Peter Rea, Thelma Schoonmaker, Larry Tisdall.
Produzione/*Production*: New York Cinetracts Collective.

America 1929 - Sterminateli senza pietà/Boxcar Bertha

(USA 1972, 88', col.)
Sceneggiatura/*Screenplay*: Joyce H. Corrington, John

William Corrington, dal libro/*from the book Sisters of the Road* di/*by* Ben L. Reitman.
Fotografia/*Cinematography*: John Stephens.
Musica/*Music*: Gib Guilbeau, Thad Maxwell.
Scenografia/*Production design*: David Nichols.
Costumi/*Costumes*: Bob Modes.
Montaggio/*Editing*: Buzz Feitshans.
Interpreti/*Cast*: Barbara Hershey,
David Carradine, Barry Primus, Bernie Casey,
John Carradine.
Produzione/*Production*: American International Productions.

Mean Streets - Domenica in chiesa, lunedì all'inferno/Mean Streets

(USA 1973, 112', col.)
Sceneggiatura/*Screenplay*: Martin Scorsese,
Mardik Martin.
Fotografia/*Cinematography*: Kent Wakeford.
Scenografia/*Production design*: David Nichols.
Costumi/*Costumes*: Cornelia McNamara.
Montaggio/*Editing*: Sid Levin.
Interpreti/*Cast*: Robert De Niro, Harvey Keitel,
David Proval, Amy Robinson, Richard Romanus.
Produzione/*Production*: Taplin-Perry-Scorsese Productions.

Italianamerican

(USA 1974, 48', col., documentario/*documentary*)
Sceneggiatura/*Screenplay*: Mardik Martin,
Larry Cohen.
Fotografia/*Cinematography*: Alex Hirschfeld.
Montaggio/*Editing*: Bert Lovitt.
Produzione/*Production*: National Communications Foundation.

Alice non abita più qui/Alice Doesn't Live Here Anymore

(USA 1974, 112', col.)
Sceneggiatura/*Screenplay*: Robert Getchell.
Fotografia/*Cinematography*: Kent L. Wakeford.
Musica/*Music*: Richard LaSalle.
Scenografia/*Production design*: Toby Carr Rafelson.
Costumi/*Costumes*: Lambert Marks, Lucia de Martino.
Montaggio/*Editing*: Marcia Lucas.
Interpreti/*Cast*: Ellen Burstyn, Kris Kristofferson,
Alfred Lutter III, Billy "Green" Bush, Diane Ladd.
Produzione/*Production*: Warner Bros.
Premi/*Awards*: Oscar 1975 per la migliore attrice protagonista a Ellen Burstyn/*Academy Award 1975 for Best Actress in a Leading Role to Ellen Burstyn*.

Taxi Driver

(USA 1976, 112', col.)
Sceneggiatura/*Screenplay*: Paul Schrader.
Fotografia/*Cinematography*: Michael Chapman.
Musica/*Music*: Bernard Herrmann.
Scenografia/*Production design*: Charles Rosen.
Costumi/*Costumes*: Ruth Morley.
Montaggio/*Editing*: Marcia Lucas, Tom Rolf, Melvin Shapiro.
Interpreti/*Cast*: Robert De Niro, Jodie Foster, Albert Brooks, Harvey Keitel, Leonard Harris.
Produzione/*Production*: Bill/Phillips Productions, Taxi Driver Productions.
Premi/*Awards*: Palma d'oro al Festival di Cannes 1976/*Golden Palm at the Cannes Film Festival 1976*.

New York, New York

(USA 1977, 155', col.)
Sceneggiatura/*Screenplay*: Earl Mac Rauch, Mardik Martin.

Fotografia/*Cinematography*: Laszlo Kovacs.
Musica/*Music*: Fred Ebb, John Kander.
Scenografia/*Production design*: Boris Leven.
Costumi/*Costumes*: Theadora Van Runkle.
Montaggio/*Editing*: Tom Rolf, Bert Lovitt,
David Ramirez.
Interpreti/*Cast*: Liza Minnelli, Robert De Niro,
Lionel Stander, Barry Primus, Mary Kay Place.
Produzione/*Production*: Chartoff-Winkler
Productions.

L'ultimo valzer/The Last Waltz

(USA 1978, 115', col., documentario/*documentary*)
Sceneggiatura/*Screenplay*: Mardik Martin.
Fotografia/*Cinematography*: Michael Chapman.
Musica/*Music*: The Band.
Scenografia/*Production design*: Boris Leven.
Montaggio/*Editing*: Yeu-Bun Yee, Jan Roblee.
Produzione/*Production*: Last Waltz Productions.

American Boy (A Profile of Steven Prince)

(USA 1978, 55', col., documentario/*documentary*)
Sceneggiatura/*Screenplay*: Julia Cameron,
Mardik Martin.
Fotografia/*Cinematography*: Michael Chapman.
Montaggio/*Editing*: Amy Holden Jones, Bert Lovitt.
Produzione/*Production*: New Empire Films, Scorsese
Films.

Toro scatenato/Raging Bull

(USA 1980, 129', b/n-*b&w*)
Sceneggiatura/*Screenplay*: Paul Schrader, Mardik
Martin, dal libro/*from the book Raging Bull* di/*by* Jake
La Motta scritto con/*written with* Joseph Carter e/*and*
Peter Savage.

Fotografia/*Cinematography*: Michael Chapman.
Scenografia/*Production design*: Gene Rudolf.
Costumi/*Costumes*: Richard Bruno, John Boxer.
Montaggio/*Editing*: Thelma Schoonmaker.
Interpreti/*Cast*: Robert De Niro, Cathy Moriarty,
Joe Pesci, Frank Vincent, Nicholas Colasanto.
Produzione/*Production*: Chartoff-Winkler
Productions.
Premi/*Awards*: Oscar 1981 per il miglior attore
protagonista a Robert De Niro e per il miglior
montaggio a Thelma Schoonmaker/*Academy
Awards 1981 for Best Actor in a Leading Role
to Robert De Niro and for Best Film Editing to
Thelma Schoonmaker.*

Re per una notte/The King of Comedy

(USA 1983, 109', col.)
Sceneggiatura/*Screenplay*: Paul D. Zimmerman.
Fotografia/*Cinematography*: Fred Schuler.
Scenografia/*Production design*: Boris Leven.
Costumi/*Costumes*: Richard Bruno.
Montaggio/*Editing*: Thelma Schoonmaker.
Interpreti/*Cast*: Robert De Niro, Jerry Lewis,
Diahnne Abbott, Sandra Bernhard, Ed Herlihy.
Produzione/*Production*: Embassy International
Pictures.

Fuori orario/After Hours

(USA 1985, 96', col.)
Sceneggiatura/*Screenplay*: Joseph Minion.
Fotografia/*Cinematography*: Michael Ballhaus.
Scenografia/*Production design*: Jeffrey Townsend.
Costumi/*Costumes*: Rita Ryack.
Montaggio/*Editing*: Thelma Schoonmaker.
Interpreti/*Cast*: Griffin Dunne, Rosanna Arquette,

Verna Bloom, Thomas Chong, Linda Fiorentino.
Produzione/*Production*: Double Play Productions.

Specchio, specchio/Mirror, Mirror

(USA 1986, 24', col., episodio della serie TV **Storie
incredibili**/*episode of the TV series* **Amazing Stories**)
Sceneggiatura/*Screenplay*: Joseph Minion, da un
racconto di/*from a short story by* Steven Spielberg.
Fotografia/*Cinematography*: Robert Stevens.
Musica/*Music*: Michael Kamen.
Scenografia/*Production design*: Rick Carter.
Costumi/*Costumes*: Carol Hybi, Sandy Slepak.
Montaggio/*Editing*: Joe Ann Fogle.
Interpreti/*Cast*: Sam Waterston,
Helen Shaver, Dick Cavett, Tim Robbins,
Dana Gladstone.
Produzione/*Production*: Amblin Entertainment.

Il colore dei soldi/The Color of Money

(USA 1986, 119', col.)
Sceneggiatura/*Screenplay*: Richard Price, dal
romanzo/*from the novel The Color of Money* di/*by*
Walter Tevis.
Fotografia/*Cinematography*: Michael Ballhaus.
Musica/*Music*: Robbie Robertson.
Scenografia/*Production design*: Boris Leven.
Costumi/*Costumes*: Richard Bruno.
Montaggio/*Editing*: Thelma Schoonmaker.
Interpreti/*Cast*: Paul Newman, Tom Cruise, Mary
Elizabeth Mastrantonio, Helen Shaver, John Turturro.
Produzione/*Production*: Touchstone Pictures, Silver
Screen Partners II.
Premi/*Awards*: Oscar 1987 per il miglior attore
protagonista a Paul Newman/*Academy Award 1987
for Best Actor in a Leading Role to Paul Newman.*

Bad

(USA 1987, 16', col., videoclip per la canzone di
Michael Jackson/*music video for the song performed
by Michael Jackson*)
Sceneggiatura/*Screenplay*: Richard Price.
Fotografia/*Cinematography*: Michael Chapman.
Musica/*Music*: Michael Jackson.
Scenografia/*Production design*: Adrianne Lobel.
Costumi/*Costumes*: Rita Ryack.
Montaggio/*Editing*: Thelma Schoonmaker.
Interpreti/*Cast*: Michael Jackson, Paul Calderon,
Wesley Snipes, Roberta Flack, Pedro Sanchez.
Produzione/*Production*: Optimum Productions.

L'ultima tentazione di Cristo/
The Last Temptation of Christ

(USA/CAN 1988, 163', col.)
Sceneggiatura/*Screenplay*: Paul Schrader, dal
romanzo/*from the novel The Last Temptation of
Christ* di/*by* Nikos Kazantzakis.
Fotografia/*Cinematography*: Michael Ballhaus.
Musica/*Music*: Peter Gabriel.
Scenografia/*Production design*: John Beard.
Costumi/*Costumes*: Jean-Pierre Delifer.
Montaggio/*Editing*: Thelma Schoonmaker.
Interpreti/*Cast*: Willem Dafoe, Harvey Keitel,
Barbara Hershey, Harry Dean Stanton, David Bowie.
Produzione/*Production*: Testament Productions.

Somewhere Down the Crazy River

(USA 1988, 5', col., videoclip per la canzone
di Robbie Robertson/*music video for the song
performed by Robbie Robertson*)
Sceneggiatura/*Screenplay*: Martin Scorsese.
Fotografia/*Cinematography*: Mark Plummer.

Musica/*Music*: Robbie Robertson.
Scenografia/*Production design*: Marina Levikova.
Interpreti/*Cast*: Robbie Robertson, Sammy BoDean,
Maria McKee.
Produzione/*Production*: Limelight.

Lezioni di vero/Life Lessons

(USA 1989, 44', col., episodio del film/*episode
of the feature film* **New York Stories**)
Sceneggiatura/*Screenplay*: Richard Price.
Fotografia/*Cinematography*: Nestor Almendros.
Scenografia/*Production design*: Kristi Zea.
Costumi/*Costumes*: John Dunn.
Montaggio/*Editing*: Thelma Schoonmaker.
Interpreti/*Cast*: Nick Nolte, Rosanna Arquette,
Patrick O'Neal, Phil Harper, Jesse Borrego.
Produzione/*Production*: Touchstone Pictures.

Made in Milan

(USA/I 1990, 27', b/n e col. - *b&w and col.*,
documentario/*documentary*)
Sceneggiatura/*Screenplay*: Jay Cocks.
Fotografia/*Cinematography*: Nestor Almendros.
Musica/*Music*: Howard Shore.
Montaggio/*Editing*: Thelma Schoonmaker.
Produzione/*Production*: Mercurio Cinematografica.

Quei bravi ragazzi/Goodfellas

(USA 1990, 146', col.)
Sceneggiatura/*Screenplay*: Martin Scorsese, Nicholas
Pileggi, dal romanzo/*from the novel Wiseguy* di/*by*
Nicholas Pileggi.
Fotografia/*Cinematography*: Michael Ballhaus.
Scenografia/*Production design*: Kristi Zea.
Costumi/*Costumes*: Richard Bruno.

Montaggio/*Editing*: Thelma Schoonmaker.
Interpreti/*Cast*: Robert De Niro, Ray Liotta, Joe Pesci,
Lorraine Bracco, Paul Sorvino.
Produzione/*Production*: Irwin Winkler Productions,
Warner Bros.
Premi/*Awards*: Leone d'argento per il miglior regista
alla Mostra del Cinema di Venezia 1990/*Silver Lion for
Best Director at the Venice Film Festival 1990*. Oscar
1991 per il miglior attore non protagonista a Joe Pesci/
*Academy Award 1991 for Best Actor in a Supporting
Role to Joe Pesci*.

Cape Fear - Il promontorio della paura/Cape Fear

(USA 1991, 128', col.)
Sceneggiatura/*Screenplay*: Wesley Strick, dal romanzo/
from the novel The Executioners di/*by* John D. MacDonald
e dalla sceneggiatura/*and from the screenplay* di/*by*
James R. Webb.
Fotografia/*Cinematography*: Freddie Francis.
Musica/*Music*: Bernard Herrmann.
Scenografia/*Production design*: Henry Bumstead.
Costumi/*Costumes*: Rita Ryack.
Montaggio/*Editing*: Thelma Schoonmaker.
Interpreti/*Cast*: Robert De Niro, Nick Nolte, Jessica
Lange, Juliette Lewis, Robert Mitchum.
Produzione/*Production*: Amblin Entertainment,
Cappa Films, Tribeca Productions.

L'età dell'innocenza/The Age of Innocence

(USA 1993, 133', col.)
Sceneggiatura/*Screenplay*: Jay Cocks, Martin
Scorsese, dal romanzo/*from the novel The Age
of Innocence* di/*by* Edith Wharton.
Fotografia/*Cinematography*: Michael Ballhaus.

Musica/*Music*: Elmer Bernstein.
Scenografia/*Production design*: Dante Ferretti.
Costumi/*Costumes*: Gabriella Pescucci.
Montaggio/*Editing*: Thelma Schoonmaker.
Interpreti/*Cast*: Daniel Day-Lewis, Michelle Pfeiffer,
Winona Ryder, Richard E. Grant, Alec McCowen.
Produzione/*Production*: Cappa-De Fina Production.
Premi/*Awards*: Oscar 1994 per i migliori costumi
a Gabriella Pescucci/*Academy Award 1994 for Best
Costume Design to Gabriella Pescucci.*

Un secolo di cinema - Viaggio nel cinema americano di Martin Scorsese/A Personal Journey with Martin Scorsese Through American Movies

(USA/GB 1995, 225', b/n e col. - *b&w and col.*,
documentario televisivo/*TV documentary*)
Co-regia/*Co-direction*: Michael Henry Wilson.
Sceneggiatura/*Screenplay*: Martin Scorsese, Michael
Henry Wilson.
Fotografia/*Cinematography*: Jean-Yves Escoffier,
Frances Reid, Nancy Schreiber.
Musica/*Music*: Elmer Bernstein.
Montaggio/*Editing*: Kenneth Levis, David Lindblom.
Produzione/*Production*: British Film Institute,
Miramax Films.

Casinò/Casino

(USA/F 1995, 178', col.)
Sceneggiatura/*Screenplay*: Nicholas Pileggi, Martin
Scorsese, dal romanzo/*from the novel Casino: Love
and Honor in Las Vegas* di/*by* Nicholas Pileggi.
Fotografia/*Cinematography*: Robert Richardson.
Scenografia/*Production design*: Dante Ferretti.
Costumi/*Costumes*: John Dunn, Rita Ryack.

Montaggio/*Editing*: Thelma Schoonmaker.
Interpreti/*Cast*: Robert De Niro, Sharon Stone,
Joe Pesci, James Woods, Don Rickles.
Produzione/*Production*: Universal Pictures.

Kundun

(USA 1997, 128', col.)
Sceneggiatura/*Screenplay*: Melissa Mathison.
Fotografia/*Cinematography*: Roger Deakins.
Musica/*Music*: Philip Glass.
Scenografia/*Production design*: Dante Ferretti.
Costumi/*Costumes*: Dante Ferretti.
Montaggio/*Editing*: Thelma Schoonmaker.
Interpreti/*Cast*: Tenzin Thuthob Tsarong, Gyurme
Tethong, Tulku Jamyang Kunga Tenzin, Tenzin Yeshi
Paichang, Tencho Gyalpo.
Produzione/*Production*: Touchstone Pictures.

Il mio viaggio in Italia/My Voyage to Italy

(I/USA 1999, 246', b/n e col. - *b&w and col.*,
documentario televisivo/*TV documentary*)
Sceneggiatura/*Screenplay*: Martin Scorsese, Kent
Jones, Suso Cecchi d'Amico, Raffaele Donato.
Fotografia/*Cinematography*: Phil Abraham,
William Rexer.
Scenografia/*Production design*: Wing Lee.
Montaggio/*Editing*: Thelma Schoonmaker.
Produzione/*Production*: Paso Doble Film,
MediaTrade, Cappa Production.

Al di là della vita/Bringing Out the Dead

(USA 1999, 121', col.)
Sceneggiatura/*Screenplay*: Paul Schrader, dal
romanzo/*from the novel Bringing Out the Dead*
di/*by* Joe Connelly.

Fotografia/*Cinematography*: Robert Richardson.
Musica/*Music*: Elmer Bernstein.
Scenografia/*Production design*: Dante Ferretti.
Costumi/*Costumes*: Rita Ryack.
Montaggio/*Editing*: Thelma Schoonmaker.
Interpreti/*Cast*: Nicolas Cage, Patricia Arquette,
John Goodman, Ving Rhames, Tom Sizemore.
Produzione/*Production*: Paramount Pictures,
Touchstone Pictures, De Fina-Cappa Production.

Gangs of New York

(USA/I 2002, 168', col.)
Sceneggiatura/*Screenplay*: Jay Cocks,
Steven Zaillian, Kenneth Lonergan.
Fotografia/*Cinematography*: Michael Ballhaus.
Musica/*Music*: Howard Shore.
Scenografia/*Production design*: Dante Ferretti.
Costumi/*Costumes*: Sandy Powell.
Montaggio/*Editing*: Thelma Schoonmaker.
Interpreti/*Cast*: Leonardo DiCaprio, Daniel Day-
Lewis, Cameron Diaz, Jim Broadbent, John C. Reilly.
Produzione/*Production*: Miramax Film, Touchstone
Pictures, Initial Entertainment Group, P.E.A. Films.

The Blues: dal Mali al Mississippi/ The Blues: Feel Like Going Home

(GB/USA 2003, 83', b/n e col. - *b&w and col.*,
documentario televisivo/*TV documentary*)
Sceneggiatura/*Screenplay*: Peter Guralnick.
Fotografia/*Cinematography*: Arthur Jafa.
Scenografia/*Production design*: Liba Daniels.
Costumi/*Costumes*: Caroline Eselin.
Montaggio/*Editing*: David Tedeschi.
Produzione/*Production*: BBC, Cappa Productions.

Lady by the Sea: The Statue of Liberty

(USA 2004, 55', col., documentario televisivo/*TV documentary*)
Co-regia/*Co-direction*: Kent Jones.
Sceneggiatura/*Screenplay*: Kent Jones, Martin Scorsese.
Fotografia/*Cinematography*: Robert Shepard.
Montaggio/*Editing*: Rachel Reichman.
Produzione/*Production*: History Channel.

The Aviator

(USA 2004, 169', col.)
Sceneggiatura/*Screenplay*: John Logan.
Fotografia/*Cinematography*: Robert Richardson.
Musica/*Music*: Howard Shore.
Scenografia/*Production design*: Dante Ferretti.
Costumi/*Costumes*: Sandy Powell.
Montaggio/*Editing*: Thelma Schoonmaker.
Interpreti/*Cast*: Leonardo DiCaprio, Cate
Blanchett, Kate Beckinsale, John C. Reilly,
Alec Baldwin.
Produzione/*Production*: Miramax Film, Initial
Entertainment Group, Forward Pass, Appian Way,
IMF, Warner Bros.
Premi/*Awards*: Oscar 2005 per la migliore attrice
non protagonista a Cate Blanchett, la miglior
fotografia a Robert Richardson, la miglior scenografia
a Dante Ferretti e Francesca Lo Schiavo, i migliori
costumi a Sandy Powell e il miglior montaggio a Thelma
Schoonmaker/*Academy Awards 2005 for Best Performance
by an Actress in a Supporting Role to Cate Blanchett, Best
Achievement in Cinematography to Robert Richardson,
Best Achievement in Art Direction to Dante Ferretti and
Francesca Lo Schiavo, Best Achievement in Costume Design
to Sandy Powell and Best Achievement in Film Editing to
Thelma Schoonmaker.*

No Direction Home: Bob Dylan

(GB/USA/J 2005, 208', col., documentario televisivo/
TV documentary)
Fotografia/*Cinematography*: Mustapha Barat.
Musica/*Music*: Bob Dylan.
Montaggio/*Editing*: David Tedeschi.
Produzione/*Production*: Spitfire Pictures, Grey
Water Park Productions, Thirteen, WNET, Vulcan
Productions, BBC, NHK, Box TV, Cappa-De Fina
Productions, PBS.

The Departed - Il bene e il male/
The Departed

(USA/Hong Kong 2006, 151', col.)
Sceneggiatura/*Screenplay*: William Monahan,
dalla sceneggiatura/*from the screenplay* di/*by*
Alan Make e/*and* Felix Chong.
Fotografia/*Cinematography*: Michael Ballhaus.
Musica/*Music*: Howard Shore.
Scenografia/*Production design*: Kristi Zea.
Costumi/*Costumes*: Sandy Powell.
Montaggio/*Editing*: Thelma Schoonmaker.
Interpreti/*Cast*: Leonardo DiCaprio,
Matt Damon, Jack Nicholson, Mark Wahlberg,
Martin Sheen.
Produzione/*Production*: Warner Bros. Pictures.
Premi/*Awards*: Oscar 2007 per il miglior film,
la miglior regia a Martin Scorsese, la migliore
sceneggiatura non originale a William Monahan
e il miglior montaggio a Thelma Schoonmaker/
*Academy Awards 2007 for Best Motion Picture
of the Year, Best Achievement in Directing to
Martin Scorsese, Best Writing (Adapted Screenplay)
to William Monahan and Best Achievement in Film
Editing to Thelma Schoonmaker.*

The Key to Reserva

(E 2007, 10', col.)
Sceneggiatura/*Screenplay*: Ted Griffin.
Fotografia/*Cinematography*: Harris Savides.
Scenografia/*Production design*: Jack Taylor.
Costumi/*Costumes*: Aude Bronson-Howard.
Montaggio/*Editing*: Thelma Schoonmaker.
Interpreti/*Cast*: Martin Scorsese, Simon Baker,
Ted Griffin, Kelli O'Hara, Michael Stuhlbarg.
Produzione/*Production*: JWT, Ovideo.

Shine a Light

(USA 2008, 122', col., documentario/*documentary*)
Fotografia/*Cinematography*: Robert Richardson.
Musica/*Music*: The Rolling Stones.
Scenografia/*Production design*: Star Theodos.
Montaggio/*Editing*: David Tedeschi.
Produzione/*Production*: Concert Productions
International, Shangri-La Entertainment.

Shutter Island

(USA 2010, 138', col.)
Sceneggiatura/*Screenplay*: Laeta Kalogridis,
dal romanzo/*from the novel Shutter Island* di/*by*
Dennis Lehane.
Fotografia/*Cinematography*: Robert Richardson.
Scenografia/*Production design*: Dante Ferretti.
Costumi/*Costumes*: Sandy Powell.
Montaggio/*Editing*: Thelma Schoonmaker.
Interpreti/*Cast*: Leonardo DiCaprio, Mark Ruffalo,
Ben Kingsley, Michelle Williams, Emily Mortimer.
Produzione/*Production*: Paramount Pictures.

A Letter to Elia

(USA 2010, 60', b/n e col. - *b&w and col.,*

documentario televisivo/*TV documentary*)
Co-regia/*Co-direction*: Kent Jones.
Sceneggiatura/*Screenplay*: Kent Jones,
Martin Scorsese.
Fotografia/*Cinematography*: Mark Raker.
Montaggio/*Editing*: Rachel Reichman.
Produzione/*Production*: Far Hills Pictures,
Sikelia Productions.

Boardwalk Empire

(USA 2010, 72', col., pilot della serie TV/*pilot of the
TV series Boardwalk Empire*)
Sceneggiatura/*Screenplay*: Terence Winter, dal libro/
*from the book Boardwalk Empire: The Birth, High Times,
and Corruption of Atlantic City* di/*by* Nelson Johnson.
Fotografia/*Cinematography*: Stuart Dryburgh.
Scenografia/*Production design*: Bob Shaw.
Costumi/*Costumes*: John Dunn.
Montaggio/*Editing*: Sidney Wolinsky.
Interpreti/*Cast*: Steve Buscemi, Michael Pitt, Kelly
Macdonald, Michael Shannon, Shea Whigham.
Produzione/*Production*: HBO, Leverage Management,
Closest to the Hole Productions, Sikelia Productions,
Cold Front Productions.

Public Speaking

(USA 2010, 84', col., documentario televisivo/*TV
documentary*)
Fotografia/*Cinematography*: Ellen Kuras.
Montaggio/*Editing*: Damian Rodriguez, David Tedeschi.
Produzione/*Production*: HBO,
Consolidated Documentaries, Sikelia Productions.

George Harrison: Living in the Material World

(USA 2011, 208', b/n e col. - *b&w and col.*,
documentario televisivo/*TV documentary*)
Fotografia/*Cinematography*: Martin Kenzie,
Robert Richardson.
Musica/*Music*: George Harrison.
Montaggio/*Editing*: David Tedeschi.
Produzione/*Production*: Grove Street Pictures,
Spitfire Pictures, Sikelia Productions.

Hugo Cabret/Hugo

(USA 2011, 126', col., girato in 3D/*shot in 3D*)
Sceneggiatura/*Screenplay*: John Logan, dal romanzo/
from the novel The Invention of Hugo Cabret di/*by*
Brian Selznick.
Fotografia/*Cinematography*: Robert Richardson.
Musica/*Music*: Howard Shore.
Scenografia/*Production design*: Dante Ferretti.
Costumi/*Costumes*: Sandy Powell.
Montaggio/*Editing*: Thelma Schoonmaker.
Interpreti/*Cast*: Ben Kingsley, Sacha Baron Cohen,
Asa Butterfield, Chloë Grace Moretz, Ray Winstone.
Produzione/*Production*: Paramount Pictures,
GK Films, Infinitum Nihil.
Premi/*Awards*: Oscar 2012 per la miglior fotografia
a Robert Richardson, la miglior scenografia a Dante
Ferretti e Francesca Lo Schiavo, i migliori effetti visivi
a Robert Legato, Joss Williams, Ben Grossmann e Alex
Henning, il miglior montaggio del suono a Philip
Stockton e Eugene Gearty, il miglior missaggio a
Tom Fleischman e John Midgley/*Academy Awards 2012*

for Best Achievement in Cinematography to Robert Richardson, Best Achievement in Art Direction to Dante Ferretti and Francesca Lo Schiavo, Best Achievement in Visual Effects to Robert Legato, Joss Williams, Ben Grossmann and Alex Henning, Best Achievement in Sound Editing to Philip Stockton and Eugene Gearty, Best Achievement in Sound Mixing to Tom Fleischman and John Midgley.

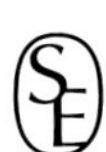

Silvana Editoriale Spa
via Margherita De Vizzi, 86
20092 Cinisello Balsamo, Milano
tel. 02 61 83 63 37
fax 02 61 72 464
www.silvanaeditoriale.it

Le riproduzioni, la stampa e la rilegatura
sono state eseguite presso lo stabilimento
Arti Grafiche Amilcare Pizzi Spa
Cinisello Balsamo, Milano
Reproductions, printing and binding by
Arti Grafiche Amilcare Pizzi Spa
Cinisello Balsamo, Milan
Arti Grafiche Amilcare Pizzi Spa
Cinisello Balsamo, Milan

Finito di stampare nel mese di maggio 2013
Printed May 2013